财政部亚太财经与发展中心
Asia-Pacific Finance and Development Center

2013 世界与中国经济研究

下

周强武　主编

中国财政经济出版社

图书在版编目（CIP）数据

2013世界与中国经济研究：下 / 周强武主编．—北京：中国财政经济出版社，2014.4

ISBN 978－7－5095－5151－6

Ⅰ．①2… Ⅱ．①周… Ⅲ．①世界经济—研究—2013
Ⅳ．①F11

中国版本图书馆CIP数据核字（2014）第047716号

责任编辑：罗亚洪　　责任校对：胡永立
封面设计：汪俊宇　　版式设计：录文通

中国财政经济出版社出版

URL：http：//www.cfeph.cn

E－mail：cfeph@cfeph.cn

社址：北京市海淀区阜成路甲28号　邮政编码：100142

营销中心电话：88190406　北京财经书店电话：64033436　84041336

北京中兴印刷有限公司印刷　各地新华书店经销

787×1092毫米　16开　14.25印张　260 000字

2014年4月第1版　2014年4月北京第1次印刷

定价：33.00元

ISBN 978－7－5095－5151－6/F·4169

（图书出现印装问题，本社负责调换）

本社质量投诉电话：010－88190744

反盗版举报热线：88190492、88190446

序言

当前，全球经济继续呈温和复苏态势，但复苏的基础尚不稳固，不确定、不稳定因素依然较多。全球经济正持续进入一个震荡多发期、低速增长期和结构调整期。

环顾全球，美国经济复苏态势有所增强，个人消费支出、非居民固定资产投资和出口增长等因素成为推动美国经济复苏的重要动力，但美国经济仍面临财政紧缩的负面作用和量化宽松政策退出的冲击等风险。欧洲主权债务危机有所缓解，欧洲经济出现复苏迹象。在德国、法国经济复苏加快拉动下，欧元区和欧盟经济在二季度出现增长态势，但居高不下的失业率、疲弱的内需和庞大的公共支出表明欧洲经济复苏依然脆弱，解决深层次矛盾尚需时日。在无限度量化宽松政策和大规模公共投资的刺激下，日本经济逐步摆脱低迷状态，消费市场趋于稳定，固定资产投资回暖，出口增加，失业率降低；但三季度 GDP 增幅有所回落表明，结构性问题不解决，日本经济的低迷态势仍将难以扭转。新兴经济体经济增速有所放缓，经济波动性强、收入分配失衡、资产泡沫以及通胀压力加大等问题依然存在，经济转型任务艰巨，受美国量化宽松货币政策和自身内部经济改革因素影响，新兴市场经济体出现资本外流、本币贬值等现象，经济面临新的挑战。

2013 年以来，中国经济总体运行平稳，各项指标均处于年度预期目标的合理区间。但经济增长仍旧面临较大压力：消费需求增速放缓、产能过剩和市场需求下滑相互交织，人民币升值、外需不振、成本上升、贸易摩擦等因素相互叠加。我国经济正处于经济增长速度换档期、结构调整阵痛期、前期刺激政策消化期叠加的阶段，发展中不平衡、不协调和不可持续问题依然突出，制约经济发展方式转变的体制机制障碍依然存在。

十八届三中全会通过的《中共中央关于全面深化改革若干重大问题的决定》强调，经济体制改革是全面深化改革的重点，紧紧围绕使市场在资源配置中起决定性作用，深化经济体制改革，坚持和完善基本经济制度，加快完善现代市场体系、宏观调控体系、开放型经济体系，加快转变经济发展方式，加快建设创新型国家，推动经济更有效率、更加公平、更可持续发展。十八届三中全会为中国未来发展指明了方向，将开启中国经济增长的新周期。

过去一年里，亚太财经与发展中心北京分部（以下简称“中心”）的同志们就中国经济、世界经济、国际财经区域合作、主要国家财金政策等问题进行了深入分析和研究，从全球经济形势展望到政府购买公共服务，从美国量化宽松货币政策退出的影响到中国—东盟经贸合作前景分析，无不是当前社会高度关注的热点问题。此外，中心的同志们还编译了世界银行、IMF、OECD 等国际机构和欧美主流智库的研究报告。

本书收录了中心过去一年的部分研究成果和编译作品。考虑到篇幅因素，本书分上下两册出版。其中，上册主要收录了全球宏观经济、中国经济和美国经济等内容；下册收录了欧盟经济、日本经济、新兴经济体经济、大洋洲经济和双边财经与区域一体化等内容。本书将是国内财政工作者了解国际财经的良师益友，也将是相关领域研究人员的重要参考。由于水平有限，本书编撰过程中难免有疏漏和不妥之处，敬请广大读者提出宝贵意见。

编　者

2014 年 1 月 16 日

目录

第一部分

欧盟经济

简析欧盟2014—2020跨年度预算框架*

2013年2月8日**，在经过两天艰难谈判后，欧盟峰会最终通过了“2014—2020跨年度财政框架”（Multinational Financial Framework，MFF，又称预算框架）。这是欧盟历史上首个预算规模负增长方案。该预算方案是各方利益折中的产物，不仅兼顾了欧盟财政急需紧缩的现实要求，也为提振欧洲经济和就业市场提供了一定的资金保障。

一、预算框架主要内容

（一）预算支出

从预算规模看（参见附件），欧盟2014—2020年度预算承诺①（Commitment appropriations）和实际支付上限（Payment appropriations）较前期（2007—2013年）分别削减3.4%和3.7%，至9 600亿欧元和9 084亿欧元，占国民总收入（GNI）比重分别下降0.12%和0.11%，至1.0%和0.95%。其中，实际支付上限较欧盟委员会提案减少1 166亿欧元。此外，该预算方案还包括以下主要内容：

1. 大幅增加“经济与就业竞争力”② 预算

尽管总预算被削减，但为推动经济增长与就业，欧盟领导人还是一致同意在前期基础上大幅增加涵盖科研、创新、教育及基础设施项目的“经济与就业竞争力”预算，其增长幅度达37%，规模为1 256亿欧元，在总预算中占比由9%升至13%。

其中，科研与创新、教育与技术投资项目预算实现实质性增长；用于构建欧

* 本文写于2013年2月。

** 如未作特别说明，本书所涉年份均为2013年。

① 以下“预算”均指“预算承诺”。

② Competitiveness for Growth and Jobs。

洲能源、交通和电子等基础设施网络的“联结欧洲”（Connecting Europe）项目预算增加 50%，至 293 亿欧元；此外，企业特别是中小企业竞争力项目预算有所增加；同时，总额达 128 亿欧元的大型基础设施项目和 8.6 亿欧元的核电站项目也获批准。

2. 下调“凝聚政策”[①] 预算

“凝聚政策”旨在推动区域经济和社会发展，提高各区域间凝聚力，并缩小区域发展差距。在“凝聚政策”预算下，欧盟成员国依据贫困水平（如人均 GDP、GNP 或购买力）获得不同程度的资金支持。该项预算较前期预算削减 8.4%，至 3 548 亿欧元，在总预算中占比由 36% 降至 34%。其中，区域经济增长与就业投资预算为 3 132 亿欧元，区域合作项目预算为 89 亿欧元。

尽管规模削减，但预算框架在其支出分配结构上进行了调整，贫困地区获得更多资金支持。此外，为应对严峻的失业问题，欧盟还将推出资金规模达 60 亿欧元的新“青年人就业计划”，重点支持青年人失业率在 25% 以上的重灾区国家。

3. 削减“共同农业政策”[②] 预算

“共同农业政策”预算通过向成员国进行农业补贴来支持农产品价格及农业生产，该项预算较前期削减 11.3%，至 3 732 亿欧元，占总预算的 39%。其中，市场性干预及直接支付预算削减 17.5%，至 2 778 亿欧元，占“共同农业政策”预算的 74%。尽管预算受到削减，但欧盟领导人就政策改革达成一致，农业发展将为经济可持续增长发挥更加积极的作用，重点包括：其一，农业补贴的“绿色化”。为提高“共同农业政策”对于欧盟环境与气候行动目标的贡献，各成员国获得补贴中的 30% 必须用于发展“绿色农业”。其二，农业补贴的“公平化”。在综合考虑工资水平、购买力、农业产出水平的基础上，农业补贴将更加公平地在成员国间进行分配；同时，对于获得农业直接支付低于欧盟平均水平 90% 的国家，其差额的 1/3 将在未来七年得到弥补，资金将来自直接支付水平高于欧盟平均水平的成员国。

4. 降低行政管理开支

欧盟行政预算较前期提高 8%，至 6.16 亿欧元，占总预算比重仍保持在 6%，增长额主要体现为养老金和“欧洲学校”相关支出的上升。不过，根据预算协议，未来七年，欧盟将积极削减行政管理开支，其中包括：削减 5% 的欧盟公共机构职员，减少非人员性支出，改革工作人员条例及其他内部管理措施，所有工资晋级和养老金调整推后两年；此外，对公共机构职员工资征收的团结税（solidarity levy）税率由 5.5% 升至 6%。

---

① Cohesion Policy，“凝聚政策”资金主要来源于欧盟结构基金的“欧洲区域发展基金”（European Regional Development Fund，ERDF）和“欧洲社会基金”（European Socil Fund，ESF），以及属于特别基金的“凝聚基金”（Cohesion Fund，CF）。

② Common Agricultural Policy，CAP。

（二）预算收入

1. 自有财源

欧盟预算收入主要由“自有财源（Own Resource）”和其他收入两部分组成。其中，“自有财源”[①] 为收入预算主要来源，主要由三部分组成：一是“传统自有财源”，主要为进口关税和农业税收入；二是“增值税（Value Added Tax，VAT）自有财源”收入，即在协调性税基[②]基础上按 3% 统一税率征收的增值税；三是“GNI 自有财源”，为实现收支平衡，该资金规模取决于“实际支付上限”与“传统自有财源”及“增值税自有财源”之和的差额，各成员国按照其 GNI 比率缴纳资金。三项自有财源分别占总收入的 13%、11% 和 75%。此外，“其他财源”主要由欧盟职工工资税、非欧盟成员国的项目融资及企业罚款等构成。

根据预算框架，2014—2020 年“传统自有财源”的征收机制保持不变，但各成员国上缴比率将由 75% 升至 80%；现有“增值税自有财源”征收体系将面临改革，以使其更加简单、透明和公平；现有“GNI 自有财源”出资方式仍将保持不变。除以上三部分外，自有财源还可能包括新增的金融交易税（Financial Transaction Tax，FTT）部分。

2. 预算出资平衡机制

为了对部分预算净出资国进行补偿，欧盟实施预算出资平衡机制：其一是对英国的出资返还，返还额为出资额和接受额之间差额的 66%；其二是一次性 GNI 自有财源出资减免（Lump－sum payment）；其三是增值税自有财源征收税率下调。

根据预算框架，2014—2020 年，英国此前所获得返还额度将继续保留；德国、荷兰和瑞典的增值税自有财源征收税率将统一下调为 0. 15%[③]；此外，丹麦、荷兰和瑞典将分别获得 1. 3 亿欧元、6. 95 亿欧元和 1. 85 亿欧元的 GNI 自有财源出资减免[④]，奥地利未来 3 年也将分别获得 3 000 万欧元、2 000 万欧元和 1 000 万欧元的出资减免。

二、核心成员国及欧盟的立场与反应

在此次峰会召开前，欧盟已就新一轮预算框架进行了多轮讨论，对于预算规

① “自有财源”占预算总规模的 99% 左右，但“自有财源”总额不能超过欧盟 GNI 的 1. 23%。同时，预算承诺不得超过各成员国 GNI 总额的 1. 29%。预算实际支付上限与预算承诺必须保持适当比率。

② 协调性税基不得超过各成员国 GNI 的 50%。

③ 2007—2013 年，这一比率分别为 0. 15%、0. 1% 和 0. 1%。此外，奥地利为 0. 225%。

④ 2007—2013 年，获得 GNI 自有财源的国家为荷兰和瑞典，出资减免额分别为 6. 95 亿欧元和 1. 85 亿欧元。

模，成员国内部形成了以英、德和法、意为首的两大阵营，前者抵制预算增加，后者反对预算削减，此外，欧盟南欧及中东欧一些欠发达国家希望通过“凝聚政策”获得更多资金来发展贫困区。协议的最终达成是各成员国在分歧严重的情况下，经过紧张、艰难的谈判过程，相互妥协的结果。

（一）英国

作为欧盟预算主要净出资国，英国一直是成员国中对欧盟预算增加发出反对声音最多且最强烈的国家。早在2012年11月峰会上，英国首相卡梅伦就明确反对预算规模的增加和英国预算返还额度的削减。此次峰会召开当天，卡梅伦再度表示，若预算总额得不到进一步削减，英国将对预算案使用否决权。他坚持认为，欧盟必须削减开支以体现多国政府采取的紧缩措施。尽管预算的最终结果高于英国提出的8 860亿欧元，但卡梅伦对于削减方案的达成非常满意，他表示：“英国民众应该感到骄傲，正是因为我们的坚持，欧盟预算历史上首次出现了削减。”

（二）德国

作为欧盟预算的最大净出资国，德国同样希望削减预算，不过，作为欧元区最大的经济体，德国并不希望看到分裂，更不希望英国退出欧盟，因此并未对预算规模的增加表示强烈反对，反而作为“协调者”积极推动欧盟预算的早日达成。此前，德国政府曾多次警告英国正视否决预算方案将给英国带来的外部冲击力和破坏力，力劝卡梅伦支持德国提出的“折中方案”，即将欧盟预算上限定在欧盟国内生产总值（GDP）的1%。此次欧盟峰会结束后，德国总理默克尔表示，欧盟各国领导人能够摒弃分歧，最终达成有效的预算协议是十分可喜的，这为欧盟在未来数年进一步开展促进经济增长和就业措施铺平了道路。

（三）法国、意大利

法国和意大利作为欧盟农业补贴最主要的受益国曾一度强烈反对预算开支的削减，特别是“共同农业政策”支出的削减，两国认为这将严重损害脆弱的欧洲经济。此次峰会上，法国和意大利并未再次持强硬态度，而是聚焦于欧盟预算是否可有力推动经济增长与就业、支持农业现代化和落后区域发展，以及强化欧洲社会与经济凝聚力这三点上。两国对预算结果表示满意，法国欧洲事务部长内尔纳·卡泽纳夫表示，欧盟各国领导人就欧盟预算协议的达成是十分重要的，协议满足了法国大部分的要求。

（四）欧盟委员会

欧盟委员会一直不希望削减预算，但也不得不一再作出妥协。在此次峰会召开前一天，欧盟委员会主席范龙佩再次呼吁各成员国领导人尽快就欧盟预算框架达成一致，并强调新一轮预算必须满足三个条件：一是有助于解决欧盟面临的最紧迫的问题，特别是就业问题；二是成为欧盟未来就业与增长的引擎；三是正确反映成员国经济情况和出资能力。峰会结束后，范龙佩在新闻发布会上指出，欧洲经济不容乐观，预算案必须有所削减，虽并非完美，但各方利益和紧迫需求都得到了权衡，这是面向未来的，也是符合实际情况的。

（五）欧洲议会

预算的最终执行还需经过欧洲议会的批准。峰会召开前，议会发表声明称，经济危机不应作为财政紧缩的借口，更不能成为欧盟在危机后实施积极财政政策的障碍。峰会结束后，议长舒尔茨表示，欧盟预案的实际支付上限远远低于预算承诺，其差额将成为欧盟预算赤字，议会将不会在任何带有赤字的预算案上签字。此外，议会四大党团共同发表声明称，预算会削弱欧洲经济竞争力，不能接受这一“妥协预算”。对此，范龙佩呼吁议会议员们“要深知自己肩上的责任，投票时要慎重”；欧盟轮值主席国爱尔兰总理更是表示：“将把预算在议会通过作为其工作重点。”

三、几点看法

（一）预算方案的通过在一定程度上有助于提振欧洲经济

目前，欧盟面临着“财政紧缩”和“经济衰退”两难局面。在主权债务问题发生之后，为使各成员国降低债务占 GDP 比重和债务融资成本，恢复外界对欧盟公共财政的信心，在欧盟倡导下，众多成员国先后实施了财政紧缩政策。2012 年 3 月初，为严格财政纪律，欧盟更是推出了除英国和捷克以外 25 个成员国共同签署的《财政契约》。然而，随着债务危机的演变，欧盟各成员国经济纷纷下滑，欧盟整体及多数成员国都已陷入经济衰退和失业率特别是青年人失业率高居不下的严峻局面，此时恰恰需要财政资金的有力支持。

可以说，本期预算方案兼顾了欧盟财政急需紧缩的现实要求，体现多国政府采取紧缩措施的现实情况；同时，也为提振欧洲经济和就业市场提供了一定的资金保障，为欠发达国家提供了有力的支持。然而，实际效果如何，最终还取决于预算执行的质量和其他相关政策的协同效应。

（二）预算谈判过程显示出欧盟内部政策协调的艰难，欧盟一体化进程仍将困难重重

欧盟预算谈判如此之艰难的根本原因在于各利益攸关方诉求不同。欧盟各成

员国的预算受益程度不同，对欧洲一体化深度和进度的期待和民意基础也各有不同。

从建立危机救助机制、签署《财政契约》到确立欧元区单一监管机制，欧元区已经在一体化深化进程上迈出了可喜步伐。未来，为实现单一的银行业联盟，欧元区各成员国还需尽快就银行业单一清算机制和单一存款保障机制达成一致；为实现真正意义的财政联盟，可能还需成员国让渡部分主权和利益。各成员国就目前仅占据欧盟 GNI 总值 1% 的预算纷争都如此激烈，可想而知，迈向更深层次的一体化进程将更加步履维艰。欧元区乃至欧盟是否能够走向真正意义的一体化，关键还取决于各国能否在平衡国家利益与欧盟整体利益的问题上展现顾全大局的政治意愿和政治抉择。

（三）英国是本次预算谈判最大赢家，但其将成为欧盟一体化的主要障碍

此次欧盟预算谈判中，英国不仅强烈反对预算增加，并多次威胁使用否决权。英国担忧一体化深入会使其经济、财政地位以及金融国际地位都遭到削弱，同时，英国民众对于政府削减国内福利支出以及为欧盟出资过多表现出日益高涨的不满情绪，这都迫使英国政府在预算谈判中持强硬立场，并“最终”受益。

无论是在欧盟预算问题上的强硬态度，还是从此前反对为 EFSF 出资、反对签署《财政契约》以及拒绝加入单一监管机制等一系列对待欧盟一体化建设的立场来看，英国正与欧盟“渐行渐远”。欧盟成员国在经济、政治、金融各方面紧密相连，泛欧层面的一体化建设至关重要，若银行业联盟、财政联盟及政治联盟仅停留在欧元区层面，特别是缺少作为欧盟最大经济体之一的英国的参与，政策实施的成效将会大打折扣。此前，欧盟领导人就曾明确表示，深化欧元区一体化的各项机制将向所有非欧元区成员国开放，欢迎更多国家通过密切合作协议参与进来。从目前形势来看，预计英国不会轻易退出欧盟，但仍将对欧盟一体化进程构成主要障碍。

（宋　馨）

附件：

欧盟2014年至2020年与2007年至2013年年度预算比较

	2014年至2020年/欧盟预算（亿欧元）	比重（%）	2007年至2013年欧盟预算（亿欧元）	比重（%）	差额（亿欧元）	调整幅度（%）
经济与就业竞争力	1 256.14	13	914.95	9	341.19	37
凝聚政策	3 251.49	34	3 548.15	36	-296.66	-8
共同农业政策	3 731.79	39	4 206.82	42	-475.03	-11
区域安全	156.86	2	123.66	1	33.2	27
“全球欧洲”政策	587.04	6	568.15	6	18.89	3
行政管理	616.29	6	570.82	6	45.47	8
补偿金	0.27					
总额	9 599.88	100	9 941.76	100	-341.88	-3.44

瑞士外汇储备管理及思考*

瑞士作为小型开放经济体，其外汇储备规模位列世界第五。2008 年全球金融危机以来，瑞士外汇储备爆发性增长，迄今已达金融危机前外储规模的五倍左右，约占瑞士 GDP 的 80%。这种变动引发了外界的广泛关注。本文梳理了瑞士外汇储备的总体情况，以探讨其对我国外汇储备管理的有益启示，供参考。

一、瑞士外汇储备现状

（一）外汇储备的规模

瑞士国家银行（SNB，下简称“瑞士央行”）是瑞士外汇储备的主管部门。截至 2013 年 2 月份，央行共持有官方外汇储备资产 4 867 亿瑞士法郎（合 5 222 亿美元），主要包括外汇储备、在 IMF 的储备头寸、SDRs 和黄金，具体见下表。

表 1　　截至 2013 年 2 月瑞士官方外汇储备规模

单位：百万瑞士法郎

	2012 年 4 月	2012 年 5 月	2013 年 2 月
官方外汇储备资产	295 822	362 667	486 678
外汇储备	237 588	303 773	429 993
IMF 储备头寸	3 488	3 490	2 871
SDR	4 472	4 640	4 304
黄金	50 274	50 761	49 510
其他储备资产	—	3	0

数据来源：瑞士国家银行。

* 本文写于 2013 年 5 月。

（二）外汇储备结构

瑞士外汇储备按币种划分主要投资有美元、欧元、英镑和日元资产，根据瑞士央行发布的季度报告，2012 年 4 季度末瑞士外汇储备中欧元资产占总资产近一半，为 49%；美元约占三分之一（28%）；其他比重相对较大的资产还有英镑、日元和加元（见表 2）。

表 2　　截至 2012 年 4 季度瑞士外汇储备资产构成

	占比	
按币种划分	2011 年第 4 季度	2012 年第 4 季度
美元	26%	28%
欧元	52%	49%
英镑	5%	7%
日元	9%	8%
加元	4%	4%
其他①	4%	4%
按投资类别划分		
政府债券	82%	82%
其他债券	8%	6%
股票	10%	12%
按固定收益资产类别划分		
AAA 级债券	84%	78%
AA 级债券	10%	17%
A 级债券	4%	2%
其他债券	2%	3%
债券期限（年）	4	3.3

数据来源：瑞士国家银行。

近十五年以来，瑞士外汇储备结构发生了一些根本性的变化，逐步由以美元为主的外汇储备结构转变为欧元为主的外汇储备结构，并不断增加货币资产的种类。由图 1 可以看出，1997 年瑞士外汇储备仅由美元、欧元和日元构成，结构相对单一，且美元资产占到总资产比重的四分之三；在此后的十多年中，一方面美元资产的比重不断下降，欧元资产的比重不断增加，2000 年欧元资产比重已经超过美元资产，占外汇储备总资产超过了 40%；另一方面，外汇储备结构日趋多元化，英镑、加元及其他货币资产也逐步成为瑞士外汇储备资产的一部分。

① 澳元、瑞典克郎、丹麦克郎、新加坡元和韩国元。

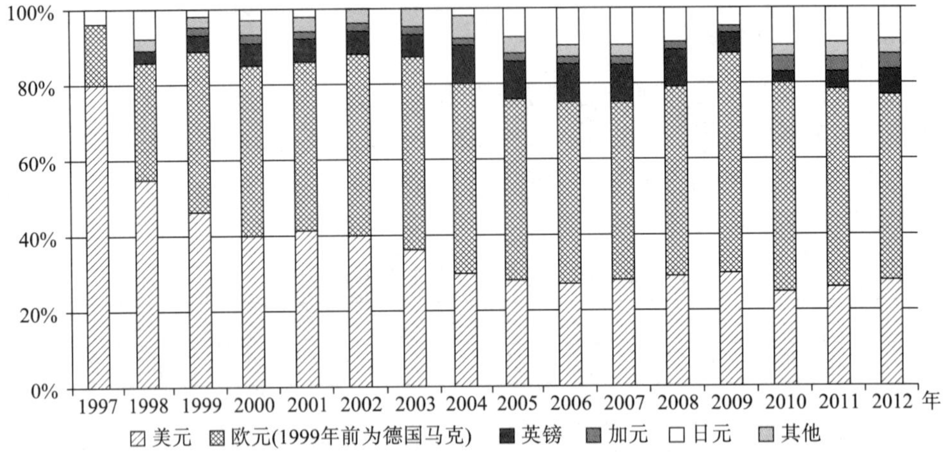

图 1　1997—2012 年瑞士外汇储备结构变动趋势

资料来源：瑞士国家银行网站。

二、瑞士国际储备变动趋势

自 1999 年以来近十年间，瑞士国际储备规模一直十分稳定，保持在 900 亿瑞士法郎左右。但 2008 年全球金融危机爆发以来，瑞士国际储备规模出现大幅上升，迅速增至 2012 年 10 月的接近 5 000 亿瑞士法郎左右，翻了五倍（见图 2）。导致瑞士央行国际储备骤增的原因主要是，在国际金融形势动荡的情形下，为规避风险，境外投资者大量购买瑞士法郎，而为了避免货币升值影响出口经济，瑞士央行不断干预货币市场，买进外汇，以对冲瑞士法郎升值的压力。

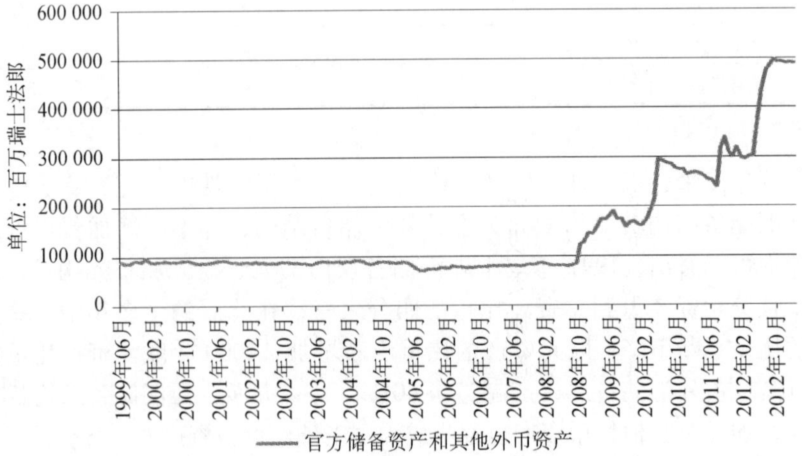

图 2　瑞士国际储备变动趋势

数据来源：瑞士国家银行。

三、瑞士外汇储备管理体系①

（一）管理机构

瑞士国家银行储备管理的指导原则是由《中央银行法》规定的。瑞士《中央银行法》第二部分第五条规定，瑞士货币储备由瑞士央行统一负责管理，货币储备包括外汇储备和黄金。由此可见，瑞士实行单一体制的外汇储备管理模式。

（二）管理原则

瑞士的外汇储备管理原则要求首先符合货币政策的要求，并按照三项标准进行管理，这三项标准按顺序分别为：安全性、流动性和收益性。在满足以上三项标准的基础上，要致力于外汇储备资产多样化及降低风险集中度。

为满足安全性标准，瑞士央行主要持有评级为 AAA 或 AA 的固定收益资产；为满足流动性标准，瑞士央行持有大量的政府债券，主要是工业化国家的政府债券。根据瑞士央行发布的季度报告，2012 年 4 季度末瑞士央行持有的 AAA 或 AA 的固定收益资产占比达 95%，持有的政府债券达 82%（见表 2）。此外，美国机构债券、德国抵押债券和抵押支持证券也是重要的资产类型。有一小部分也投资在大银行的定期存款以及超主权国家发行的债券上②；同时为了践行外汇储备资产多元化原则，瑞士央行还在储备资产中新增了四种货币：澳元、新加坡元、丹麦克朗和瑞典克朗，使得瑞士央行储备资产货币类别达到九种，另外五种分别是：欧元、美元、日元、英镑和加元。除此之外，瑞士还积极寻求在发达国家和新兴市场国家的新型资产投资机会。

（三）投资策略

瑞士央行管理委员会（Governing Board）负责决定货币储备和其他资产的投资结构。除此之外，还负责制定投资的安全性和流动性标准，决定投资类别、投资工具和债务人等。通常，管理委员会一年制定一次投资策略，包括不同资产组合的总资产分配、投资管理的原则，尤其是如何在不同货币资产和投资类别中进行分配以及在操作层面留出积极管理的余地。

---

① 该部分内容主要根据瑞士国家银行官网资料摘译整理而得。

② 罗伯特·普利格、尼克·卡夫著，张伟、史祎等译：《各国如何管理储备资产》，中国金融出版社，2010 年。

在具体操作层面，由内部的投资委员会（Investment Committee）决定战术性资产配置。在战略规定的范围内，投资委员会可以对货币分配、不同投资类别的期限和数量进行适当调整以使其适应不断变化的市场状况。而资产组合管理部（Portfolio Management）则负责具体投资组合的管理。大部分投资都是由内部投资组合经理管理的。外部资产经理负责特定的投资类别，给银行内投资活动提供参照基准及获得额外资产类型的投资机会并强化风险调整回报。

（四）风险管理

瑞士央行下设银行理事会（Bank Council）负责对投资和风险管理过程的整体监督，主要包括对原则的评估和合规性的监控。由银行理事会的三名成员组成风险管理委员会（Risk Committee），负责配合理事会的工作并进行具体的风险管理。关于风险管理的所有内部报告都要直接递交给管理委员会和风险管理委员会。为了避免利益冲突，瑞士央行将货币政策和投资策略操作在业务层面分离开来。

瑞士外汇储备的管理风险主要来自货币风险和利率风险。其中货币风险是最重要的风险，占外汇储备管理风险的 80%，利率风险占 20%[①]。瑞士央行主要利用债券期货和利率互换管理利率风险，但不可以投资股票和公司债市。

瑞士央行根据具体要求和综合风险回报分析制定投资策略。而风险管控则根据参考组合、指南和限制构成的一套完整体系来施行，并对所有投资相关的金融风险进行持续的识别、评估和监控。其中风险的测量是基于标准的风险管理指标和流程。除此之外，还要定期进行敏感度测试和压力测试，并进行日常的合规监管。在管理和评估信用风险方面，主要利用权威评级机构的信息，参考市场指标及内部分析，并根据对交易对手风险的评估变化随时进行调整。最后，根据以上情况编写《季度风险报告》记录风险管理工作成果，并提交至管理委员会和银行理事会下的风险管理委员会。

四、几点思考

（一）保持外汇储备的适度规模

瑞士是外汇储备快速增长的典型代表。2008 年金融危机和随后的欧债危机促使大量国际避险资金流入瑞士，导致瑞士法郎大幅升值，瑞士央行通过不断干预以遏制瑞郎的升势，瑞士外汇储备规模以空前速度增长。自 2010 年 1 月份以来，

① 罗伯特·普利格、尼克·卡夫著，张伟、史祎等译：《各国如何管理储备资产》，中国金融出版社，2010 年。

瑞士外汇储备资产已经增加了 158%，截至 2013 年 2 月份，其外储规模约达瑞士 GDP 的 80%，这巨额的外汇储备是有风险的。主流观点认为，实行浮动汇率制的国家外汇储备以 GDP 的 10% 左右为宜，过高或过低则意味着可能偏离了适度水平，增加了宏观调控的风险和成本。

对中国而言，中国外汇储备的快速增长给外储的资产管理带来挑战，增加了宏观调控的复杂性和难度。一方面，我国应保持外汇储备的适度规模，加强对外汇储备超常规增长的预调和微调。另一方面，在外汇储备的资产配置过程中，通过扩大资本设备、战略资源进口以及海外直接投资等方式“变汇为物”。这样，既可控制超额外汇储备，使外汇储备保持在一个合理的水平，减少对经济可能产生的负面影响，又可拓宽外汇储备使用渠道，提高收益水平。

（二）应持续优化我国外汇储备资产结构

一是适当提高我国外汇储备中黄金的比重。在西方发达国家的货币中，瑞士法郎曾充当过最坚挺的货币。瑞士宪法曾规定瑞士法郎以 40% 的黄金储备为支撑，这一黄金储备要求也是瑞士法郎和瑞士银行业立足世界的基石。20 世纪 80 年代以来，在瑞士保持持续国际收支顺差、黄金储备和外汇储备不断增长的情况下，瑞士法郎的国际地位日益提高，最终成为世界主要国际储备货币之一。1992 年瑞士加入 IMF 以后，瑞士央行将瑞士法郎与黄金脱钩，并开始减持黄金储备，瑞士法郎购买力逐渐下降，汇率波动也愈发剧烈。根据 IMF 2012 年 8 月份公布的数据，瑞士官方黄金储备量为 1 040. 1 吨，占外汇储备的 14. 2%；中国官方黄金储备量为 1 054. 1 吨，仅占外汇储备的 1. 6%。可见，我国外汇储备中黄金储备的比重偏低。适度的黄金储备水平对优化外汇储备资产结构，以及稳步推进人民币国际化有积极意义。

二是继续优化我国外汇储备的币种结构。近十几年来，瑞士不断增加外汇储备货币资产的种类，瑞士外汇储备的货币种类达九种之多，除美元、欧元、日元、英镑、加元、澳元外，还有新加坡元、丹麦克朗和瑞典克朗，外储币种结构日趋多元化。反观我国，当前外汇储备的主要币种是美元、欧元和日元，适当持有英镑等其他币种。我国应持续优化外储的币种结构，适当降低对实行竞争性货币贬值的货币的持有比重，适当丰富外储的币种结构，以对冲日元等货币贬值带来的风险。

（周　波　杨志鸿）

欧盟“加强反税收欺诈反逃税行动计划”及启示*

长期以来，欧盟深受逃税问题困扰，据欧盟委员会近日发布数据显示，欧盟每年因逃税带来的税收损失高达 1 万亿欧元，相当于欧盟预算的 5 倍；欧盟各国“地下经济”估计为 2 万亿欧元，相当于欧盟国内生产总值（GDP）的 1/5。逃税减少了政府财政收入，也扰乱了市场秩序，不利于欧洲经济的复苏。为应对日益严重的逃税问题、加强税收监管，欧盟委员会于 2012 年 12 月 6 日出台了“加强反税收欺诈反逃税行动计划”（An Action Plan to strengthen the fight against tax fraud and tax evasion），力争到 2020 年前将欧盟逃税损失减少一半。反逃税、加强税收监管，提高税收监管国际协调性一直是国际关注的焦点。现对该行动计划的主要内容以及对我国有何启示简析如下，供参考。

一、欧盟“加强反欺诈反逃税行动计划”出台背景

逃税问题一直是世界各国面临的难题。欧盟每年因逃税带来的巨大税收损失约为 1 万亿欧元，一些公司或个人利用“避税天堂（tax heaven）”和税收漏洞逃避税收责任。希腊爆发的“拉加德名单”事件涉及 2 059 名希腊富人逃税；星巴克进入英国 14 年，在英总销售额超过 30 亿英镑，但过去 3 年未向英国政府缴纳任何税款，14 年内向英国政府纳税总额仅 860 万英镑。2011 年，谷歌和亚马逊在英国分别创下 40 亿和 53 亿英镑销售额，但其英国分支机构仅分别向英国政府缴税 340 万和 100 万英镑。

大量税收流失也是欧债危机加剧的主因之一。欧元区重债国希腊每年因逃税损失 300 亿至 400 亿欧元税收收入，占希腊 GDP 的 15% 至 20%，其“地下经济”

* 本文写于 2013 年 1 月。

规模占 GDP 的 24%，位列欧元区国家首位。国际货币基金组织（IMF）指出，希腊如果没有如此深不可测的逃税黑洞，危机可能不至如此严重。加强防堵税收漏洞也是缓解各国危机的有效方式。因此，为防止成员国因逃税造成大量税收流失，维持税收系统的公正性和有效性，规范市场秩序，促进市场公平竞争，欧盟委员会出台“加强反税收欺诈反逃税行动计划”。

二、欧盟“加强反欺诈反逃税行动计划”的主要内容

该行动计划共有 34 条措施，主要涵盖以下几方面内容：

（一）推进欧盟反增值税欺诈快速反应机制（Quick Reaction Mechanism against VAT fraud）的实施和推广

为使欧盟成员国能够更加快速、有效地处理增值税骗税行为，欧盟委员会 7 月 31 日通过反增值税欺诈快速反应机制提案。根据该机制，面对突发性巨额增值税骗税行为，欧盟成员国可以采取现有增值税法律所不允许的紧急措施。例如，允许成员国可以在一个月内采取“反向征税机制”（VAT reverse charge mechanism），由应税货物或服务的买方而不是卖方承担纳税义务。但如果按原有体制，成员国采取欧盟增值税法律规定之外的措施，需由欧盟委员会提议欧盟理事会讨论通过，该程序执行过程非常复杂且运行缓慢，对成员国立即采取行动阻止骗税行为造成了严重阻碍。而新机制将使成员国无需经过繁复程序，即可采取特定反骗税措施，大大增加了征税机关有效应对复杂骗税行为的机会和能力，减少不可挽回的税收损失。因此，欧盟委员会将竭力推进该机制的实施和运行。

（二）严厉打击“避税天堂”

所谓“避税天堂”是指对跨国纳税人提供低税、免税或给予大量税收优惠的国家和地区。这些国家和地区以宽松的税收环境吸引外国公司和个人在当地注册公司或开立银行账户，以规避其本国税收。欧盟境内与周边存在如安道尔、列支敦士登、摩纳哥、瑞士等众多“避税天堂”，客观上为避税提供了场所。英国每年因此造成的税收损失约为 4 亿英镑，法国约为 2 亿欧元。本次行动计划将加大对“避税天堂”的打击和制裁力度，要求成员国将所谓的“避税天堂”列入黑名单，暂停或中止与其签订的《避免双重征税协定》（Double Tax Conventions）；不鼓励企业与黑名单所列国家和地区进行业务往来，并要求金融机构通报与这些国家的所有业务来往情况；敦促其实施欧盟有关税收监管的最低标准，并在银行保密条款和税收信息交换等方面作出改变，提高其银行账户信息透明度。此外，成员国可以考虑对那些致力于达到欧盟税收监管最低标准但缺乏技术支持的第三国，特设

侦防专家以帮助其进行税收监管工作。

（三）加快欧盟税收信息交换系统的优化升级

1. 提议建立欧洲统一的税收识别号（“TIN on EUROPA”）

在自动税收信息交换系统中，税收识别号（TINs）为识别纳税人信息提供了便利，但现行做法是各国税收识别号根据各国规则制定而有所不同，因此第三方很难正确识别或者注册外国税收识别号，也为税收机关向另一税收管辖地提供信息带来不便。因此，欧盟委员会提议设立统一的欧洲税收识别号（包含跨境税收识别号），该识别号将作为官方识别证明，在进行跨境交易时，允许任何第三方，尤其是金融机构，快速、准确、便捷地识别纳税人信息。同时，建立在线查询系统，该系统类似于增值税信息交换系统（VAT information exchange system），可以检查该税收识别号中相关税收信息的结构和算法是否合理。

2. 加强自动税收信息交换系统的规范性和国际化

自动税收信息交换是缔约国双方主管当局之间根据协定，以批量形式自动提供有关纳税人取得专项收入的税收情报的行为。欧盟自动税收信息交换制度已较为成熟，但仍需加强在国际范围内税收信息自动交换，提高各国行政合作力度。此外，欧盟委员会提议，在欧盟内部使用信息交换标准格式，从 2013 年 1 月 1 日起，推出所有欧盟语言版本的交换格式供成员国使用，加强信息交换的规范性。该行动计划还提出，建立信息自愿披露激励机制的中期目标（2014 年前）。

3. 将成员国允许直接相互访问增值税数据库的模式拓展至直接税领域

在增值税领域，成员国为个人或公司设定增值税认证号，税务部门通过电子数据库形式进行储存并用电子手段交换信息，据此判断经营者是否缴纳增值税。目前，欧盟正逐步推广成员国双方允许对方可以直接访问其增值税数据库的权限，并在该计划中提议，在 2014 年后，将此种模式拓展至直接税领域。

（四）加强欧洲财政网络（Eurofisc）的完善和覆盖范围

为应对日益复杂的增值税欺诈行为，加强成员国对其合力打击力度，欧盟委员会认为，应增强检测增值税欺诈行为的工具，特别是通过建立的欧洲财政网络（Eurofisc），这是各成员国交换增值税欺诈资讯的网络，是强化税务机关追查和打击跨境增值税欺诈的有效工具，提高了跨境增值税损失的追回力度。2011 年，欧洲财政网络实现了 4.5 万条信息交换，涉及 1.6 万家企业的 100 亿欧元交易额。该行动计划还指出，发展完善欧洲财政网络的中期目标（2014 年前）是将其扩展至直接税领域，尤其是针对那些频繁出现的欺诈模式和激进税收筹划方案。此外，该网络的有效运行对未来各成员国实现联合税务审计，提供了一定技术支持。欧盟委员会认为，有必要逐步实现成员国联合税务审计，并提议在 2014 年以后，由专业审计师组成特别小组进行联合税务审计，并为其提供单一法律基础，其中将包含多种税收类型。

（五）其他相关措施

1. 防止利用《避免双重征税协定》进行“双重避税”

该计划提出，当成员国之间或与欧盟以外的国家签订避免双重征税协定时，应特别地加入一项条款以防止利用《避免双重征税协定》来“双重避税”。同时，由于欧盟没有统一的税收政策，如果成员国可以使用共同的反滥用税收协定规则（anti - abuse rule），将确保欧盟税收系统的一致性和有效性。

2. 为纳税人提供“一站式服务”（one - stop - shop）

在2014年前，各成员国应逐步提供“一站式服务”，为纳税人（包含非欧盟居民）提供各种类型的税收信息。

3. 简化电子商务征税程序

复杂的增值税制度和申报要求严重阻碍了电子商务发展，导致只有7%的欧盟网上交易商品购自另一个成员国。因此，欧盟要求大力发展电子商务“一站式服务”，简化申报要求，方便经营者向境外用户开展在线购物和服务业务。

4. 建立资金流向追踪指导方针

利用欧盟各国追踪资金流向的经验和现有金融情报单位（FIU），发展和总结追踪资金流向的方法和指导方针，通过税收监管改善获取资金流向的信息手段，加强对信用卡、欧盟/离岸银行账户的审查，使其更易追踪各类大型交易。

此外，欧盟要求成员国之间不搞恶性竞争，不单方面放宽税收政策。

三、对我国的启示

（一）完善内地、香港和澳门税收信息交换体系

随着内地、香港和澳门经济交流的不断加深，逃税行为也愈发突显，尤其是香港和澳门行使单一来源地税收管辖权，三地所得税率又存在差异，为纳税人非法避税打开了方便之门。为切实解决该问题，应加强内地与港、澳地区的税收合作，借鉴欧盟多边税收合作模式，在内地和港、澳均设立一个电子税收信息交换平台，负责收集、整理、储存和上传相关电子化税收信息，并就某些类型的所得系统地进行交换，防止大陆公司在港、澳设立子公司隐匿收入以及个人通过变更住所和公司转移银行储蓄，逃避税收管辖的问题。

（二）充分利用电子网络实行税收监管

欧盟充分利用电子手段开发税务监管和稽查系统，以提高稽查技术和效率。欧盟提出设立统一的欧洲税收识别号，以提高税收信息交换的便利性和实效性。对税收信息的收集、整理、储存以及交换皆用电子网络手段进行，并建立各成员国交换增值税欺诈资讯的欧洲财政网络，有利于各成员国信息共享以及合力追查逃税案件。我国可以借鉴欧盟经验，逐步推行中国税收征管信息系统，为纳税人设立统一税收识别号，实现纳税信息的集中管理，并积极推进税务、工商、银行、海关、公安等部门之间的联网，实现管理信息网络化，切实提高税收信息化程度。

（三）高度重视“避税天堂”问题

欧盟本次将打击“避税天堂”作为行动计划的重中之重。2009 年 4 月份，二十国集团（G20）会议上，曾有提议将我国香港和澳门地区列入“避税天堂”黑名单。我国积极支持国际社会共同努力加强打击“避税天堂”，但反对将港、澳列入其中。第一，港、澳的税率虽较低，但非零关税区，并有清晰完善的税制；第二，港、澳金融系统运行良好、透明度较高，银行无保密条款，且积极参与打击洗黑钱等非法活动；第三，港、澳经济完全在政府管辖和监控之下运行，不存在政府监管失控的问题。因此，港、澳是承诺遵守国际税务标准的金融中心，而不是“避税天堂”。但两特区政府仍应对此引起高度重视，有效解决在交换税务资料法规有待完善、效率不高等方面的问题，配合国际税务标准不断完善相关税务条例，并进一步通过与其他国家或地区签订双边协议，增加税收透明度。

（于　晓）

欧盟经济复苏的“三大条件”*

近期，欧盟委员会副主席兼经济与货币事务委员雷恩（Olli Rehn）发表讲话，回顾了欧债危机以来欧盟采取的积极举措，肯定了当前的欧盟经济复苏势头，并提出欧洲经济复苏需要的“三大条件”。现将其讲话内容作出整理，供参考。

为应对危机欧盟采取了多方面行动：短期内，欧盟稳固了金融市场并阻止了经济急速下滑；中期内，欧盟需通过经济改革保持增长、创造就业；而长期内，欧盟还需重新设计欧洲货币联盟（EMU）体系。欧盟经济不平衡已持续多年，既不是常规的周期性经济下滑，也不是正常的增长复苏，经济复苏需要欧盟成员国的协调一致与决心。

欧盟 2011 年和 2012 年的当务之急是稳固金融体系，欧洲金融稳定基金（EFSF）和欧洲稳定机制（ESM）应运而生，结合欧洲央行政策，助力欧洲抵御危机。然而，对欧元区依靠银行融资的经济体来说，稳定金融市场是复苏的必要而非充分条件。此外，由于欧洲范围内银行本身深陷债务危机，主要经济增长通道不畅。

2013 年夏天，良好迹象显示出欧盟经济已到了一个转折点，2013 年二季度经济数据印证了经济开始逐渐复苏。成员国虽面临巨大挑战，但不断传出积极讯息。然而，欧元区经济增长仍严重分化，许多成员国仍陷于失业危机中，要稳固萌芽的复苏势头、实现可持续增长，欧盟需要继续实施必要政策以实现以下“三大条件”：

一、增强实体经济调节能力

过去十年里，欧洲货币联盟并未意识到实体经济调节能力的重要性，为此经济与社会发展付出了高昂代价。所谓调节，就是在变中求进，这关乎社会和经济

* 本文写于 2013 年 9 月。

机构影响经济主体获得利益的调节能力。

如今，欧元区企业均面临机遇与挑战并存的局面。优势源自竞争并由创新能力与劳动技能决定。结构性改革的重要性在于有助于改善商品、服务、劳动力和资本市场运转。

过去十年，以欧盟东扩和中国加入 WTO 为标志的全球贸易结构转变，对欧元区国家不对称影响持续至今。德国经常账户盈余主要来自对非欧元区国家贸易，尤其是新兴经济体。同时，德国国内需求增长不会给所有欧元区国家带来同样好处，只会给周边国家带来积极影响。奥地利与德国经济联系紧密，如今奥地利贸易盈余、失业率低，其他欧元区国家应从中借鉴发展经验。

经济增长的回归之路还依赖于各国不同的要素如公共或私人贷款、社会制度以及结构性政策等方面。高度的改革共识有利于欧盟实现这一转折，爱尔兰和拉脱维亚纷纷推出各自经济调整计划并将于 2014 年 1 月份加入欧元区整体计划，这是实现共识的很好例证。

二、创新结构改革和新经济活动融资

必要的结构改革和新经济活动的融资渠道被脆弱的银行业阻断，中小企业仍在寻求可行的融资渠道，这也是银行业联盟继续建立统一金融市场监管机构的原因。

相比危机之初，如今银行业受制于更多严格规定，不久还将出现一个监管欧元区银行业活动的独立银行。欧盟委员会还提议在独立银行之外设立一个使用共同基金专门处理银行破产的机构，用银行筹集的资金解决自身问题而不增加公众压力。银行联盟的完善非一日之功，但这将是一个好的开始，明年初对银行活跃资产质量的评估和压力测试仍然至关重要。

目前，需要有资金实力的机构来填补私人贷款领域的缺口，如欧洲投资银行，它增加的 100 亿欧元资本能使其 2013—2015 年的贷款量增加 40%，直接帮助中小企业、创新、基础设施和环保产业融资。

三、健全公共财政

健全的公共财政包括可持续的社会保障以及在教育、创新和基础设施等方面合理分配的公共支出。未来十年内，工作年龄人口减少将成为拖累经济增长的主要原因，改革的重要之处在于不仅能化解当前危机，还能应对长期人口变化。

考虑到减小赤字取得的进展，欧盟早在 2013 年春天就建议一些国家放缓财政整顿速度，争取时间用于加强实施结构改革，这些国家包括法国、意大利、西班牙、比利时和斯洛文尼亚。作为欧元区最大的两个经济体，德、法是欧洲经济平滑增长和有效再平衡的关键。简言之，法国需进行劳动力市场、商业环境和养老金体系等方面结构改革，而德国需要采取结构性手段增加国内需求。如果德、法能实现以上目标，它们将为整个欧元区提供更强增长、创造更多工作岗位并帮助缓解社会紧张的压力。

（代易芮　胡振虎）

欧洲智库：美英两国的监管改革*

近日，欧洲知名智库布鲁盖尔（Bruegel）转引了韩国金融研究所研究员 Jabonn Kim 发布的文章。Kim 在文章中指出，“系统稳定性”及“消费者保护”不在“看不见的手”及单个监管当局的作用范围之内，因此很难实现，应建立专门的监管委员会。Kim 还回顾了英美两国的金融监管改革，指出为维护系统稳定，美国采取了“联合监管制”，而英国采取的是“单一监管制”。最后，Kim 就韩国的监管改革提出了建议。现将主要内容作出整理，供参考。

“系统稳定性”及“消费者保护”由于不在市场这只“看不见的手”及单个监管当局的作用范围之内，相较于金融机构的微观审慎性，更难实现。出于这个原因，明确谁是维护金融体系稳定、保障消费者权益的责任方至关重要。以强大的法律为基础，针对系统性风险及消费者保护专门建立一个独立的监管委员会最为有效。

在金融业中，各个金融公司会全力以赴确保本公司安全，这对于公司经营管理及长期稳定的必要性不言而喻，这可以被称为“看不见的手”。此外，由于巴塞尔委员会对微观审慎标准作出了要求，微观审慎性得到了进一步的强化。然而，由于金融公司不会将“系统性风险”的控制及“消费者保护”作为公司目标，所以“看不见的手”或其他自愿激励机制在这两方面无法起作用。

近日，美国和英国为维护系统稳定性采取了两种措施。第一，具有系统重要性金融机构特征（SIFI）的金融公司，其目标必须受限于资本附加费及流动性监管，以防范“系统性风险”、实现“消费者保护”。第二，构建支撑系统稳定性的法律框架，如美国设立了金融稳定监督委员会（FSOC）。这意味着监管已经从微观审慎扩大到了宏观审慎，以加强金融稳定及消费者保护。

美国 FSOC 是在《多德—弗兰克华尔街改革和个人消费者保护法案》（Dodd - Frank Wall Street Reform and Consumer Protection Act）的基础上为实现金融稳定而构

---

* 本文写于 2013 年 1 月。

建的法律框架。该委员会具有一项法定授权，第一次就监管合作、信息共享及联合监管等方面创建了联合责任制。自 FSOC 于 2010 年 10 月成立以来，已举办了 19 次会议，以检验系统性风险，并寻求应对之策。

同时，英国财政部以《金融服务法案》（Financial Services Bill）为基础，建立了一个类似的机构——金融政策委员会。在此之前，英格兰银行、金融服务管理局（Financial Services Authority）及英国财政部形成的三方监管体系以谅解备忘录为基础，共同承担监管任务，但没有专门机构对其明确负责。为弥补这一不足，英国财政部在英格兰银行内设立 FPC，将监管系统性风险的任务明确分配给银行。从法律的角度来看，英格兰银行隶属财政部，因此，财政部和英国议会有权核查英格兰银行的监管活动。临时的 FPC 分别于 2012 年 6 月及 9 月举行会议，以检测系统性风险并探讨合适的监管措施。此外，英国还专门成立了金融市场行为监管局（FCA），以保护消费者、监管金融公司行为，使审慎监管同金融市场行为监管之间的冲突空间最小化。

英美两国进行的监管改革表明，专门的监管机构能很好地控制系统性风险。为维护系统稳定性，美国采用了“联合责任制”，不同的监管机构对各自金融部门的系统重要性金融机构进行监管。而英国采取的是“单一责任制”，英格兰银行下的金融监管局（FSA）将对各个金融部门所有的金融公司进行监管。

韩国从中能学到什么经验教训呢？韩国还未就是否应组建一个法律监管机构进行金融稳定监管作出决断，对于衡量及应对系统性风险，各监管机构可能会各自为政。由于系统性风险是由如货币及周期性宏观经济冲击以及 SIFI 金融公司等不同因素引发的，超出了单个监管机构的能力范围，如果各监管机构间缺乏全面协调，就很难有效监督和管理金融系统性风险。因此，韩国政府应该设置法律依据，在此基础上建立职能相当于美国的 FSOC 或英国的 FPC 的委员会。

此外，同样值得注意的是，在英国，议会能够有效核查监管机构的行为。由于消费者、监管机构及金融公司间的信息不对称，建议韩国国民议会承担最终监管者的职责。为了更好地做好该项工作，应该建立单一的监督委员会，以避免多个委员会之间的利益冲突。否则，政治家们可能会更多地寻求自己的利益，而不是维护系统稳定及保护消费者权益。

（尹晓君　燕晓春　陈　茜）

第二部分

日本经济

日本经济复兴计划简析*

近日，日本首相安倍晋三公布了被称为“安倍经济学”① “第三只箭”的日本经济复兴计划，内容涉及经济增长目标及相关政策措施。现将其主要内容简介并分析如下，供参考。

一、安倍经济复兴计划主要内容

日本经济复兴计划（下简称复兴计划）将经济增长目标设定为未来10年实际GDP、名义GDP分别实现年均2%和3%的增长②。此外，复兴计划将在未来10年使日本人均国民收入至少增加150万日元，也即年均增长率超过3%。这是安倍政府首次提出中长期经济增长目标，与民主党执政时提出的经济增速目标保持同一水平。

为实现上述目标，复兴计划拟定了相关贸易政策、产业政策、社会保障政策和开发区战略等政策措施，并继续实行上任政府确立的财政整顿计划，以确保实现上述战略目标。

（一）经济增长战略基本框架

复兴计划拟定了经济增长战略，其基本框架由日本工业振兴计划、国内市场开发战略和国际市场开发战略组成。

日本工业振兴计划提出了促进私人投资、提高人力资本质量和创新对经济增

---

* 本文写于2013年6月。

① 4月19日，麻生太郎在国际货币基金组织总部出席二十国集团财长和央行行长会议，其后在美国著名智库战略与国际问题研究中心发表演讲。麻生在演讲中称，“安倍经济学”包括“三个火箭炮”，一是宽松货币政策，二是财政刺激政策，三是包括《跨太平洋战略经济伙伴协定》（TPP）、放松管制和促进创新等在内的一揽子增长战略。

② 过去10年日本年均实际GDP、名义GDP的增长率分别为0.89%和-0.46%。

长的贡献率，以及充分发挥市场机制作用等方面的政策措施；国内市场开发战略提议发挥日本的比较优势，开发具有成长潜力的市场，为日本经济开辟新的增长点。国际市场开发战略旨在最大化日本的全球利益，从而支持日本的可持续发展。

（二）财政整顿

复兴计划高度重视财政的可持续性，强调要继续执行上届政府设定的 2015 年将“基础财政收支赤字”① 减至 2010 年一半的目标。

为此，复兴计划拟定了具体的政策措施以如期实现上述目标：一是编制中期财政预算以及中长期经济及财政预测分析报告；二是减少不必要的财政支出。具体措施包括加大对各项财政支出的审查力度、严格执行“计划、实施、检查、改进”的 PDCA 循环，加强对财政支出项目的绩效评估等；三是适当减少财政刺激计划，保障地方政府税收收入，精简地方政府支出以改善地方政府财政收支结构；四是优化财政支出结构。优先支持能有效刺激私人部门需求或带动私人部门创新的项目，确保社会保障和公共基础设施建设等民生项目的支出力度。公共基础设施方面，优先保障能刺激私人需求和节约成本的项目，推进公私合作（PPP）及私募计划（Private Finance Initiative）的发展，鼓励私人部门资金参与公共基础设施建设，以弥补财政的资金缺口。

（三）产业政策

为重塑日本企业的国际竞争力，复兴计划拟定了鼓励行业整合、减免企业税负以及促进就业市场改革的相关政策措施。

一是推进行业整合。日本在制造业领域企业数量众多。过度竞争导致企业利润率低下，导致日本企业在国际市场竞争时缺乏活力。通过税收减免方式鼓励企业并购和行业整合，以提高日企的国际竞争力。

二是减轻企业税负。复兴计划拟定了一系列鼓励企业改造老化生产设备的税收优惠政策，同时，为鼓励创新，在开拓新领域时企业也可获得一定比例的税收优惠。

最后，日本老龄化严重，日本政府计划进行就业市场的改革，同时降低企业的用工成本。复兴计划提议改变终生雇佣制②；同时，就业政策的导向从维持就业水平转向大力支持就业流动。此外，就业政策将致力于在不增加失业的情况下提

---

① 基础财政收支是衡量行政服务经费是否仅靠税收无需借款就可以保证的指标。野田政府计划在 2015 年，将“基础财政收支”赤字降至 2010 年的一半，到 2020 年实现收支盈余。官房长官菅义伟称“这个目标虽然是上任政权制定的，安倍政权也一定会坚定不移地实行财政健全化的目标”。

② 有观点认为，“终生雇佣制”是日本劳动生产率低于经合组织平均水平的主要原因，目前日本的劳动生产率约为美国的 60%—70%。

高就业市场的流动性。为此，将对促进劳动力在行业内有序流动的企业予以财政补贴。此外，还提出建立一定数量的儿童托管中心，并出台其他支持性措施，以提高女性的就业比例。

（四）贸易政策

复兴计划提出，通过实施积极的贸易政策，推进双边和多边自由贸易区谈判，以扩大日本的海外市场。到 2018 年自由贸易协定覆盖的贸易额目标为 70%，远高于当前的 19%。除跨太平洋伙伴关系（TPP）外，继续推进与欧盟、韩国和中国的自由贸易协定谈判。

此外，到 2020 年使 FDI 规模增加至 35 万亿日元，比当前 17.8 万亿日元的规模翻一番。为此，提议设立经济特区，以吸引海外技术、人才和资金，放宽对外国医生就业、国际学校设立等方面的管制，打造国际一流水准的营商环境。

（五）深化体制改革

为激发医疗服务业、零售业、建筑业和农业等成长性行业的内在活力，将继续推进上述行业在内的体制改革，以夯实经济复苏的基础。

一是改革医疗服务业，解禁混合治疗措施。日本医疗基本服务费用由强制保险支付，消费者对医疗服务的选择有限；同时，过度医疗的现象也十分普遍。为此，将允许患者混合使用日本全国保险计划承保范围之内和承保范围以外的治疗措施。

二是深化零售业改革。日本存在大量家庭经营的零售商业，其所构成的供应链错综复杂。当前日本法律规定只有在三分之二以上本地居民同意下，连锁商才能在该地区开设新的连锁店。许多诸如沃尔玛的大型连锁商，只能通过购并当地店铺而非申请许可开设新商店。当前日本零售业现状不仅助长了贸易保护主义，也造成了效率和福利的损失。

三是农业改革。日本农业生产效率相对较低，粮食长期依赖进口。2010 年日本农业实现了 4.6 万亿日元的产出，却获得了 4.6 万亿元的财政补贴，即日本农业实际上是零产出。因此，降低进口关税、减少农业补贴及在农业领域引入更多竞争是安倍政府的农业改革的施政重点。复兴计划提出 2020 年至少有 5 万家企业拥有农业业务的目标，即在当前基础上翻两番。在促进企业参与农业的同时，日本政府将提高农业生产效率、促进农产品出口等计划。

四是深化公共部门改革。进一步下放权力，允许私有企业更多地参与公共服务，打造世界一流的电子政务平台，改革国家公务人员人事管理系统。

二、影响及看法

（一）复兴计划影响相对有限

安倍将该复兴计划称为日本经济增长战略的“第三支箭”，认为其将成为日本经济发展的利器。但“第三支箭”能否发挥其作用仍有待观察。

事实上，7月份日本上议院将举行大选，安倍政府在大选前很难推出触及重大领域的改革举措。因此，所谓“第三支箭”更多是象征性的举措，以便为来势汹汹的“安倍经济学”画上一个句号，凸显其经济增长战略的完整性。安倍发表完日本复兴计划的演讲后，日经指数即以收跌3.8%至两个月低点表明了市场的态度。

事实上，安倍甫一上任旋即推出以量化宽松的货币政策和财政刺激计划为主要内容的“两支箭”，一方面固然有改变日本长期通货紧缩，刺激经济增长的需要；另一方面，更重要的是安倍亟需经济在短期内有所起色，以巩固其执政地位。不可否认，“安倍经济学”前“两支箭”确实为安倍赢得短暂的时间窗口。但日本经济长期来看面临的人口老龄化、体制僵化、创新能力不足等结构性问题，仍然是横亘在安倍政府面前的“三座大山”，日本经济若想摆脱通缩，恢复正常的增长周期仍需要对相关领域持续推进结构性改革。

（二）量化宽松损人不利己

就前“两支箭”来看，“安倍经济学”似乎正发挥着一定积极作用。过去12个月，日元相对美元累计贬值约25%，相对人民币和韩元则贬值更多。这大大刺激了日本出口，2013年一季度日本GDP同比增长3.5%，其中一半以上由出口带动。同时，2012年东京证券交易所总市值为300.8万亿日元，较2011年上涨15.57%，日经225指数上涨22.49%。

然而，前“两支箭”除催生日元将进一步贬值的预期外，并未推高通胀预期。2012年，日本通缩状况并未好转，截至年末，通胀率连续7个月为负。考虑日本财务大臣麻生太郎曾表示“安倍经济学”主要是为了摆脱通缩，“安倍经济学”解决通缩乏力的影响超出其本身，其更大的负面影响在于其或将降低日本政府的可信度。

“安倍经济学”前“两支箭”取得的实际效果可能使中国、中国台湾和韩国等反日的民族主义情绪高涨，诱发贸易争端甚至汇率战争。另一方面，大量日本企业倚重外包生产，长期来看，日元贬值对日本出口带动作用有限；鉴于日本国内能源匮乏，日元贬值很可能使日本进口处于不利地位，增加某些国内企业的成本。

（三）财政可持续仍任重道远

日本债务状况正不断恶化。据 IMF 估计，2012 年日本公共债务占 GDP 比例升至 236.56%，年度财政赤字占 GDP 比重超过 10%。为实施“紧急经济对策”（“第二支箭”内容之一），2012 年日本政府增发了 5.2 万亿建设国债，2012 年新发国债超过 50 万亿日元。尽管日本常年维持大规模贸易顺差和高额国民储蓄，如此大规模的刺激性财政政策将使日本债务难以为继。事实上，据日本财务省估算，只有在经济名义增速 3% 的同时削减预算支出，才可能实现 2015 年将“基础财政收支赤字”减至 2010 年一半的目标。

“安倍经济学”短期内刺激了日本经济增长，但长期而言将对日本经济可持续发展带来隐忧。

（陈　澄　周　波）

日本政府养老投资基金改革及其启示*

近期，日本首相安倍晋三决意对日本政府养老投资基金（GPIF）① 进行改革，希望以此助力摆脱20年来的通货紧缩和低增长。改革GPIF反映出日本养老金管理运行中一些亟待解决的问题。本文就GPIF运行情况进行简要分析，并结合GPIF改革动向，提出对我国的启示，供参考。

一、安倍政府改革GPIF的原因

GPIF自设立以来低姿态、低成本、低风险的三大特点一直备受指责，日本政府曾多次动议改革GPIF。GPIF存在的主要问题表现如下。

（一）投资保守、收益预期不高

2001年4月份，日本政府宣布成立GPIF。按照厚生劳动省②的要求，GPIF一直以来秉承“投资保守、收益预期不高”③ 的投资理念，由于投资保守，业绩乏善可陈。随着日经指数自1989年12月份以来一路下滑，2001年和2002年GPIF亏损

* 本文写于2013年8月。

① 日本政府养老投资基金（Government Pension Investment Fund，GPIF）是全球最大的养老金投资基金，资产管理规模超过112万亿日元（约1.17万亿美元）。

② 2006年4月1日，GPIF作为独立行政法人（Independent Administrative Agency，IAA）正式成立，负责国民养老保险和国家养老金储备基金的投资和管理。厚生劳动省（Ministry of Health Labor and Welfare，MHLW）是GPIF的监管机构。作为独立法人，GPIF独立于日本厚生劳动省，管理方式基本是自动设定的模式，然而GPIF运营受政府严格控制，主要投资于日本财务省发行的政府公债。但是，GPIF既缺乏独立的监事会，也不能自主聘请基金经理。

③ GPIF的保守投资路线主要表现在：第一，2012年国内债券收益仅增加3.68%，而国外债券投资收益则高达18.30%，过度集中于本国债市，也难免遭遇类似2013年第二季度的系统性风险；第二，占比约10%的海外股票投资，一直以20个发达国家股市为主，2012年以来才开始进军新兴国家股市，GPIF对新兴市场重视不够；第三，在每年的投资组合中，债券投资中的60%以上和股票投资中的70%以上实际是消极的投资战略，即采取模仿市场指数的投资行为。而其他一些国家，比如加拿大养老计划（CPP）成功的原因之一恰恰是其积极主动的管理。

总额累积高达6.07万亿日元。严重亏损导致国民不信任，2002年37%的国民年金参与者拒绝缴纳保险费。2007年次贷危机爆发后，日本养老金再度亏损5.84万亿日元，投资收益率为-6.41%，直到最近两年日本股市复苏，才开始出现收益大幅增加。2013财年[①] GPIF创下11.22万亿日元（1 122亿美元）的空前收益，回报率达10.23%，为基金自2006年成为独立法人以来的最佳表现。截至2013年3月底，GPIF总资产达120.4万亿日元（约合1.2万亿美元）。然而，自日本央行2013年4月份推出超宽松货币政策以来，日本债券市场剧烈波动，持有日本国债达六成的GPIF遭遇“黑天鹅”。

（二）治理结构存在问题

GPIF长期缺乏独立性和现代治理结构，不仅会影响养老基金的投资收益，更会影响基金的长期稳健发展。

1. GPIF缺乏独立性

厚生劳动省对GPIF直接行使政府管理职责，除了为GPIF制定中长期发展目标，还负责投资政策、被动投资策略等政策（见图1）；另外，厚生劳动省还严格控制GPIF包括雇员薪金水平和机构各项开支等方面在内的预算。

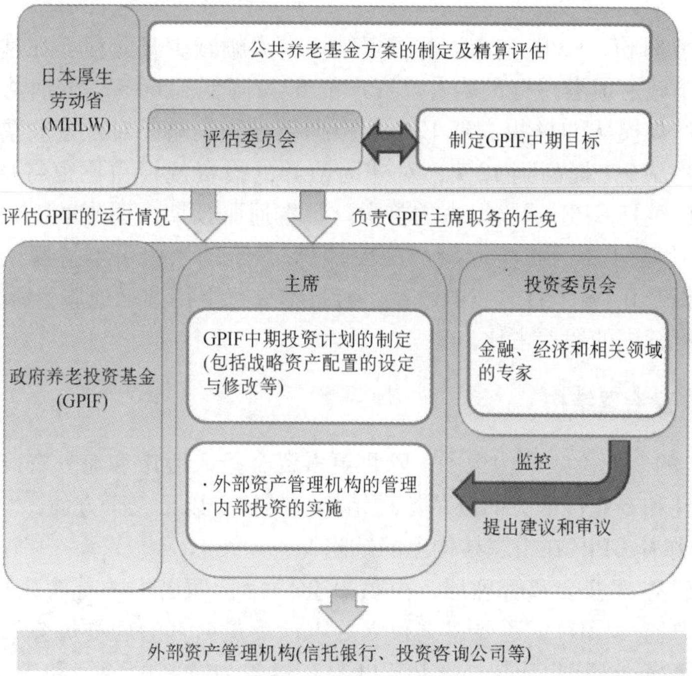

图1　GPIF运作机制

① 日本财年从当年4月1日至次年3月31日。

2. GPIF 不符合现代公司治理要求

一是 GPIF 不符合现代公司治理结构要求分开设立董事会和管理层的基本要求，而是将监督和管理两个层面的权力都集中在主席身上。而且，GPIF 没有严格的选拔、任免高管的章程，过程也不透明。二是 GPIF 不符合现代公司治理要求独立审计和风险控制的内在要求。GPIF 虽然有年度独立审计计划的要求，但并没有独立的审计委员会。GPIF 在风险管理方面也不太完善，由于没有独立的风险管理委员会，是否执行风险管理也无从得知。三是 GPIF 不符合现代公司治理要求信息公开透明的要求。GPIF 不公开披露行为准则、利息冲突法则、员工道德法则等现代公司治理必要的文件。

二、GPIF 改革构想

针对投资和管理方面存在的问题，安倍政府目前的改革构想是将更多 GPIF 资金投入股市和海外市场，并减少在基础建设基金等常规投资方面的支出，同时增加 GPIF 的独立性和专业性。

（一）优化投资策略

2013 年 6 月份，GPIF 宣布调整投资结构，大幅减少日元债券在基金配置中的比重，把日本政府债券持有量从占总资产的 67% 降低到 60%，同时将在日本股票市场中的资产规模从 11% 提高到 12%。根据新投资策略，对外国股票的投资规模占总资产比将从 9% 提高到 12%，对外国债券的投资规模占比也将从 8% 提高到 11%。这个调整是 GPIF 成立以来的首次。日本通胀预期由原来的 1% 翻倍至 2%，而根据 GPIF 目前 1.1 万亿美元资产规模计算，1% 的入股可增持规模为 110 亿美元，预计可提升 0.08 个百分点的收益，若日本央行坚持推高通胀目标，GPIF 将继续提升资产配置中的股票占比。

（二）改善治理结构

在 GPIF 的全方位改革构想中，除将更多资金投入股市和海外资产外，同时也会按照独立性和专业性的方向改革治理结构。具体有以下三个方面：

1. 力争弥补 GPIF 在组织结构上的缺陷

不仅要建立董事会和管理层，由董事会任命管理层中的首席执行官（CEO）和首席投资总监（CIO），还要建立独立的审计委员会、治理委员会和风险管理委员会，接受董事会管理。同时，GPIF 也要获得较为宽裕的预算和一定的自治性，即薪资水平市场化，建立与公务员体系分离的分配激励与约束机制等。

2. 大力提高 GPIF 高管聘任的透明度

董事会成员应该由厚生劳动省任命，或者由工人组织、雇用者组织、国会任命。根据现代企业治理结构要求，董事会成员需要包括部分独立董事，一般是来自学术界、业界、咨询界的专家，与股东利益没有交叉。事实上，由于 GPIF 管理的巨大资产规模，应该考虑在世界范围内雇用业界领袖担任独立董事。对于管理层来说，也应该采用在世界范围内竞聘的方式，选拔与上岗需要有一套严格的遴选标准，并且所有管理层成员应该是全职。

3. 明晰厚生劳动省与 GPIF 各自职责

厚生劳动省作为政府监管机构，应该在与 GPIF 充分沟通的基础上，为 GPIF 制定总体发展目标，设立一个长期投资目标、与社会经济发展相适应的投资业绩基准，并履行监管职责。GPIF 的董事会应在投资层面制定投资政策，包括目标投资收益率、风险暴露水平、战略资产配置等。GPIF 的管理层需要尽其所能，肩负起 GPIF 的日常投资运作实践，同时保持与董事会的定期沟通。

三、几点看法

日本养老基金与中国养老金[①]面临的情况很相似，都面临人口迅速老龄化给养老金带来的前所未有的挑战，如果继续维持原有养老金制度将不能顺利度过老龄化高峰，所以都在着手进行改革。通过总结日本的经验教训并结合中国国情，中国养老金制度改革应从顶层设计入手，出台实施基本养老保险基金投资运营办法，实现基本养老保险基金投资体制的市场化与资产配置的多元化，提高整体收益率。

（一）中国养老金制度改革迫在眉睫

目前中国养老金运营制度主要存在三大问题：一是养老金投资运营制度问题。与日本养老金由厚生省严格管制的模式不同，当前中国养老金投资运营面临的首要问题是缺乏国家统筹的投资运营办法，投资运营制度也相对滞后，这将导致两个问题：一方面，各地只能根据现行社会保险基金财务制度将结存的资金存入银行或用于购买国债；另一方面，部分基金结余较多的地方出现难以抑制的投资冲动。另外，养老金投资运营问题具体还体现在养老金年收益率和投资渠道问题上。在目前管理运营体系下，中国养老金年均收益率不到 2%。2001—2011 年，中国年均通货膨胀率高达 2.47%。以此推算，养老保险基金将损失约 6 000 亿元。此外，目前中国养老金多以存款甚至活期存款形式存放在银行，未来养老金投资还需拓

① 目前中国基本养老保险基金由国家、用人单位和职工三方筹资组成，并形成社会统筹与个人账户相结合的制度，中国城镇职工按照工资的 8% 缴纳养老金并建立个人账户，雇主按员工工资总额 20% 缴纳养老金。

展多元化投资渠道。二是养老金双轨制问题。一方面，目前中国各级机关、事业单位职工无需缴纳养老保险，由财政直接发放，且数额相当于企业职工养老金平均数的2—3倍；另一方面，企业与员工需要缴纳的基本养老保险费率达28%，远高于美国12.4%的水平。除了双轨制带来的社会公平性问题外，由于社会基本养老保险负担加重导致人力资本上升，中小企业特别是人力成本高企的高新技术企业发展将明显受限。三是养老金缺口问题。有学者指出，中国政府面临最大的财政风险是养老金缺口，未来养老金总负债将占中国GDP总量的62%—97%；世界银行2005年发布的研究报告也指出，2001—2075年，中国基本养老保险的收支缺口将高达9.15万亿元。目前中国养老金缺口由两个因素造成，一方面是转制成本和历史欠账，另一方面是当前严峻的人口老龄化问题。

（二）养老金制度需进行“顶层设计”

面对人口老龄化形势，中国的养老金制度改革也承受一定压力。因此，尚未健全的养老体系和久拖不决的养老金制度改革急切地需要在顶层设计带动下快速推进。具体可考虑以下三个方面：一是原则。养老金制度的“顶层设计”，应坚持增强公平性、适应流动性和保证可持续性的原则。二是路径和手段。顶层设计的首要特征是顶层决定性，因此主要手段是建立一个更强有力的高层统筹结构，通过统筹考虑各层次要素，从上层和高端向下层和低端展开，核心理念和目标都由顶层提出和决定；其次还需要实现方案的整体关联性，强调方案涉及要素之间的有机联系，尽快实现机关事业单位养老金并轨，所谓“并轨”并不是简单地把机关事业单位退休制度并入企业养老保险制度，而是朝着一个统一的方向改革和推进，最终目的是取消养老金“双轨制”；再次，要确保高层决策、合理布局的改革方案得到有效贯彻落实，需要将顶层设计的实际可操作性考虑到位。三是内容。顶层设计应涉及破除养老金双轨制、应对老龄化的资金安排、养老金空账和缺口问题、地区差别、转移接续问题、退休年龄问题、多层次养老保障问题、提高养老金统筹层级与养老基金入市投资等多个实际问题。总的来说，中国养老金制度的顶层设计应建立起全国统一、分步实施的“国民基础养老金”和“个人储蓄养老金”二元结构养老金制度。

（三）加强养老金投资管理，提高整体收益率

日本GPIF目前大规模投资日本政府债券，但已经开始考虑通过配置一小部分长期的、更小流动性的基金以及提高投资多样性来实现投资的长期绩效目标，此外，GPIF的投资政策还将基金对日本国内经济和财政稳定的潜在影响纳入考虑因素。借鉴日本经验，中国需要进一步探寻养老基金有效增值的新途径。2012年末，全国社会保险基金资产总额达3.98万亿元，其中城镇基本养老保险基金结存2.39

万亿元。养老金尤其是地方养老金低收益状态说明管理效果欠佳，利用资本市场对养老金进行管理恰逢其时，可考虑通过投资股票等多种途径对养老金进行保值增值。现在正是养老金入市绝佳机会。股市市盈率降低，估值偏低，在市场低位进入，风险最小。

（黄　畅　胡振虎）

美国企业研究所分析日本新经济刺激政策*

近期，安倍政府大力推动扩张性财政和货币政策，旨在刺激日本经济增长，走出停滞和通缩状态，包括推出总额 1 500 亿美元、规模相当于 GDP 2. 6% 的政府公共支出计划，以及敦促央行增发货币、将通胀率保持在 2% 。安倍政府还表示为此不惜任命新的央行行长。美国知名智库企业研究所①（AEI）就此撰文②，分析安倍新经济政策及其前景，提出对美国经济刺激政策的启示。

一、安倍政府推出新经济刺激政策

（一）日本经济财政状况

1990 年日本房地产泡沫破裂，经济陷于长期低迷，产生巨额财政赤字，债务负担不断加重。以日元计名义 GDP 增长从 1992 年起就已陷于停滞。由于征税基于名义收入，税收收入也急剧减少，日本初级赤字占 GDP 比重激增。名义 GDP 增长陷于停顿也造成债务利差快速上扬，加剧债务占名义 GDP 比重（国债负担率）的上涨。国债负担率由 1990 年的 15% 上升到 140% 。如将邮政系统等政府部门的债务统计在内，则高达 220% 。这些债务绝大部分是 1997 年后的新增债务，其中 2007—2012 年国债负担率增长了 75% 。但由于利率水平较低，在国债负担率从 1985 年 25% 上升至 140% 的同时，政府利息开支却由 1985 年占 GDP 的 3% 降至目前的 2% 。

---

* 本文写于 2013 年 1 月。

① 美国企业研究所：全称为美国企业公共政策研究所（American Enterprise Institute for Public Policy Research，AEI），成立于 1943 年，是美国最大和最重要的智库之一，也是美国保守派的重要政策研究机构。AEI 主要得到东部财团的支持，与共和党渊源较深。近年来，其立场有向中间靠拢的趋势，对美国国会和政府有很强影响力。该所的高级研究员纽特·金里奇曾任美国众议院主席。

② 此文尚未公开发表。

日本巨额债务的积累过程，始终伴随着对债务不可持续、债券市场崩溃、物价飞涨、利率飙升、金融灾难的担忧。但事实并非如此，日本政府债券市场并没有崩盘。作为基准利率的五年期日本政府债券利率，由 1994 年的 4% 逐步下降到如今的 0.2%，虽然赤字和债务双双快速增长，但并没有导致政府借贷成本的大幅上涨。

（二）新经济刺激政策

安倍新政府财政、货币政策双管齐下，一方面推出相当于 GDP 2.6% 的公共支出计划，增加政府债券发行，另一方面敦促央行开动印钞机加快货币投放，积极为政府债务提供融资。增加货币投放，购买外国债券，有助于推动日元贬值，提高日本产品竞争力，改善通缩状况。实施大规模公共工程项目，则可以刺激国内需求，减少来自美国等贸易伙伴对弱势日元政策的阻力。与美国等国家相比，日本央行在资产并购和增加货币投放上仍有空间，2007 年以来央行资产只增长了约 50%。

日本的贸易伙伴可能对弱势日元政策提出批评，但对日采取强硬措施，如将日列为汇率操纵国的可能性不大。过去 10 年间，中国对汇率市场进行干预，大量买入美元，减缓人民币升值，美国并没有将中国列为汇率操纵国，对于作为盟友的日本不大可能持更强硬的立场。安倍政府可以辩解，实施弱势日元政策但名义 GDP 增长达到 3% 的日本，和经济陷于停滞、通货紧缩的日本相比，前者更容易被贸易伙伴接受。

（三）新经济政策成果及预期

目前，安倍新经济政策已经初见成效。过去两个月，日元已经累计贬值了 12%，从 80 日元兑换 1 美元贬为 90 日元兑换 1 美元，未来还有可能进一步下滑至 100 日元兑换 1 美元。日经指数则从去年秋天的 8 200 点上升到了 11 000 点，上涨近 25%。日元走软，利好贸易类公司，股指上涨则使家庭财富增加，促进消费增长，拉动日本国内需求。预期未来在扩张性的财政货币政策下，名义 GDP 将继续增长，税收收入也将稳步上升，企业预期利润提高，股指继续上行，推高家庭和商业地产价格，促进财富，特别是实际财富增长，提高劳动生产率，使日本回到经济增长的可持续发展轨道上来。

预计日本股市在未来一年有望实现市值翻番。主要原因基于两个方面：其一，安倍政府新经济政策吸引全球投资者重新关注日本市场，投资价值凸显，有望推动对日投资，刺激股市成长，高盛估计日本资产至少被低估了 600 亿美元；其二，由于股市走强，此前偏好债券投资的家庭部门和日本国内投资者，可能大规模从债券投资转向股票投资，必然进一步推动日经指数的上行。

日本的债务—赤字结构也有望得到改善。在政策实施头一年，央行推行激进的货币发行计划，扭转通货紧缩态势，推动价格水平上涨，同时大量购买债券，可将利率保持在较低水平，刺激经济增长。随着名义 GDP 增长加快，即便税率不变，也将推动税收收入同步增长。此外，名义 GDP 增长，还将放缓国债负担率的增长。以五年期债券利率 0.2% 为例，一旦名义 GDP 增长率上升到 3%，将使国债负担率每年降低 2.8%。通过摆脱通缩状态，推动 GDP 增长，经济成长、债务—赤字结构都将回到可持续轨道上来。

需要指出的是，日本经济长期增长存在一个根本性问题，即人口增长的停滞甚至萎缩。假以时日，日本经济的强劲复苏或许有助于保持人口增长势头。但从长远角度考虑，日本需要更为开放的移民政策，以便稳定其总体上内向、不断萎缩的劳动力队伍。

二、对于美国的借鉴意义

（一）美国债务负担程度仍在可控范围

美国 2007 年后遇到的问题，如房地产泡沫破裂、经济增长低迷、巨额财政赤字、债务负担加重等，日本都曾经历过，程度甚至更严重，日本经验对美国有一定借鉴意义。当然，两者情形有所不同。日本衰退时间更长，是美国的四倍，1990 年日本房地产泡沫破裂的规模更大，比美国 2000—2007 年房地产泡沫大 50%，后者直接导致全球金融危机的爆发。两者有一个最大的不同，就是美国没有出现通货紧缩。这主要是因为美联储主席伯南克借鉴日本经验，成功避免了通缩的发生，将美国 2000 年来通胀率维持在平均 2.5% 的水平。

2000 年以来，美国国债负担率从 48% 增至 84%，增长了 75%。由于利差/政府利息成本（政府债券收益率）与名义 GDP 增长率之差走低，大大缓解了国债负担率的增长步伐。5 年期政府债券利率从 1994 年的 7% 降至目前的 0.8%，利息支出占 GDP 比重由 1995 年的 3% 降到目前的 1.4%。2009 年利差加快下行，名义 GDP 增长率反弹使利差基本稳定在负 2% 以下，国债负担率增长速度放慢。可见，赤字和债务快速增长并非必然导致政府借贷成本的快速上升。

国债负担率通常用来衡量赤字“不可持续”状况，超过 80%—90% 意味着进入危险区域，但似乎并非判断赤字是否可持续的可靠标准。美国国债负担率为 84%，日本则超过了 140%，并且还在持续走高，但却没有发生预期之中的严重债务问题。美国债务负担的快速增长引起更加广泛的关注，主要由于美国此前债务增长经历了长达 25 年的长期稳定态势。

虽然赤字需要削减，债务膨胀势头应当扭转，但美日债券价格仍持续上涨，表明还没有到“大祸临头”、“十万火急”削减赤字的时候。美国会和政府应当积极采取措施，改革社会保险和福利计划，降低税率，堵塞税收漏洞，削减财政赤字，稳定债务水平，从而促进经济增长，避免债务负担过度增长和债券市场崩溃的危险。

（二）美国的政策选择

日本同时面临严重的通货紧缩和经济停滞，政策选择较美国更加简单。美国已经实施了扩张性货币政策，将通货膨胀率维持在2%的水平。2007年以来，美联储资产已经从约8 000亿美元膨胀到了2.8万亿美元，增长了近250%。因此，美联储操作空间有限。如果联储试图通过增加“印钞”遏制国债负担率的上升，则可能导致通胀抬头，推高利率，反而会加重政府债务负担。

目前，美国国债负担率相对较低，政策选择应设法避免出现过度紧缩。如果过快推进财政紧缩，可能会导致经济增长率下滑，国债负担率上升，债务负担加重。过去四年，财政刺激措施的投入每年相当于GDP的3%，而2013年增税、自动削减开支等措施相关的财政拖累将达到GDP的1.5%，财政投入相当于GDP的4.5%，财政政策达到空前力度。即便如此，过去四年经济也只保持了平均1.9%的温和增长。如果财政平衡力度过大，可能导致经济出现停滞甚至负增长，而美联储目前已经不可能推出新一轮货币宽松政策。此外，日本经验表明，即便大力推行财政紧缩政策，也不一定能实现财政可持续性目标。

目前，对于美国经济来说，更迫切地是实施税制改革，刺激经济增长，通过立法确定社会保险与福利计划支出增长状况，减缓支出增长，稳定未来五年的国债负担率。预期2018年之后，在经济持续增长、政府支出增长放缓下，国债负担率可望进入负增长轨道。

日本经验表明，旨在避免通缩的货币政策，加上旨在维持国内需求增长的财政政策，是实现可持续债务和可持续增长的最好的长期政策组合。美国已经完成了货币政策部分，目前需要的是相关财政政策与措施。

（陈立宏）

日本激进政策可能引发真正的货币战争*

美国知名智库布鲁金斯学会资深研究员 Jacques Mistral 撰文指出，各国近年来为应对全球金融危机付出了巨大成本，一些国家开始实施激进政策。随着“安倍经济学”的引入，日本开始了激进的政策尝试。日本量化宽松政策的效果尚不可知，但其负面溢出效应可能引发真正的货币战争。IMF 应警惕潜在危险，而不是急于站出来表态支持日本实现较高通胀预期和较强内需等财政政策。

1928 年总统竞选中，胡佛承诺将提高农产品进口关税以帮助国内贫困农民；当选后，胡佛还要求国会降低工业品关税。早在“黑色星期四”[①] 之前，1929 年 5 月，美国众议院通过了共和党众议员里德·斯穆特提交的一份议案。该议案建议将美国农产品和工业品进口关税提高到百年未有的水平，从某种意义上成为 20 世纪 30 年代一系列最具悲剧性政策措施的导火索之一。因为该议案在参议院通过并正式生效为斯穆特—霍利关税法后的几个月内，其他国家也提高了关税壁垒，开启了 1930—1933 年世界贸易和经济活动萎缩、失业率不断攀升的恶性循环。

上述失败政策警戒我们：第一，“以邻为壑”的政策很恶劣；第二，弊政可能产生悲剧性结局；第三，即使好的措施也可能引发无法控制的连锁反应。

自雷曼兄弟破产以来，各国政策制定者都谨记这些历史教训。G20 创建的初衷就是世界主要经济体合作应对 20 世纪 30 年代以来最严重经济危机的挑战。G20 负责协调各国的宏观经济管理政策，包括削减巨额赤字和宽松货币政策。这些措施虽大胆但并不激进，即使谴责政府干预的人们也不得不折服于其及时性。这些非常规措施成功避免了大衰退恶化成另一次大萧条。

美国前副财长罗杰·奥尔特曼指出[②]，“危机激发了美国和欧洲的重大改革

---

* 本文写于 2013 年 4 月。

① 黑色星期四（Black Thursday）是指 1929 年 10 月 24 日（星期四）美国华尔街股市的突然暴跌事件。10 月 29 日，纽约股市暴跌达到极点，纽约股票市场崩溃，资本主义世界大萧条由此开始。

② 罗杰·奥尔特曼：“西方的沉浮”，The Fall and Rise of the West，2013 年《外交杂志》，2013 年 3 月刊。

（欧洲程度相对较小），使经济更接近于健全、可持续增长的轨迹”。但反对人士称，各国政府和民众依然面临巨大挑战。各国为应对全球金融危机付出的代价格外高昂。在美国，经济复苏并不稳固；失业率看似下降，实际是因为放弃找工作的消极失业者人数增加；收入中位数也大幅缩水。在欧洲，除德国外，其他各国都不得不实施紧缩政策，绝望情绪四下蔓延。日本也深受二十年的通货紧缩之苦。一些国家主要执政党在选举中败北的情况也屡有发生。20 世纪 30 年代初面对不可逾越的困难而采取的迫不得已的国家政策会卷土重来吗？

安倍晋三当选日本首相并推出“安倍经济学”后，真正激进的政策尝试在日本已具规模。随着日本新央行行长的提名和任命，日本货币政策将真正变革。这次变革可能是良性的，也可能是危险的。

从好的方面看，在经历了 20 年的失败政策后，我们乐见大胆的日本政客准备好不惜一切代价将日本从通缩泥沼中解救出来。通缩会抑制消费和投资，如果安倍取得成功，无疑会促进国内经济增长。新任日本央行行长黑田东彦的任务是把通货膨胀预期提高到 2%，与世界平均通胀水平和货币政策趋同。日本国内需求提振，也将有助于改善全球经济前景。不出所料，黑田东彦近期公布了更加激进的一揽子量化宽松政策，试图实现货币基数翻一番。日本央行将购买更多的长期政府债券，鼓励私人投资者更多地投资风险资产。自安倍当选以来，日经指数已攀升 34%。民调显示，公众对安倍的承诺反应积极。

但现在认为安倍成功在望还为时过早。到目前为止，还没有央行尝试过提高通胀预期，没有人知道这是否实际和可管理。通胀预期很容易失控，可能导致利率升高和巨额公共债务（超过 GDP 的两倍），从而给日本财政带来毁灭性后果。但是，还有比日本国内这些负面结果更糟的。

安倍经济学的另一面即是货币管理，不仅大胆，事实上更为激进。安倍在竞选时就清楚地表明，他愿意通过日元贬值来帮助国内制造业，货币政策的制定也将以此为目标。请注意，尽管日本处于困境，但它依然是个出口大国，2 月份对外顺差接近 6 500 亿日元（约 65 亿美元）。根据美国智库布鲁金斯学会的统计，日本与美国的双边贸易顺差为 230 亿美元，如果按附加值计算会再增加 60% 至 360 亿美元。而在选举开始后不久，投资者就敏锐地开始大量卖空日元。结果，在过去五个月，日元狂跌 21.5%。上周宣布日本央行将采取新的宽松货币政策后，日元跌至 99 日元兑 1 美元，日元兑世界 15 种主要货币的汇率也同时下跌。

安倍和斯穆特的共同点在于：两人都愿意利用任何可用的政策工具来解决本国面临的困难；无论是支持保护主义还是实施竞争性贬值，双方都不愿意冲击全球经济。但这些政策仍然是激进的，可能引发不可控的连锁反应。韩国公开表示对日本激进政策的担忧，这完全可以理解，因为韩日两国对外贸易存在同质竞争，日本的丰田和东芝因国内优惠政策和低汇率受益后，首先受到冲击的很可能是韩国的现代和三星。日元走软也给中国带来挑战，使中国完成经济增长 8% 的目标更加复杂，还可能导致大量资本流向中国，危害金融稳定。上周，中国国家外汇管理局发布 2012 年年度报告时指出，“日元贬值不能解决日本的结构性问题，反而可能失控并引发对其可持续性的怀疑，最终产生负面溢出效应”。博鳌论坛上，中国官员也表达了类似担忧。

日本此次宽松政策的结局尚未可知，希望这些大胆政策能有助于世界经济更好运转，但我们仍应持谨慎态度。日本央行所为将增加原本就过剩的流动性，使全球市场流动性泛滥。此外，日本政府加大了货币操纵的力度，这也是危险的。IMF 应警惕到这两方面风险，而不是急于站出来表态支持实现较高通胀预期和较强内需承诺的虚假满足。最后，竞争性贬值总是低效和危险的，总会不可避免地引发不良反应和报复。近几年，“货币战争”不时出现在文章标题中，但那只是些小冲突。此次则可能引发真正的货币战争，美国应该格外关注。最近，日本正式宣布加入跨太平洋伙伴关系（TPP）谈判，这是好事，但结果还是未知数。更具建设性且眼下应立即着手的是继续加强全球汇率政策协同，强烈反对任何国家的激进政策尝试。这应该是华盛顿 IMF 春季会议的中心议题。

（尹晓君　陈　茜）

重新审视日本政府债务问题*

8月9日，日本财务省发布数据显示，截至6月底，日本政府债务余额达1 008.6281万亿日元，首次突破1 000万亿日元大关（约合人民币70万亿元），相当于日本国民人均负债792万日元。日本甩开希腊近100个百分点，以247%的债务率成为全球债务率最高的国家。

对于日本债务问题，外界向来持有较为乐观的态度，认为日本主权债务风险不高，发生危机的可能性不大。其实早在2011年，IMF就曾发布报告预警日本债务问题，称一旦日本国债收益率从当前水平上升，日本债务状况可能很快难以为继，并将使全球经济受到冲击。2013年8月6日，IMF再次敦促日本尽快解决债务问题，并将重新审视日本央行购买政府债券是否属于债务货币化。随着日本债务规模突破千万亿日元大关且继续保持增长态势，我们认为有必要重新审视日本债务问题，为提前预判和应对日本主权债务可能的危机做好预案。

一、关于日本债务问题的主流看法和基本判断

一直以来，外界普遍认为日本主权债务风险较低，主要原因有以下几方面：

（一）经济基本面良好，主权债务有一定的信用支撑

无论是考察经济总量，还是通胀率、失业率和整体税负等重要指标，特别是应对危机、实现经济增长的表现，相比于其他发达国家，日本作为世界第三大经济体还是显示出了强大的实力，政府偿债能力基本有保障。经济基本面向好，市场信心得以维持，主权债券收益率也得以保持稳定，使日本政府能够以偏低的成本借入资金。

* 本文写于2013年8月。

（二）庞大的海外净资产和外汇储备，能够提供充沛的流动性

日本政府对内债务累累，对外却是主要的债权国。据 2012 年统计数据，日本政府持有的海外净资产连续 21 年稳居世界第一，规模约 253 万亿日元。由于 2011 年以前长期的贸易顺差，经常账户余额不断推高日本外汇储备，截至 2013 年 7 月，日本外汇储备余额达到 1.254 万亿美元，仅次于中国排名世界第二。规模庞大的海外净资产和外汇储备，不仅能够直接体现日本政府的国债清偿能力，维持和提振市场信心，更可以在出现紧急状况时回流国内购买国债，拉低国债收益率，提供充沛的流动性支持。

（三）超过 95%的日本国债被国内机构和个人持有

日本国债的持有结构非常特殊，欧债危机中典型国家希腊，国债超过 70% 由国外投资者持有，美国和英国也有 50% 左右的国债为国外债务，而日本国债绝大多数为国内持有，国外持有比例甚微。日本国债主要由日本国内的银行、保险等金融机构及居民个人直接持有。居民个人直接持有的比例虽然较低，但考虑到日本家庭储蓄率一直维持在较高的水平，银行等金融机构事实上也是依靠居民存款来持有国债。居民的偏好和长期持有倾向大大降低了国债被抛售的可能性。另外，即使外国投资者持有的仅 5% 的日本国债也主要由各国央行、主权财富基金等固定投资者持有，主要用作避险投资。中国是日本最大的债权国，截至 2012 年年底，中国对日本债券的持有量达到 20 万亿日元。综上，日本国债被大规模抛售，国债收益率被显著拉高的可能性不大。

二、日本债务问题的新发展

（一）经济复苏缓慢，动摇市场信心

安倍晋三上台以来，经济方面以“三支箭”为核心，即货币宽松、财政刺激和经济增长战略。安倍晋三最初的计划是，利用大规模的货币宽松和财政刺激将日本经济带出衰退，摆脱通货紧缩，并为上调销售税创造条件，同时振兴民间投资，逐步推进结构性改革。但目前看来，安倍政府的“三支箭”并没有击中靶心，带来的效果十分有限，甚至加剧了经济风险。日本政府 8 月 13 日发布数据显示，日本第二季度国内生产总值折合年率增长 2.6%，远低于第一季度的 3.8% 和经济学家预计的 3.6%，经济增长的不确定性显著增强。疲软的数据可能严重动摇市场信心，拉高日本国债的融资成本，甚至影响部分国债持有者的持有意愿。从 2011 年起，日本贸易出现了自 1980 年第二次石油危机后的首次逆差，经常账户盈余逐

年下降，随着贸易逆差的不断扩大，海外投资收益的增长趋缓，特别是经济增长前景的不明朗，日本国债的偿债基础开始松动。

（二）社保支出继续增长，财政赤字居高不下

日本社会老龄化程度很高且仍在不断加深，不断加深的社会老龄化进程日益加重着日本政府的财政负担，财政支出的第一大项社会保障支出 2011 年占全部财政支出的比例已超过 40%，且这一比例未来几年可能会进一步上升。而财政收入方面，日本新增国债发行收入近年来超过税收收入，政府债务依赖度即政府收入中债务融资的比例接近 50%，日本政府 2013 财年年度预算约 92.6 万亿日元，其中 42.8 万亿日元来自新增国债。政府债务规模的扩大必然带来政府债务偿还率的上升，偿债支出占财政支出的比重已超过 20%，成为仅次于社会保障支出的日本第二大财政支出项目。财政支出规模居高不下，财政收入又越来越依赖举债，日本的财政困难可想而知。日本当前财政赤字规模为 23.2 万亿日元。据 IMF 估测，日本的预算赤字占其 GDP 的比例高达 8.6%①，就目前的形势看，短期内预算赤字很难得到有效控制。

（三）增税和发债的两难选择

当前日本的经济形势，安倍政府既要在管控财政风险与促进经济增长之间作出平衡，又要充分考虑国内民众的实际利益和国际社会的重大关切。如果安倍政府决定上调消费税，将给刚刚迈入复苏轨道且呈现消费拉动型的日本经济蒙上阴影。不仅经济复苏可能失去重要的驱动力量，实际居民收入增长缓慢也将由于消费税提高而直接降低民众的实际可支配收入，直接影响其执政的民意基础。

如果安倍政府决定推迟上调消费税，将会面临来自国际社会的巨大压力，外界会认为日本政府缺乏意愿和决心解决备受关注的财政赤字和政府债务问题，评级机构可能因此下调日本债务评级，国际投资者将远离日本的股市和债市，这一系列变化将直接推高日本国债收益率，大幅提高利率成本并引发国债市场动荡，本就难以为继的日本债务问题可能直接演化成一场主权债务危机。国际货币基金组织近期再次呼吁日本按原定时间表提高消费税，并警告日本“缺乏一个可信的财政和结构改革可能破坏市场的信心，并损害日本政府刚起步的改革”。

不管如何选择，一旦稍有偏差，日本经济和安倍政权都将陷入更大的困境。究其本质，日本债务问题风险加剧最大的根源在于经济长期低迷，为走出低迷采取的长期财政赤字政策和货币宽松已经使用到了极致，收紧政策可能加剧经济低迷，而不收紧政策则会引发债务危机，最终陷入更严重的低迷。考虑到日本经济

① 日本央行行长：日本债务“不可持续”，《金融时报》http：//www.ftchinese.com/story/001049701。

的结构性问题积重难返，只要日本经济继续低迷下去，那么日本财政迟早陷入难以为继的境地，债务危机随之爆发。

（四）政府内部的分歧

面对严峻的形势和两难的选择，以副首相、财务金融大臣麻生太郎为首的一派认为，通过提高消费税解决日本债务和赤字问题是日本作出的承诺。如果不如期提高消费税，国际上会对日本的庞大债务问题失去信任，进而加重日本的债务危机。日本央行行长黑田东彦也表示，分两步上调消费税不会损害经济增长。而以安倍内阁首席经济智囊浜田宏一为首的另一派则认为，在日本经济形势刚刚好转的情况下，仓促提高消费税，可能使经济形势急速恶化，且经济衰退后造成的损失将远远超过消费税增加部分，反而会导致日本的财政赤字和债务危机更加严重。首相安倍晋三尚未就是否推迟调高消费税作出明确表态，但随着经济形势日渐复杂和决策期限的日益临近，上述两种观点的交锋将进一步升级，安倍政府内部的分歧也将进一步加大，最终何去何从还存在很大的不确定性。

（五）量化宽松终止可能加剧外部环境恶化

日本属于比较典型的外向型经济，高度依赖出口，比较容易受外部因素影响，日本主要贸易伙伴美国、中国、欧盟等经济体目前均面临不同的经济问题，日本经济增长的外部环境并不乐观。美国经济的复苏势头尚好，有待进一步巩固。欧元区仍处低迷，二季度 GDP 环比增长仅为0.3%，德法两国对欧元区增长的带动作用有待加强。而中国等一系列新兴市场国家进入转型期，经济增速开始放缓，中日双边贸易额受外交关系紧张的影响下降明显。

更值得注意的是，美国可能在9月份决定是否削减甚至退出量化宽松。如果量化宽松得到削减，全球资本回流，世界各国将会面临更高的利率。对日本来说，由于不具备美国式的货币霸权，日元对日本国债的支撑作用十分有限，即使是轻微的利率增长都很可能使日本财政运行受到影响，利率升高的风险随时可能引爆日本债务危机。

三、我们的看法

（一）支撑日本债务大而不倒的基础有所动摇

日本债务问题短期较为乐观这一判断主要是基于日本经济基本面良好，市场对日本国债信心较强和日本国债极高的国内持有率这三方面原因。但随着日本经济继续低迷，安倍经济学效果有限，2013 年特别是二季度以来，日本经济有所回升但很快陷入挣扎，内需不振，出口虽有所提升，但日元贬值和能源进口增加产生大量逆差，房地产投资和企业设备投资均有所下降，显示市场信心不足。而近十年储蓄率下降的趋势没有在金融危机之后明显改善，老龄化的加剧和经济的低迷使家庭和公司几乎没有空间增加储蓄来消化日本国债。因此，日本债务大而不倒的基础开始动摇。

（二）日本债务问题的根源在于持续的经济低迷，经济低迷的根源在于结构性问题突出

日本债务问题的根源在于日本经济长期低迷，难以重拾活力；而导致日本经济低迷的根本原因则是人口老龄化、内外需失衡、市场封闭、劳动力市场缺乏弹性、创新不足等结构性问题。结构性问题不解决，无论是调高税率稳定财政，还是放任债台高筑继续刺激，都无法从根本上推进日本经济步入上升轨道。支撑日本国债信心的经济基础已经开始松动，一旦日本国债实际收益率上升，或风险预期加剧引起大规模抛售，日本政府借新债还旧债的循环便难以为继，债务危机爆发将是大概率事件。

（三）是否上调消费税将是日本财政与经济的重大考验

未来两个月，安倍政府将决定是否如期上调消费税①。考虑到调高消费税与刺激经济增长的两难困境，如何在经济增长和重建财政之间作出平衡，将是安倍政府面临的巨大考验。

即使日本经济和安倍政府能够挺过是否如期上调消费税这一时间节点，不断膨胀的债务规模和停滞不前的结构性改革也可能随时引爆债务危机，给挣扎中的日本经济以新的打击，给亚太区域和微弱复苏的世界经济蒙上新的阴影。

（王　虎）

① 日本经济再生担当相甘利明8月25日表示，安倍政府将在10月7日APEC峰会召开前决定是否如期上调消费税。

对日本经济结构性问题的若干思考*

近20年来，日本经济持续低迷，国内需求不振，生产效率下滑，失业率时有攀升，通货紧缩不断加深，2008年金融危机进一步冲击汽车、家电等传统支柱产业，使得各方对日本经济前景疑虑加深。日本当前经济状况如何，长期停滞不前根源何在，对中国有哪些借鉴意义，本文将就此做一简要分析。

一、经济增长长期处于低速甚至停滞状态

20世纪90年代初，日本经济泡沫破裂。由于信贷紧缩过急过快，经济未能“软着陆”，日经平均指数从1989年12月29日历史高点38 915.87点跌至1990年4月2日的28 002.07点，房地产价格也大幅下降，1990年至1992年东京都房地产总值下跌近93万亿日元。由于银行自有资本快速缩水，纷纷推出金融紧缩措施，加快回收贷款，出现大面积流动性紧张，企业资金状况急剧恶化，金融资产遭到抛售，资产价格暴跌，产生大量不良债权，经济体系运行陷入恶性循环。

自此，日本陷入“失去的20年”。在此期间，日元汇率长期居高不下，实际利率处于相对高位，累积了大量不良贷款，股市萎靡不振，实际工资水平下滑，失业率上升，国内个人消费和需求疲弱，企业利润开始下滑，投资意愿持续降低，出现持续多年的通货紧缩，加上日本政府更迭频繁，政策缺乏连续性和稳定性，悲观情绪蔓延，虽然几届政府多次采取刺激性政策，效果并不明显，经济复苏势头乏力。

日本经济的“失去”和低迷，既是相对其高速发展阶段而言，也是相对其他发达国家和新兴经济体而言。与战后高速增长阶段相比，日本90年代之后经济增长明显放缓。1956—1970年，日本经济年均增长高达9.7%，1971—1993年也有3.9%，而1991—2009年增长率平均仅为0.8%，名义增长平均仅0.25%，2008、

* 本文写于2013年8月。

2009两年还前所未有地连续大幅下降。与其他主要发达国家和新兴经济体相比，日本经济表现也相对逊色。1997—2007年间，美国GDP增长了69.7%，日本仅增长约1.5%，相比几乎没有增长。2008年金融危机后，日本经济大幅下滑5%，衰退程度也较美国下滑2.5%和欧盟下滑3.9%更严重。

二、积重难返的经济结构性问题

日本经济低迷，发端于房地产泡沫破裂。期间历任政府多次推出刺激措施，但经济仍无法摆脱长期停滞状态，根源在于经济体系中存在的结构性问题，包括财政政策失灵、金融体系效率低下、产业政策导向有误、国内市场过度保护和少子老龄化程度的加深等。

（一）财政困境难以扭转，调控效果与政策空间有限

泡沫经济破裂后，日本政府长期实施扩张性财政政策，产生了巨额财政赤字和政府债务。截至2013年6月，日本政府债务余额已突破1 000万亿日元（约合10.4万亿美元），预计到2013年年末，国债规模可能达到1 107万亿日元，占GDP的比重将高达250%。日本经济增长过于依赖财政投入，不仅累积巨额债务，还影响到财政政策的可持续性，削弱了财政持续调控能力，限制了通过开支带动公共投资的空间。由于政府投资效率相对低下，产生相当程度的浪费，在投入产生效率上也是难以令人满意的。

（二）金融体系效率不足，货币刺激政策失效

在战后日本经济体制下，间接金融占有主要地位，金融系统以银行为中心。由于泡沫破裂和亚洲金融危机的冲击，金融机构不良债权问题突出，银行业萎靡不振，导致货币政策传导机制不畅，“零利率”政策效果不佳，货币政策严重失灵。此外，与其他发达国家如美国相比，日本金融体系资源配置效率不足，风险管理机制有待健全，金融市场始终未能成为现代企业制度的有力制衡手段，也是金融体系未能发挥更大作用的根本因素。

（三）产业政策导向有误，产业结构发展失衡

日本政府在战后经济增长和产业发展中发挥了重要作用。泡沫经济后，经济总体状况欠佳，大量企业背负巨额贷款，无力实施必要的结构调整，而政府未能及时行动，实施符合经济健康成长的产业政策，使得主导产业选择出现失误，大量资金投向房地产及相关部门。政府研发经费投入相对不足，重应用轻基础研究，错过高科技特别是信息产业发展的重大机遇，未能推动生产力低下、缺乏竞争力

行业的调整，误失大规模产业升级的最佳时机。事实上，日本最具竞争力的出口制造业陆续向海外转移，产业空心化严重，而政府大力支持的地方产业，如服务业和建筑业则在政府保护下继续维持其低效状态。

（四）政府过度干预经济，市场作用有待增强

多年来日本经济发展在很大程度上受政府影响甚至主导，政府导向型市场经济模式创造了战后经济奇迹，但随着全球化和国际经济环境的变化，政府的作用与角色面临挑战。“官产复合体”体制下，政府全面干预经济，弱化了企业自立、竞争和应变的能力。政府严格控制某些禁止市场竞争的领域和行业，设置了各类进出口壁垒，出于对社会稳定而非经济效率的考虑，政府还采取预算和税收调节方式，保护某些效益不好的特定公司和人群，导致某些行业和市场竞争不足，也影响了新兴行业的发展和壮大。由于政府过于重视 GDP 增长，过度干预市场运行，造成国内市场的封闭性，国际化进程始终存在局限，政府应对泡沫表现也乏善可陈，金融政策的失误，随后的“复合萧条”，都暴露“政府失灵”。

（五）政策缺乏规划与连续性，体制改革未能及时跟进

由于政局不稳，政权更迭频繁，20 年间先后有 16 任首相执政，日本经济政策缺乏连续性，政府无法制订和实施行之有效的中长期经济振兴政策，难以妥善应对外部经济形势变化的冲击。此外，战后日本奉行的政府作用与市场机制有机结合的政府主导型市场经济模式，虽然在创造“东亚奇迹”过程中发挥了重要作用，但随着全球经济发展，日本进入新的发展阶段，所面临的外部环境也有很大变化，这一模式也面临调整的需要。而日本政府在结构性改革和调整方面一直裹足不前。

（六）少子高龄化问题严重，劳动力要素投入不足

日本少子化和老龄化现象日益明显，65 岁以上老年人占比在战后初期不足 5%，2011 年上升到 22.7%，老龄化率全球最高。少子高龄化是经济持续低迷的重要原因，对供给和需求都有负面影响，削弱了生产力，加重了社会保障负担，加剧了经济低迷；老龄化社会中青年劳动力减少，技术技能的传承会受到影响，不利于技术研发、推广和进步；老年人更墨守成规，不利新产业、新产品、新服务的产生和发展等。由于劳动人口占比以每年 1% 的速度减少，对经济增长产生负面影响高达 0.7%。少子高龄化成为社会保障体系的沉重负担，也使得财政失衡状态难以根本扭转。

三、全面理解日本经济增长状况和发展水平

经济泡沫破裂后，日本经济增长放缓，从某种意义上看是发展进入成熟阶段

的必然趋势，但20年来增长率平均不足1%，经济活力明显下降，则是财政状况恶化、人口老龄化等一系列结构性问题影响的结果。虽然日本经济在数量增长上放缓，但经济运行情况平稳，金融体系经过调整逐渐趋于更加健康，社会发展指标领先绝大多数国家，并没有出现经济学意义上的“萧条”现象，如失业人口剧增、经济长期负增长、国民经济难以为继、生活水平普遍大幅下降等问题，经济呈现一种数量缓慢增长、地位相对下降的状况，发展水平领先多数国家。从某种意义上说，日本只是在数量增长上而不是在发展质量上“失去二十年”。

一些主要经济社会发展指标显示，日本经济运行体系整体上仍然相当健康。第一，日本GDP总体上仍处于缓慢增长过程中，1991—2009年间GDP年均增长0.8%，近期在安倍新经济政策刺激下可望实现较大幅度增长；第二，日本无论是国家还是国民富裕程度在全球仍名列前茅，2012年日本GDP总量位居全球第三（5.96万亿美元），海外净资产全球第一（296.1万亿日元），个人金融资产全球最高（1 547万亿日元），外汇储备全球第二（2012年9月1.28万亿美元），人均GDP高达46 736美元，位居世界前茅；第三，日本就业情况好于包括美国在内的大多数发达国家，失业率最高为2002年（5.4%），绝大多数年份在5%以下，目前约为4.1%，接近充分就业水平，即失业率4%以内，同期欧洲则出现两位数的高失业率；第四，日本制造业在全球产业链中一直处于高端位置，国民素质较高，企业实力雄厚，专利申请数量2010年前长期保持世界第一，实效专利量目前仍为世界第一，仅2000年以后就有11位科学家获诺贝尔奖，企业创新能力处于世界领先水平；第五，日本社会以中产阶级为主体，社会保障体系健全，基础设施建设完备。上述诸多方面，不仅保障日本平稳渡过经济低迷阶段，还为可能的转型与变革提供坚实基础。无论从哪个角度讲，日本仍是全球最完善、最发达的经济体。

四、安倍“新经济政策”意在标本兼治

2012年12月以来，安倍政府在财政、金融及经济增长等领域推出一系列措施，以刺激经济走出通缩和低迷状态，重拾经济活力，主要措施包括实施量化质化宽松货币政策，两年内将通胀率推高到2%；继续采取积极财政政策，以及制订并实施一揽子经济长期增长战略，包括250多项具体政策，旨在促进产业振兴和国际市场开拓，包括放宽各种行政管制，吸引民间资本投入医疗、信息技术等领域，设立“国家战略特区”等。

短期看，上述政策效应已经开始显现。得益于外部需求好转及安倍经济政策的刺激，2013年一季度日本经济增长显著加快，实际GDP环比折年率增长4.1%，同比增长0.4%，超出此前各方预期。二季度实际GDP环比增速0.9%，同比增长速度也高达3.8%。2012年9月至2013年6月，日经225指数上涨了54%，日元

对美元贬值了28%。2013 年8 月份核心 CPI 较上年同期增长0.8%，连续第三个月上升，刷新五年高位，显示通缩压力消退的迹象。2012 年9 月至2013 年6 月，日元兑美元汇率贬值了28%，一度达103.74 低点。安倍政府希望从推高通胀和日元贬值入手，推动日本经济走出低迷，但解决政府债务高企、创新不足、少子老龄化等长期深层次问题仍是日本摆脱困境的关键，而其长期增长战略的实施与成效仍有待观察。

五、对中国的启示

（一）警惕和预防可能发生的泡沫

日本经济受累于泡沫经济，我们应对此保持高度警惕。《广场协议》后，日元迅速升值，房地产和股市快速上涨，1989 年东京都地价总值相当于美国全国的土地价格。日本政府为抑制泡沫经济，采取了一系列紧缩措施，但未能实现经济软着陆，反而引发泡沫的大规模破裂。在我国，据估算 2010 年北京地价总值就已超过当年美国 GDP 总值，显示国内房地产泡沫已经相当严重。我们认为，对经济中存在的泡沫成分，政府应及早采取措施有步骤地加以化解，防止泡沫膨胀，消除已经存在泡沫成分，积极引导资金投向实体经济，同时对于泡沫后果做好预案和准备，包括强化民众契约意识，加强投资风险教育，完善相关法规、税收、社会保障制度，提高全社会对可能出现风险的防范与承受能力，等等。

（二）高度重视少子老龄化的负面影响

少子老龄化在供给、需求、创新、社保等多方面影响社会发展。中国目前老龄化加速发展，与日本相比速度更快，但经济发展阶段相对落后，很可能形成“未富先老”的情况，需要尽快调整相应的人口、就业、产业、社会保障政策。《中共中央关于全面深化改革若干重大问题的决定》提出“坚持计划生育的基本国策，启动实施一方是独生子女的夫妇可生育两个孩子的政策”，将逐步调整完善生育政策，促进人口长期均衡发展，为应对老龄化迈出重要一步，但步伐仍嫌不足。与此相关的社会保障政策方面，日本 2012 年“社会保障与税制一体化改革”可以提供一些有益的借鉴。

（三）与时俱进定位和调整政府与市场关系

日本属于政府主导型市场经济体制，政府在经济发展中发挥重要作用，随着发展阶段和外部环境的变化，政府面临放松管制、刺激创业、企业改制等各方面调整和改革的需要。中国与日本在某些方面存在相当程度的相似之处，如在日本，出口制造业实现充分市场竞争，而部分导向行业“被社会主义垄断”。《中共中央关于全面深化改革若干重大问题的决定》明确提出“加快完善现代市场体系”，“建设统一开放、竞争有序的市场体系，是使市场在资源配置中起决定性作用的基础”，下一步将面临转变政府职能的挑战，如何厘清和理顺政府与市场、与社会之间的关系，如何用“看得见的手”弥补“看不见的手”的不足，仍有待进一步研究。

（四）及时化解政府债务的累积与影响

目前，中国地方政府债务问题和潜在风险引发国内外广泛关注。日本倚重高储蓄率，靠投资带动经济，而后面临本币升值、发展进入新阶段、国际竞争力削弱、投资带动经济形成大量债务、老龄化使劳动人口比率下降、整体偿债能力减弱等问题，有的问题中国正在面对，有的可能遭遇，不同的是日本有完备的国民工业体系、较为充分的就业和相对完善的社会保障体系，债务承受能力更高。目前，我们已积极采取措施加以应对，包括“将通过严控地方政府新增债务、逐步将地方政府债务纳入财政预算管理以及建立规范的地方政府举债融资机制等多种举措”。对地方债务问题的处理上，应及早采取明确而具体措施，化解防范可能风险，有助于避免走向日本式债台高筑积重难返的状况。

（陈立宏）

安倍经济学与亚洲*

韩国大学经济学教授、原亚洲开发银行首席经济学家、韩国前总统李明博国际经济事务高级顾问李钟和发表《安倍经济学与亚洲》一文。现将其主要内容作出整理，供参考。

日本首相安倍晋三上台后实施的一系列经济刺激措施——即所谓的“安倍经济学”，似乎会在日本奏效。外界预计扩张的货币政策将向日本经济注入流动性，直到通胀达到日本银行既定的2%的目标，而扩张的财政政策也会持续，直到日本经济复苏形势稳定。

受此影响，消费者和投资者信心正在恢复。2012 年 11 月确定将由安倍组建下一届政府以来，日本股市反弹约 40%，出口和经济增长也有所抬头。在出口缺口大而通胀压力小的情况下，扩张性政策显示出重振经济活动的巨大潜力。

但其他国家——包括亚洲邻国，担心日本贬值日元，以它们为代价提振出口和增长。一些国家指责日本助长了全球“货币战争”。对激进货币扩张的预测使日元大幅贬值，在四个月内日元兑美元贬值近 20%。

当然，日本走出 15 年通缩陷阱和 20 年经济增长停滞对全世界来说是个好消息。日本仍是世界第三大经济体、第四大贸易体，是其邻国中国和韩国的第三大出口市场，中韩两国都将因“安倍经济学”重振日本内需而获益。更广泛地说，鉴于欧洲经济衰退以及世界贸易量增长缓慢，日本经济增长、出口需求走强有助于支持全球经济复苏。

问题在于安倍经济学是否能够在不动摇世界经济，特别是亚洲邻国经济的同时达到目标。要达到这样的效果，日本决策者必须专注于更加可持续的增长，避免陷入与贸易伙伴国竞相贬值和保护主义的恶性循环。从短期看，扩张性货币和财政政策是有利的，但必须辅之以基本结构性改革。

过去 20 年，日本通缩和经济停滞的主要原因是金融系统功能失调以及私人需

* 本文写于 2013 年 4 月。

求不足。20 世纪 90 年代的资产泡沫破裂使日本金融系统和私人部门背上了沉重的债务负担。在金融业、家庭和公司部门资产负债表不振问题解决后，复苏才开始出现。只有可持续的私人部门需求才能实现经济的可持续增长。

货币宽松和财政刺激，加上重塑私人企业财务健康的结构性措施，能够刺激家庭支出和企业投资。事实上，真实汇率贬值对增长的影响是短期的，除非出口部门公司利润的增加能提高家庭消费和投资。如果更高的通胀和货币贬值抑制了投资者对日本政府债券的胃口，从而推高了名义利率，那么金融和财政不稳定的风险也会升高。

这就是为何“安倍经济学”的成功不取决于激进货币扩张和财政政策所提供的短期刺激，而取决于提振竞争力和创新并战胜人口老龄化的消极影响的结构性改革计划。

当然，日本并不是唯一一个使用汇率政策保持出口竞争力的国家。许多发展中经济体政府都实施了货币市场干预以阻止汇率升值和出口竞争力损失。如果日本开始直接干预全球货币市场以确保弱势日元，邻国竞争者也会以同样的政策回应。货币战争和保护主义的危险不容低估。

最近，韩元对日元汇率升至 2011 年 8 月以来的最高水平，韩国政府和商界担心韩元的走强会伤害汽车、机械和电子产品等重要出口部门。韩国某研究所的报告显示，如果日元/美元汇率达到 2007 年的平均水平 118 日元左右，韩国经济将陷入衰退。

此外，日本银行、美联储和欧洲央行的无限制量化宽松也增加了资本流波动性升高和亚洲新兴市场资产泡沫的风险。中国决策者对通胀和房地产泡沫风险的增长表示了严重担忧。

当前微妙的局面可能升级为进一步的货币干预、贸易保护主义和资本管制。以邻为壑政策会导致总贸易量的下降，产生一场无人捞得好处的零和博弈。毕竟，日本出口依赖于新兴市场和发展中国家，仅东亚地区就占了日本海外销售的一半。

地区经济将从更紧密的汇率和货币政策合作中获益。应更加积极地利用 G20、东盟 +3 等机制进行政策对话和监督。这样，东亚经济体能相互合作增强地区汇率稳定，从而创造更有利于地区内贸易的环境。

日本经济终于开始启动，这对亚洲和世界来说都是好事。但是，尽管日本活力有所恢复，但经济复苏极有可能是短暂的，除非日本找到一条可持续的合作增长之路。

（彭　慧）

日本量化宽松货币政策及其传导机制*

日本央行副行长岩田规久在日本京都就日本所实施的量化宽松货币政策发表讲话，阐述了日本量化和质化宽松货币政策（QQE）的传导机制。现将其主要内容作出整理，供参考。

一、“三支箭”

安倍政府实施了以“三支箭”为主要内容的政策：大胆的宽松货币政策、灵活的财政政策以及经济增长战略。“三支箭”相互配合，旨在解决日本的通缩问题以及日本经济面临的挑战。

“第一支箭”是日本央行采取的大胆宽松货币政策。概括来说就是央行采取大胆的宽松政策，把通胀率提高到 2%。目的是填平负产出缺口，拉动日本经济重回可持续增长或潜在经济增长率的轨道。

“第二支箭”是灵活的财政政策。虽然“第一支箭”是极其强大的政策措施，但其有利影响仍需一段时间才能在经济中发挥作用。正因为如此，政府灵活的一揽子财政刺激措施有必要在初始阶段从需求方面巩固经济活动。目前，公共投资增加主要是受紧急经济政策的支持，是基于 2013 年 2 月通过的 2012 财年追加预算。

“第三支箭”是鼓励民间投资的经济增长战略。旨在提高日本经济的可持续性并为日本经济提供增长空间。然而，第一支箭的宽松货币政策和第二支箭的财政政策目的都在于通过扩大总需求规模，推动日本经济重回可持续增长轨道。预计政府将稳步实施各种措施，包括 6 月份由安倍首相公布的“日本振兴战略”。

图 1 纵轴代表日本经济活力的实际 GDP 增长率，横轴代表时间，粗线显示日本经济的增长轨迹。目前，日本经济水平在虚线（虚线是日本经济应遵循的潜在

* 本文写于 2013 年 9 月。

增长路径）以下，主要是由于日本经济一直处于恶性循环，总需求下滑导致物价持续下降，通货紧缩的状态又导致物价进一步下降。

▼ "三支箭"互补关系

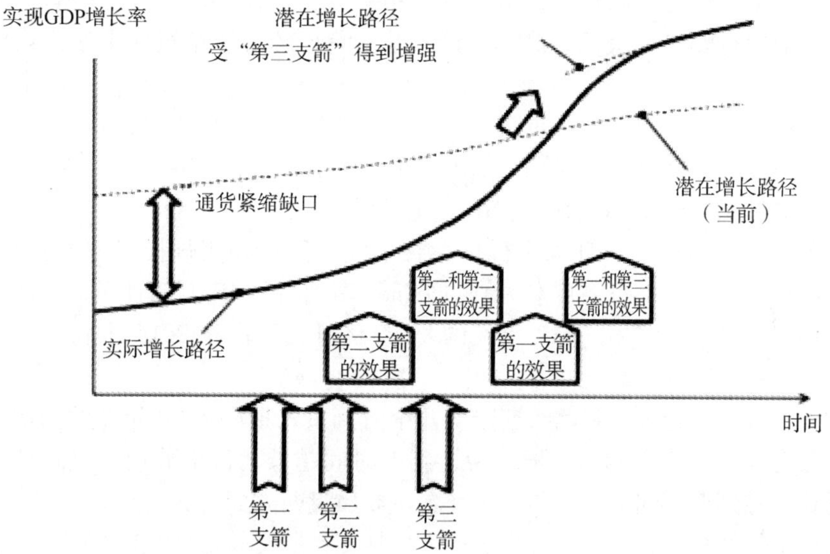

图 1　"三支箭"各自的角色

为使日本经济走出通缩和需求下滑的恶性循环，第一支箭，即大胆的货币宽松政策是有效且有必要的，它将停止日本经济持续下跌趋势，将经济活动的价格水平拉回正轨。

然而，第一支箭的影响渗透到经济中将需要一段时间。随着第二支箭逐步显现效果，宽松货币政策的效果也将逐渐增强，实际经济增速将接近潜在经济增速（图 1 的虚线）。

相比之下，第三支箭将扮演提高日本潜在经济增速的角色（如虚线所展现）。换句话说，货币政策和财政政策能够使日本经济恢复增长，增长战略是为了提高经济的潜在增长率。为使日本经济实现长期可持续增长，第三支箭是成功的关键。

二、量化和质化宽松货币政策

"第一支箭"是日本央行正在实施的货币宽松政策。2013 年 1 月 22 日，日本央行将通胀率目标设定为 2%。为尽早实现这一目标，日本央行于 4 月 4 日宣布推行新的"质化和量化"宽松货币政策（QQE），时间约为两年。

第一个特征是，日本央行承诺尽早实现 2% 的通胀目标，为使宽松货币政策真正发挥作用，日本央行宣布将持续推行宽松政策直到实现通胀目标，以显示其摆脱通货紧缩的强烈决心。

QQE 的第二个特征是，日本央行对货币市场操作的主要目标已经由货币市场利率转向基础货币。基础货币是流通的纸币和硬币的总和。即现金的总规模及金融机构目前银行账户的余额，简单来说，基础货币约等于银行向市场提供的货币规模。

在货币市场操作的规模方面，日本央行决定在两年内以每年约 60 万亿—70 万亿日元的速度增加货币供应规模。基础货币规模有望在两年内翻番，由 2012 年底的 138 万亿日元增至 2014 年底的 270 万亿日元。

QQE 第三个特征是，日本央行扩大日本政府国债购买规模以增加基础货币。具体措施包括，日本央行将日本国债购买量提高到每年 50 万亿日元，预计在两年内将使国债规模翻番，由 2012 年底的 89 万亿日元提高至 2014 年底的 190 万亿日元。

此外，日本央行宣布将购买期限从几个月到最长期限为 40 年期的国债。购买期限突破之前的 3 年限制。一般来说，到期时间越长，价格波动的风险越高。因此，延长债券到期时间显示货币政策在数量和质量两方面的宽松。

第四个特征是，日本央行也决定扩大包括交易所交易基金（ETF）和房地产投资基金（J－REITs）等风险较高的资产的购买规模。ETF 是一种投资信托，其价格与日经 225 和东证指数等股指相挂钩，在证券交易所内进行交易。购买 ETF 相当于间接购买股票。相比之下，J－REITs 是一种投资于多个房地产（如办公楼和商业设施）的投资信托。购买 J－REITs 意味着间接投资于房地产业。

日本央行将增加 ETF 和 J－REIT 的购买规模，使二者债务的总额分别以年均 1 万亿和 300 亿日元的节奏增长。预计日本央行购买这些资产的风险相对较高，质化方面的货币宽松政策将鼓励实体经济承担更多风险。

QQE 第五个特点是，日本央行将继续推行 QQE 以实现 2% 的物价稳定目标，持久保持这一目标是有必要的。这个承诺伴随着责任，将增加公众对政府政策的信心，是最终达到货币宽松效果的关键。

最后，日本央行高度重视与市场参与者的沟通。日本央行的货币政策主要通过货币市场操作进行。随着日本央行以史无前例的规模实施宽松货币政策，日本金融机构也将面临从未经历的情况。因此，与市场参与方加强沟通和交流以及寻求一个更加合理的方式前进至关重要。

（彭　慧）

■ 第三部分

新兴经济体经济

新兴市场资本流动趋势预测及分析*

6 月 26 日，国际金融协会（IIF）发布报告预测未来两年新兴市场资本流动情况。报告认为，2013—2014 年，新兴市场私人部门的资本流入额将降低，流出额将增长。影响全球资本进出的主要因素有：对美国退出超宽松货币政策的预期将导致市场波动并影响资本流动；全球经济不景气以及新兴经济体经济增长放缓等。

一、新兴市场资本流动趋势预测

2013 年，新兴市场私人部门的资本流入额预计为 1.145 万亿美元，较 2012 年下降 360 亿美元，2014 年将下降至 1.112 万亿美元。在世界经济波动加剧以及美国债券收益率将进一步提高的市场预期背景下，私人投资较机构投资将受到更大冲击。组合证券投资（Portfolio Equity）预计在 2013 年将从上一年的 1 250 亿美元大幅下降至 890 亿美元，但在 2014 年回升至 1 100 亿美元。FDI 流入新兴市场数额的下降趋势将持续，2014 年预计仅为 5 230 亿美元，较 2012 年下降约 6%。

近几年，包括中国在内的一些新兴市场私人部门资本流出额不断增长。2013 年，新兴市场私人部门资本流出（对外投资和借款）总额预计将达 1 万亿美元，而 2000—2003 年的平均值仅为 1 030 亿美元。新兴市场海外投资的新特征是投资对象逐渐从低收益率的资产，如主权债务等，向高回报率的资产（直接或间接）转移，如股权投资。而且，新兴市场金融部门不断发展会将国内储蓄资源向全球资本市场引导，一些新兴经济体的资本账户开放进程也会对其投资海外起推动作用。

* 本文写于 2013 年 9 月。

表 1　　新兴市场资本流动情况

单位：10 亿美元

	2011	2012e	2013f	2014f
资本流入	1 207	1 212	1 187	1 177
私人部门	1 146	1 181	1 145	1 112
股权投资	598	670	631	633
直接投资	593	545	541	523
组合证券投资	5	125	89	110
机构投资	548	511	514	479
官方流入	61	31	43	65
资本流出	-1 481	-1 289	-1 396	-1 396
私人部门	-811	-932	-1 000	-1 000
股权投资	-262	-320	-376	-357
对外借款	-549	-612	-624	-643
外汇储备	-670	-357	-397	-396

注：e 为 IIF 估算值，f 为 IIF 预测值。“ - ”表示增加。

二、影响近期全球资本流动的主要因素

（一）宽松货币政策将结束

在过去几年中，发达经济体的宽松货币政策向新兴市场注入了大量资金。但随着经济前景变得明朗，发达国家投资者对投资海外的兴趣减退。中期来看，对新兴市场起推动作用的全球性宽松货币政策将接近尾声。新兴经济体和发达经济体间利率差将缩小，逐利的投资者在前者的投资相应减少，此时对外国资金需求较大的国家将遭受严重打击。

美国经济已经从 2008 年大衰退（the Great Recession）后极度疲软的状态中恢复，美联储 2013 年 6 月份明确提出由于 QE3 预期在 2014 年中期结束，2013 年年末投资量将开始缩减。此外，美国利率快速大幅提升的尾部风险（Tail Risk）不可小觑。1994 年美国快速提升利率导致橘子郡（Orange County）政府破产，溢出效应还波及了全球金融市场，很多发达及新兴经济体的主权债务利率相应提高。2004—2006 年美国逐渐提升利率，尽管对全球经济造成的影响相对有限，却间接引发了美国的经济泡沫。因此，2013—2015 年，美联储的任何政策失误都会引发其国债利率剧烈波动，并对其国内和全球经济产生负面影响。

（二）新兴市场经济增长放缓

全球经济增长在衰退5年后仍没有步入正轨，2013年和2014年世界GDP增长率预期值分别为2.5%和3.3%，相比1996—2007年平均值的3.1%并不算高。2013年新兴市场经济增速未达到2012年末的预期值，尤其是拉美地区。发达经济体的形势则有所好转，日本的货币扩张政策开始推动国内需求，欧元区也开始从负增长中恢复。总体来说，这种经济形势的扭转不利于资本向新兴经济体流动。新兴市场增长放缓的预期将导致资本流入额在2013年和2014年分别减少300亿—400亿和150亿—200亿美元。

在预期美国将退出货币宽松之际，对新兴市场债券的重新定价情况也不容乐观。自2013年5月22日以来，新兴市场资产价值缩水15%，而发达经济体仅下降6.5%。新兴市场货币贬值总计7%，其中巴西、南非、印度和印尼货币贬值幅度最大。高达50亿美元资金从这些市场的专用股本基金（Dedicated Equity Funds）市场撤出。新兴市场总体的股本和债券基金市场分别流出180亿和70亿美元。新兴市场的投资产品价格被调低：远期产品的市盈率远低于长期水平，这将对其经济增长和公司收益预期产生不良影响，是对当局决策者的极大考验。

（三）不确定因素

同时，存在一些不确定因素影响预测的准确率，例如：新兴市场经济增长率回升；在美国失业率维持在6.5%以上、通胀率下降或对资产价格失调担忧缓解的环境下，投资者对美联储退出量化宽松政策的预期可能会下降；资本流入额占新兴市场GDP份额并不高，尤其是与衰退前相比。因此，长期看来，在全球经济和金融一体化不断深化的大背景下，资本流向新兴市场的趋势可能仍将保持下去。

（李明慧）

俄罗斯战略东移分析*

美国知名智库布鲁金斯学会欧美中心主任 Fiona Hill① 撰文②指出，俄罗斯总统普京于2013年6月份提出了俄罗斯版的“重返亚太”战略——将目光从传统的欧洲市场更多投向亚太地区。文章认为，俄罗斯的战略意图并不在于遏制中国，但在中俄关系拉近的同时，双边关系在贸易等方面仍有潜在风险。文章同时指出，在可预见的将来，俄罗斯的战略中心仍将留在欧洲。俄罗斯将继续迷失在东西方之间。主要内容如下，供参考。

一、俄罗斯提出战略东移的内容与意图

2013年6月份，俄罗斯总统普京在圣彼得堡召开的国际经济论坛上提出了俄罗斯版的战略东移构想。该战略构想源于去年在符拉迪沃斯托克举行的 APEC 领导人非正式会议，标志着俄罗斯将把目光从传统的欧洲市场投向亚太地区。普京提出包括升级跨西伯利亚铁路在内的巨额基础设施投资计划，从而将俄罗斯与太平洋更紧密地联系起来。同时，他对国有的俄罗斯石油公司与中国达成的一项出口协定表示赞赏。

俄罗斯的经济战略东移也许与美国重返亚洲的战略非常相似，而且俄罗斯也同美国等其他地区力量一样，确实已经开始重新部署其在亚太地区的军事存在。莫斯科和华盛顿的不同在于，前者强调其战略目标是与中国合作而非竞争，并且表示绝没有丝毫遏制中国的意图。事实上，普京在2010年9月曾谴责“外国专家”，称其“总是在用中国来威胁俄罗斯”。普京回应道，“我们丝毫不害怕，中国

---

* 本文写于2013年8月。

① Fiona Hill 毕业于哈佛大学，博士学位。1991—1999 年，Fiona Hill 担任哈佛大学肯尼迪政府学院多个项目负责人。现任布鲁金斯学会欧美中心主任、《外交政策》杂志资深研究员、美国外交关系委员会成员，就俄罗斯和欧亚问题多次发表评论，并发表多篇相关研究成果。

② 该文标题是“俄罗斯为何向东看”，发表于2013年7月31日。

并不让我们担心。中俄将在许多问题上合作”。普京对目前中俄双边关系表示满意，中国似乎也采取了同样的立场。2013 年 3 月份，中国国家主席习近平将他就任后的第一次正式访问定在俄罗斯；7 月份，中俄海军在日本海开展联合演习，进一步巩固双边合作。

俄罗斯的战略意图是相对明确的。与美国和其他大国一样，俄罗斯也认为世界权力正在向东转移，中国的崛起会以美国和西方为代价。但是不同于其他欧洲国家，俄罗斯的战略东移并非只是希望向亚太地区施加影响，也是出于对人烟稀少、战略地位脆弱的东部地区（西伯利亚和远东）的担忧。换言之，俄罗斯的战略目标同时包括以下几个内容，保护东部领土，增强其亚太地区的存在，弥合其亚洲政策和欧洲政策之间的断层，建立起同中国等地区大国的互动模式。

二、俄罗斯战略中心仍在西方

莫斯科只有有限的资源和能力来完成战略东移。召开 APEC 峰会与其说是一次战略转变，不如说是一场“奥运盛宴”。除了最近几个动作，亚洲在俄罗斯的对外政策和安全政策中都只是边缘角色。尽管莫斯科希望成为亚洲合作与贸易的枢纽，但是其战略中心始终是西方。它的主要人口在西方，它的主要经济联系也在西方，它的军事重点也仍然紧盯美国与北约，这些在可预见的将来都不会改变。旧有的模式很难被打破，新模式中即便最好的部分也难以维持。

（一）经济贸易

以能源贸易为例：过去的 20 年，俄罗斯在库页岛开采了数量可观的油气资源以适应东亚不断增长的能源需求。为此，俄罗斯建成了库页岛至太平洋沿海、途径中国的输油管线。就在最近，俄罗斯同意在未来的 25 年间向中国出口 3.65 亿吨石油。但是，2011 年俄罗斯向中国出口的 2 000 万吨石油只占中国石油进口的 6%，远远落后于沙特和安哥拉。即便是新协议生效后，就中国总体的石油进口增长来说，俄罗斯在中国石油市场的份额也不会有明显增长。对中国的天然气出口更是如此。从 2004 年到 2013 年，中俄两国共签署了不少于 6 份天然气贸易协议，但是至今仍然缺乏一个实质性的运输协议。

因此，就经济贸易而言，俄罗斯的贸易量只占地区贸易总量的 1% 和中国对外贸易总量的 2%，俄罗斯在亚太地区的存在十分有限。

（二）地区安全

地区层面更是如此，俄罗斯对亚洲安全政策没有显著的影响，中国、日本、韩国、美国都明白这一点。尽管安倍于 2013 年 4 月访问俄罗斯，成为十年来第一个访俄的日本首相，但是俄日关系仍然紧张。近期俄罗斯在远东的大规模军事演习都是以美日为假想敌。同时，俄罗斯和日本自二战以来仍然没有签署和平条约，两国就南千岛群岛（日称北方四岛）的争端仍然十分激烈。

在朝鲜半岛，俄罗斯也是六方会谈中最无足轻重的一方，几乎在解决南北问题中被完全边缘化。事实上，地区的外交官们把俄罗斯的作用形容为“弊大于利”。

（三）东移政策难有实效

总而言之，俄罗斯很难在短期内建立起与亚洲国家的多样化关系。普京采取的“高层外交”，即由他本人和俄罗斯的最高级别官员亲自与其他国家的领导人进行外交活动，在亚洲并不奏效，因为普京和他的决策圈成员对亚洲几乎没有任何深入了解和专业知识。

同时，包括中国在内的亚洲精英也并未把俄罗斯当成一个亚洲国家。亚洲的精英相信俄罗斯仍然深深根植于欧洲，至多也是在中亚有部分影响，对东亚地区的影响也仅局限于能源与军火。

不同于美国，俄罗斯的亚洲存在、政策能力和利益关系都不足以使其战略上和经济上的东移政策成为现实。

三、中俄关系

近年来，中俄双边关系为俄罗斯带来效益可观的红利。冷战时期中俄边界上的紧张气氛与武装对抗已经过去，而一个过于强大的中国仍然只是臆想。安全上，一个总体善意的中国对俄罗斯的远东安全与领土完整也有所裨益。政治上，中国也在安理会体现了对俄罗斯的支持。外交上，双边关系使得俄罗斯沐浴在中国的光辉之下，也使得普京集团提出的“俄罗斯作为东西方之间的地缘平衡者和文明的桥梁”构想在国际上具有更多的合法性。正如俄罗斯著名评论家 Vyacheslav Nikonov 2010 年 9 月在莫斯科第一次提出战略东移时所说：鉴于俄罗斯历史上的东扩运动、欧亚交融的独特的地缘条件和文化习惯、亚太地区不可避免的人口与经济崛起，俄罗斯的未来只能是一个“欧洲——太平洋”国家。

然而，经济贸易方面，“新殖民主义”色彩的贸易关系在中俄贸易中体现得越来越明显，使得双方对双边贸易都有顾虑。俄罗斯向中国出口自然资源，同时从中国进口工业品与消费品，这类贸易占中俄贸易中的绝大部分。而除了军火产品，中国对俄罗斯产品几乎没有兴趣，即便是军火贸易近几年也已停止。中国对双边贸易也不满意。俄罗斯不断阻止中国企业大量收购俄罗斯能源项目的股权。事实上，俄罗斯似乎从来都把中国当做最后的投资者——只有当其他所有合作者都不可行时，俄罗斯才会把目光投向中国。

四、结论

普京当前的目标是使俄罗斯在世界新秩序中早早抢占一个位子，新的世界秩序被认为将是亚洲版的大国协调，而不是欧洲版的大国协调。但是长期来看，非现代的俄罗斯与充满活力的中国在经济和政治上的差距或许太大。最终，俄罗斯既不喜欢单边主义的美国，也不会喜欢“霸权主义”的中国，也不会喜欢任何会使之边缘化的结盟，包括近期习近平主席在同奥巴马总统会谈时提出的“新型大国关系”。

俄罗斯有可能再次迷失在东西方之间，前者是它本不属于的亚洲，后者是它难以融入的欧洲。

（周　越　周　波）

印度外汇储备管理及其经验借鉴*

作为发展中大国，特别是金砖国家的重要成员，近年来印度经济发展成绩斐然。相应地，其外汇储备余额也持续攀升。截至 2013 年 5 月，印度官方外汇储备资产规模达 2 920 亿美元，居世界第九位。本文将简析印度外汇储备管理经验，为我国改进外汇储备管理提供有益借鉴。

一、外汇储备规模

印度储备银行（Reserve Bank of India，RBI）为印度的中央银行，是印度外汇储备的主管部门。印度官方外汇储备资产的主要组成部分为外汇储备、IMF 储备头寸、特别提款权（SDRs）和黄金。根据印度储备银行资料显示，截至 2013 年 5 月 17 日，印度官方外汇储备资产总额为 2 919.66 亿美元，外汇储备为 2 614.72 亿美元，黄金为 239.74 亿美元，IMF 储备头寸为 22.14 亿美元，SDRs 为 43.06 亿美元。其中，外汇储备占官方外汇储备资产的 89.56%。

表 1　　印度官方外汇储备资产表

单位：百万美元

日期	官方外汇储备资产	外汇储备	IMF 储备头寸	SDRs	黄金
2008 年 6 月	311 790	302 050	527	11	9 202
2009 年 6 月	264 584	253 732	1 247	1	9 604
2010 年 6 月	276 980	251 383	1 310	4 864	19 423
2011 年 6 月	309 020	277 093	2 954	4 582	24 391
2012 年 6 月	289 992	256 958	2 895	4 379	25 760
2012 年 10 月	295 254	260 351	2 268	4 446	28 189
2013 年 5 月	291 966	261 472	2 214	4 306	23 974

数据来源：印度央行。

* 本文写于 2013 年 7 月。

印度央行公布外汇储备资产构成相关数据的透明度较低。国际货币基金组织（IMF）公布的《官方外汇储备资产币种结构》报告（Currency Composition of Official Foreign Exchange Reserves，简称 COFER），按照发达经济体和新兴经济体列出了具体币种结构情况①。多数国家遵照 IMF 参照标准管理本国外汇储备，有几个国家公布了所采用的参照标准的信息②。

参照 2008 年 COFER 报告，印度外汇储备的币种结构为：美元占 40%、欧元占 25%、其他币种占 35%。

二、外汇储备增长趋势

自 1991 年印度实施经济改革以来，印度政府对卢比汇率作了许多调整。1991 年 6 月，拉奥政府成立后不久即两次宣布卢比贬值，贬值幅度达 18.9%，在这之后，印度卢比总体上保持贬值态势。为使印度对外贸易向自由化迈进，进一步改善国际收支，印度政府逐步放松了对经常项目和资本项目的外汇管制。为保障境外投资者的收益，印度于 1993 年修改了《印度外汇管理法》，修改后关于汇出利润和红利的规定更利于吸引外资，如规定外国公司在交纳应当担负的税收并获得印度储备银行的批准后，有权将得到的利润和红利汇出国外。1999 年新颁布的《印度外汇管理法》规定：印度政府批准的外资项目，印度储备银行一般都予以批准。经外国投资促进署批准的印度公司接受外国汇款和向外国投资者发行股票，不必再经印度储备银行批准。随着经济改革不断向前推进，印度的对外收支状况得到很大的改善，外汇储备逐年增长。印度外汇储备从 1990 年的 22.36 亿美元增至 2013 年的 2 926 亿美元。印度管理外汇储备的主要目标是保持安全和一定的流动性；而回报率是次要目标。

三、外汇储备管理体系

（一）管理目标

印度外汇储备管理的目标是，持有外汇储备以实现金融体系的稳定，并充分运营货币和国家信用体系。具体表现为：（1）维护对货币政策和汇率政策的信心；

① India’s International Reserves: How Large and How Diversified? Global Economy Journal, http://www.isn.ethz.ch/isn/Digital-Library/Publications/Detail/?ots591=0c54e3b3-1e9c-bele-2c24-a6a8c7060233&lng=en&id=114066.

② 《各国如何管理储备资产》，中国金融出版社，2010 年 6 月。

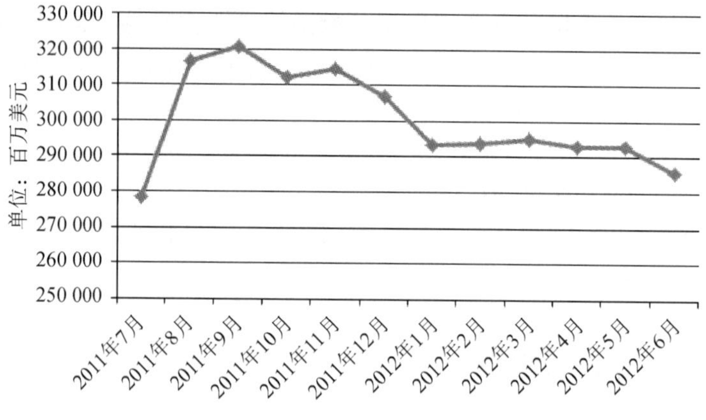

图 1　印度官方外汇储备增长趋势

数据来源：印度央行。

（2）加强在外汇市场上的干预能力；（3）在遇到如全国性灾难或紧急情况时，通过保持外币的流动性来抵御冲击；（4）为市场特别是信用评级机构提供信心，保证能够偿还外债，以降低每一个市场参与者获取外汇资源的总成本；（5）对外资产为本币提供担保，强化市场参与者的信心。

（二）管理机构

目前，印度储备银行和政府共同管理外汇储备。印度外汇储备货币组成和资产分配是由印度储备银行和印度政府共同磋商制定的。在印度储备银行，多数关于货币和投资的重要政策都由负责外汇储备管理的董事或副董事牵头的战略委员会负责制定。与此同时，印度储备银行还给予外部投资运营部门（Department of External Investments and Operations）一些利用市场走向决定货币组成的灵活度。同时，在印度储备银行内，由国内贷款管理、外汇储备管理、货币政策管理共同组成金融市场委员会（Financial Markets Committee），促进了每日政策的协调管理。

（三）操作原则

印度外汇储备管理的法律基础是《印度储备银行法》和 1999 年的《印度外汇管理法》。这些法律为确保外汇市场的有序运行、进行公开市场操作，并为印度储备银行作为托管人管理外汇资产提供了法律规范。《印度储备银行法》规定了印度储备银行允许运用其持有的外汇储备进行投资的类型。

目前印度外汇储备的增加主要由印度储备银行从授权的交易商（如公开市场操作）处购得，另一部分来自于印度储备银行持有的资产组合中外汇资产的收益（如投资于所选货币的适当的投资工具）。此外，政府账户收到的援助款项也会进入到储备当中。

外币的流出主要是通过向授权的交易商出售外币。外汇储备需要向指定用户提供外汇作为对应外汇市场上不规则需求的战略的一部分，尤其是在不确定性很强的时期。购买和出售外币的净效应是决定外汇储备水平的主要因素，这其中包括远期市场上的买卖（规模通常很小）。

在操作上，储备水平取决于买卖交易的结果。汇率管理的目标是确保卢比的外部价值反映了持续的经常账户赤字所表明的经济基本面的情况。

印度储备银行在外汇市场上进行外汇买卖主要是为了稳定外汇市场。大规模的外汇需求波动主要是由于石油进口、提前和延后交易以及外债支付。这类出售和购买不受预设的目标或区间汇率的约束。

在实践中，除了政府偶尔会售出黄金给印度储备银行外，对黄金的持有并未发生过变化，黄金储备一直遵循被动管理原则。目前外汇储备增加主要来自印度储备银行从授权交易商处购得，另一部分来自印度储备银行持有的资产组合中外汇资产的收益。《印度储备银行法》规定印度储备银行允许运用其持有的储备进行投资的类型包括：（1）国际清算银行（BIS）以及其他中央银行的资金；（2）国外商业银行资金；（3）到期时间不足十年的有主权担保的债券；（4）其他由印度中央银行董事会批准的证券和机构。

（四）风险管理

印度储备银行进行储备投资组合管理的基础是确保安全性、流动性和回报的最优化。印度储备银行会参考政府的意见对储备管理的策略进行持续的检查。储备投资时需要关注的方面是货币的构成、期限以及所使用的工具。所有的外币资产都会被投资在最优质的资产上，并且很大一部分应该能够在短期内换成现金。在评估投资获得的回报时，需要考虑总体回报。在储备积累过程中，如出现不规则需求和供给的情况则通过采取适当的免疫策略予以消除。在外币资产投资到海外市场的过程中，有几方面风险：信用风险、市场风险和操作风险。印度储备银行运用公认的投资管理组合原则进行风险评估。

四、经验借鉴

（一）外汇储备用于国内基础设施建设

印度政府以不同的方式利用外汇储备，其中包括将外汇储备投资于基础设施建设。2004 年 12 月，印度计划委员会宣布了将部分外汇储备用于资助本国基础设施建设的计划。印度储备银行通过发行特殊债券的方式，购买部分外汇储备并投资于国内基础设施建设。通过基础设施建设增加外汇储备给国民带来的福利，同时也提高储备的投资收益。2004 年，印度建立了印度基础设施融资有限公司（India Infrastructure Finance Company Limited，IIFC）。此后，印度大规模规划建设高速公路、铁路和机场码头，印度外汇储备以一种更具生产性的方式——投资基础设施建设来促进经济的长远发展。

与印度相比，中国的“铁公基”（铁路、公路、基础设施）主要靠政府直接投资。短期有利于刺激经济增长，但长远来看则不利于中国经济的可持续发展和经济转型。借鉴印度经验，将中国大量外汇储备的一部分转化为对国内基础设施建设的投资或是外汇储备“变汇为物”的有益尝试。

（二）优化外汇储备结构

在外汇储备的使用上，中国重仓持有美国政府各类债券。因此，外储资产价值与美元币值息息相关。印度外汇储备的币种结构则更为多元化，充分体现了分散投资和灵活操作的风格。

根据 2013 年 5 月的最新数据，印度黄金占外汇储备的规模达 8.2%。印度外汇储备中美元资产所占比重不断下降，黄金储备和其他非美元资产在其外汇储备中的比重不断增加。我国应审慎地、有步骤地降低美元比重，适量增持其他币种的外汇储备，使外汇储备币种结构趋于合理化。

此外，在外汇储备规模不断激增的条件下，中国应将适当比例的外汇“变汇为物”，增加石油、黄金等战略储备，优化外汇储备商品资产管理结构。

（周　波　杨志鸿）

印度独特的经济危机*

8 月 23 日，美国智库彼得森国际经济研究所（PIIE）发表文章称，印度目前的动荡并非其独有，分析人士一直未能认清印度面临的真正危机。现将文章主要内容作出整理，供参考。

显然，印度目前的困境并非其独有，因为巴西、印度尼西亚和南非等其他新兴市场也在经受动荡。然而，相比过去，印度面临的危机又是独特的。许多分析人士都未能认识到这种独特性，因而对印度的危机作了错误的诊断。

印度究竟面临怎样的危机？要回答这一问题，最好先看看对这一危机的误诊。

现在的印度不是 1991 年的印度或 1982 年的拉美。印度现在面临的不是传统的收支平衡危机。传统的收支平衡危机起源于政府在财政上大手大脚，常常伴随汇率政策不稳定、外部债务过高等现象。尤其是当国家经济过热时，货币价值被高估，外部状况不可持续，外汇储备水平低。当政府无法承担债务时，危机便随之而来。

虽然印度财政赤字高昂，政府任由外部债务累积，但印度外部负债率仍很低（远低于 1991 年的水平），外汇储备也足以应对短期债务。关键在于，卢比采用浮动汇率，避免了价值被高估。尽管财政赤字居高不下，但经常账户的恶化发生在增长放缓的阶段，而非财政收入激增的阶段。

现在的印度不是 1997 年的东亚或 2007 年的东欧。印度没有面临“急停危险”。东亚和东欧采取固定汇率政策，大量民间资本流动支持私营部门的活动而非政府支出。但是，资本流动推高货币价值，导致经常账户恶化，最严重的是导致私营部门资产负债表不对称。当资金流开始撤退时，货币汇率的猛跌打击了私营企业，因为其还本付息的成本增加而盈利率却降低了。同时，向这些企业大量借贷的银行业受到消极影响。

显然，印度正在经历民间资本的回撤。但目前印度并未实施固定汇率政策，这就避免了货币估值过高的问题。彼得森国际经济研究所的研究表明，尽管债务

* 本文写于 2013 年 9 月。

（尤其是私营部门债务）不断累积，印度债务规模和不对称性均没有东亚严重。例如，1997 年韩国私营部门债务占出口的比重比现在的印度高出 50%。

现在的印度不是 2008 年的美国。印度并非经历传统的周期性经济放缓。当然，经济增长率从 9% 降至 5.5% 受到了周期性因素的影响，但更重要的是结构性因素，即与印度依赖高技能劳动力的增长模式、不稳定的监管体系、腐败和基础设施薄弱等问题有关。此外，经济放缓还伴随着高通胀率和高水平的经常账户赤字。

现在的印度不是 2010 年的希腊。印度政府财政并非不可持续。尽管财政赤字高达 GDP 的 9%，印度的债务完全谈不上不可持续，因为印度在 2003—2010 年 GDP 迅速增长，2009—2013 年通胀率居高不下。这意味着印度的债务占 GDP 的比重一直在降低。国际货币基金组织发布的数据显示，印度债务占 GDP 比重从 2009 年的 75% 降至目前的 66%。换言之，印度存在的问题是财政赤字，而非公债过高。

导致这些误诊的原因在哪里呢?

第一个错误源于忽略了以下事实：与传统的收支平衡危机不同，印度拥有一个灵活的汇率机制。印度金融界在决定降低汇率以调整经常账户方面发挥重要作用。减少经常账户赤字可以通过减少需求或改变需求（如从消费外国食品转向国内食品）来实现。由于实施减少需求的政策面临压力，那么改变需求就是唯一出路。而试图保持卢比的坚挺正挡住了这条唯一的道路。

第二个错误与将印度危机和东亚危机对比有关。印度金融界公开表示担忧经常账户赤字“缺少融资”。政府试图采取一系列应对措施，进行了一些积极改革（如鼓励外商直接投资）、消极改革（吸引更多债务流动）和一些糟糕的改革（控制资本外流）。

印度金融界提出的另一措施是通过收紧政策捍卫卢比。印度政府和印度储备银行接受了这一提议。这一举动不仅对私企资产负债表进一步施压，也忽视了货币贬值造成的危害要小于亚洲金融危机时的情况。

第三个错误在于将印度的危机视为周期性衰退。包括世界银行经济学家巴素在内的专家呼吁印度放松财政政策以刺激增长，至少不要再收紧政策。但是印度本轮经济放缓具备了经济过热的特点（如高通胀率和经常账户恶化），如果采取凯恩斯通胀再膨胀政策，甚至继续保持大规模财政赤字，只能适得其反。

至于最后一个错误，印度无法承受实施传统凯恩斯政策的代价，它也不必进行严厉的财政紧缩，因为印度与希腊不同，其财政状况尚可持续。过度紧缩会对增长和脆弱的私营部门资产负债表带来消极影响。

总之，因为其增长缓慢、高赤字、高通胀、外部状况脆弱且货币在不断贬值，印度的经济形势是独特的。印度必须仔细制定出一系列政策措施。

（夏 迪 陈 茜）

印度尼西亚应对全球金融危机的财政政策*

印度尼西亚是世界第四人口大国，也是东南亚最大经济体。在1997年亚洲金融危机之后，印度尼西亚国民经济历经了15年的艰辛复苏。如今，在新的15年中期建设规划宏伟蓝图（2011—2025）的指引下，印度尼西亚政府综合运用包括财政政策在内的各项政策措施，积极引导印度尼西亚经济实现平稳较快发展。本文梳理了印度尼西亚宏观经济状况及其应对全球金融危机的财政政策，以探讨其对我国财政政策的有益启示，供参考。

一、印度尼西亚宏观经济状况

近年来，尤其是全球金融危机以来，印度尼西亚经济发展成绩斐然。2008年，印度尼西亚人均GDP达2 271美元，较2007年年增长23%。2009年，印度尼西亚成为世界第十八大经济体，增长率仅次于中国和印度。2010年，印度尼西亚成为世界第十六大经济体。

2012年，在欧债危机等外部冲击的不利影响下，印度尼西亚经济仍然实现了6.7%的较高增长率。2011年印度尼西亚GDP达8 200亿美元，全年进出口贸易总额3 809.2亿美元，其中出口2 036.2亿美元，同比增长29.05%，贸易顺差263.2亿美元；国家外汇储备1 101亿美元；全年通货膨胀率以3.79%成为亚太通胀率最低的国家之一；国内外实际投资251.3万亿印尼盾，比2010年增长20.5%；全年税收872.6万亿印尼盾，比2010年增长20.6%。

由于印度尼西亚宏观经济基本面表现良好，GDP快速增长，银行业健康发展，财政收支大体平衡，对外经济增长迅速，主要国际评级机构纷纷提升其信誉等级。2011年12月，惠誉国际将印度尼西亚主权信用评级从非投资级别“BB+”上调至投资级别“BBB-”。这是自1997年亚洲金融风暴后，印度尼西亚失去投资评级

* 本文写于2013年5月。

后，14 年以来首次被列入投资评级。2012 年初，穆迪评级公司又将印度尼西亚的对外偿债能力从原先的“Ba1”提升为“Baa3”，并给予“稳定”的评语。①

二、印度尼西亚政府应对国际金融危机的财政政策

2008 年发端于美国的金融危机引发了全球性的衰退。印度尼西亚虽宏观经济基本面良好，但仍不可避免受到了此次金融危机冲击。2009 年，印度尼西亚 GDP 增速下滑至 4.6%（见图 1）。

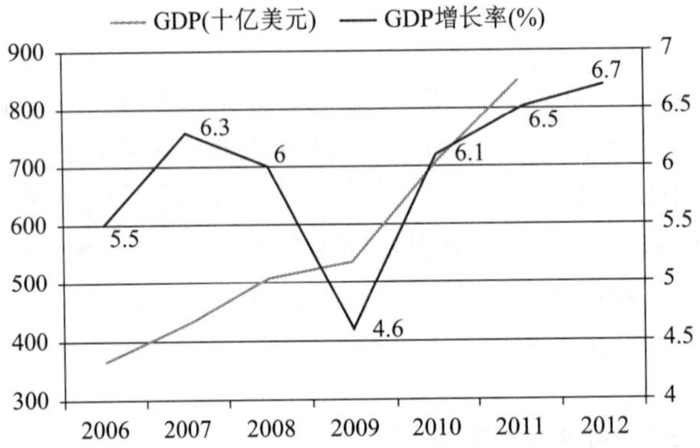

图 1　印度尼西亚 2006—2012 年 GDP 及 GDP 增长率

数据来源：IMF 和印度尼西亚财政部。

印度尼西亚政府密切关注金融危机的走势，采取各种积极举措应对全球金融危机的不利影响。印度尼西亚政府通过货币政策稳定股市、汇市，防止流动性紧缩，并出台“总统十项方针”和必要的财税政策改革以稳定国内需求，从而使印度尼西亚经济在 2009 年触底回升，近三年稳定在 6% 以上的高增长，其成功应对金融危机的经验为外界瞩目。

具体来说，为应对外部冲击，印度尼西亚政府采取了如下积极的财政政策：

（一）实施“总统十项方针”

2008 年 10 月，为应对全球金融危机，苏西洛政府出台了“应对美国金融危机的总统十项方针”。这十项方针是：（1）印度尼西亚各部门须乐观团结、勤勉敬业，以保持印度尼西亚经济增长的动力；（2）为保持 6% 的经济增长率，要不断寻找扩大出口和投资的机会，发展国内经济；（3）充分利用 2009 年国家收支预算，以实现经济增长目标，健全社会保障体系；（4）银行须制定特殊政策，以保证对

① 《穆迪评级机构提升印度尼西亚信用评级》，《国际日报》（印度尼西亚），2012 年 1 月 19 日。

实体经济部门的信贷发放；（5）各行业、部门须敏锐地抓住未受美国经济影响的国家的市场和投资机会；（6）须严格执行使用国货的政策；（7）加强政府、银行和企业的合作；（8）消除本位主义的态度；（9）政治活动必须以确保人民和国家的利益为宗旨；（10）各部门要建立和百姓沟通的渠道，以稳定有利于发展的国内局势。

（二）重视顶层设计

2011 年 5 月 27 日，苏西洛总统正式公布了目标宏伟的国民经济 15 年中期建设规划（2011—2025）。规划的主要指标为：大力招商引资，为中期建设规划募集巨额资金，其中 2011 年至 2014 年投资总额高达 4 000 万亿印尼盾（约 4 700 亿美元）；加快落实雅加达、苏门答腊、爪哇、加里曼丹、巴厘—努沙登加拉群岛和巴布亚—马鲁古等六大地区的经济走廊建设；重点发展农业、加工业、矿业、海洋渔业、旅游业、电信业、能源以及国家战略地区拓展等 8 个领域的 18 项主要产业；加快交通、通讯、物流等领域的基础设施建设，在全国互联互通的基础上扩大与国际市场的互通互联；提高人力资源质量，提高科技知识的普及发展；预期国民经济 15 年的年均经济增长率保持在 7%—8%，争取 2025 年进入世界经济十强，2050 年至少成为全球第六大经济强国。

根据现政府的构想，此项加速经济纲领将于未来 15 年内实现，其中最重要的是在全国各地建立六大经济走廊，通过经济走廊建设，印度尼西亚将在国内主要岛屿上建立经济和商业中心群，以带动和发展当地经济，使每一个走廊成为特定产业中心，以形成整体经济发展合力。

根据计划，到 2030 年，爪哇走廊产值将达到 1. 282 万亿美元，比 2010 年增长 4. 2 倍；苏门答腊走廊将达到 4 730 亿美元，增长 3. 4 倍；加里曼丹走廊将达到 1 520 亿美元，增长 2. 6 倍；巴厘和努沙登加拉走廊将达到 760 亿美元，增长 4. 3 倍；巴布亚和马鲁古走廊达到 830 亿美元，增长 6. 3 倍。

为推动经济建设，印度尼西亚政府成立了加速与扩大经济建设委员会，并计划通过国家收支预算案、地方收支预算案、国营企业统筹以及充分发挥私人企业作用等途径，积极筹集落实全国经济建设蓝图所需的巨额资金。从 2011—2030 年，建设六大经济走廊所需投资约 9 327 亿美元，主要用于建设铁路、公路、港口、发电站、自来水工程以及连接运输道路等。在 2011—2014 年的第一期建设阶段，需要约 3 720 亿美元投资。印度尼西亚的国企已承诺要筹集大约 1 000 亿美元，印度尼西亚政府希望私营企业也能一起参与到经济走廊的建设中来，大力支持宏观经济建设。

（三）加大财政刺激力度

根据国际国内经济形势的变化，印度尼西亚政府修改了 2009 年国家财政收支预算案，扩大了财政赤字，加大了财政刺激力度。在 2009 年的国家财政预算案中，财政赤字由 2008 年占 GDP 的 0. 1% 增加到 1. 6%（见图 2），给政府提供充裕的财政政策空间以应对金融危机。

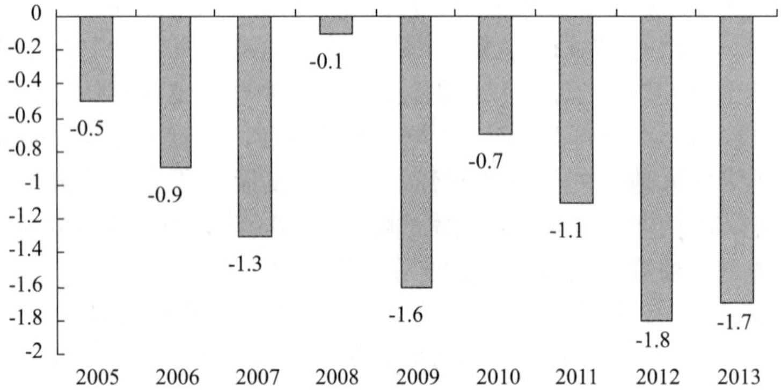

图 2　印度尼西亚 2005—2013 年赤字率（%）

数据来源：IMF。

根据印度尼西亚中央统计局的统计数据，2008 年和 2009 年印度尼西亚政府消费支出分别为 416. 9 万亿印尼盾和 537. 6 万亿印尼盾，分别比上年大幅增加 10. 4% 和 15. 7%。特别是在 2009 年私人消费支出增长率比上年下降 0. 4% 的情况下，大幅度增加政府财政支出显得尤为必要和及时。2009 年 4. 6% 的经济增长率中政府支出贡献了 1. 3 个百分点，占 28. 26%。

据印度尼西亚央行统计，印度尼西亚财政部将 2009 年的道路和其他投资工程的政府开支增加三分之一至 91 亿美元，以基础设施建设来带动就业和经济发展。政府拨出 73. 3 万亿印尼盾作为 2009 年的财政救市资金，其中的 12. 2 万亿印尼盾将投入基础设施的建设。

（四）出台一揽子税收减免政策

为减轻金融危机对实业部门的影响，印度尼西亚政府出台了一揽子包括收入税、增值税和关税在内的减税政策。在 2009 年通过“政府承担税务”的方式，为 10 种工业提供税务津贴，以减轻工业的生产费用。同时，印度尼西亚还将个人所得税从 35% 降低为 30%，以刺激消费。

为了创造更好的投资环境，消除经济发展的过高成本，印度尼西亚中央政府

2008 年撤销了 2121 项有关地方税务及服务费的地方条列。这些实际上等于税捐的服务费名目繁多，与地方政府的权限不符，严重妨碍人员、货物及劳务流通，结果造成经济活动的高成本，抑制了投资需求。

此外，为解决国内投资和国外投资税收政策不同而造成的国内投资下降的局面，印度尼西亚实施新的税收政策，即在 2009 年把企业所得税自 30% 降到 28%，2010 年再降到 25%，以促进投资。这些政策均有效改善了投资环境，鼓励了外来投资和国内投资。

（五）重视基础设施建设

基础设施严重缺乏已成为制约印度尼西亚投资和经济增长的一个主要瓶颈。苏西洛领导的第一届新内阁成立后，立即提出计划，在 2004—2009 年 5 年内投资 720 亿美元着力改进铁路、公路、桥梁、发电站、机场、码头等设施。苏西洛总统还明确指出，将充分挖掘国内的经济潜能，诸如民众 190 万亿盾的银行存款以及保险和劳工福利保障的长期存款，总额可达 230 万亿印尼盾（相当于 250 亿美元）。

六大经济走廊建设中的重点——爪哇经济走廊的各项工程已陆续开工。这项总投资将达到 1 700 万亿印尼盾的宏大工程计划于 2014 年全面竣工，其中主要的基建工程包括：贯通爪哇岛东西的高速公路，连接印度尼西亚第一城市雅加达和第二大城市泗水的双轨铁路等。这两项重要工程竣工后，将有效缓解爪哇岛交通严重阻塞的问题，大幅降低物流运输成本并有力促进地区经济发展。

苏西洛还利用参加 APEC 峰会和东盟峰会的机会，主动邀请中国、日本、美国、韩国、澳大利亚、欧盟和东盟邻国来投资，参与基础设施建设，并得到中、日等国的积极响应，世界银行也对印度尼西亚政府的上述计划表示支持。苏西洛 2009 年第二次当选总统后表示，今后 5 年还将投入 1 500 亿美元进行大规模的公路、码头和电厂建设。从 2005—2011 年印度尼西亚政府对基础设施建设投资年均增长 25.5%，2005 年政府基础设施投资额 32.9 万亿印尼盾（36.3 亿美元），2011 年为 141 万亿印尼盾。印度尼西亚政府在 2012 年的财政预算中，计划增加基建开支近 200 亿美元，预期将兴建 4 000 公里道路，150 公里铁路和 14 个新机场。此外，政府还陆续公布了 29 公里长的巽达海峡大桥、贯通爪哇岛的高速公路、连接雅加达和泗水两大城市的复线快铁、首都地铁和核电站等大型或超大型项目建设计划。2011 年 12 月，印度尼西亚国会通过了征地法案，标志着在这个土地私有的国家，政府将可以通过补偿征用土地，这将加速印度尼西亚未来的基础设施建设。

（六）采取金融支持措施

为了减少出口衰退对国内经济的负面影响，印度尼西亚政府采取发放社会自理贷款、学校经营援助金、贫民卫生保险援助金、提升公务员薪金等措施，以提高市场购买力、扩大内需、刺激国内经济。

在支持实业部门方面，印度尼西亚政府采取了 5 项扶助企业的金融支持措施，即实施出口票据再贴现、为地方企业提供出口特别融资（贸易融资）、对提供微型信贷的个人资金拥有者提供身份说明、筹集地方性信贷担保机构和向风险资本提出防止大裁员的解决办法。[①]

三、几点看法

（一）重视顶层设计

重视顶层设计对经济发展的规划和指导作用。印度尼西亚的“15 年规划”、“六大经济走廊”等，与我国的五年规划和产业振兴规划很相似，在应对全球金融危机中均起到了积极的作用。当前我国要推行包容性增长的财税改革，必须未雨绸缪，做好顶层设计，整体有序推动。

（二）重视财政政策对经济增长的拉动作用

萧条时期，财政政策往往比货币政策更直接，也更有效。印度尼西亚应对危机的财政政策实际上是凯恩斯经济学的现实运用。印度尼西亚拥有庞大的国内市场，国内消费占国内生产总值比重达到 67%，对外出口比重相对较低，约为 10%，这使其在本轮经济危机中并未遭受太大的影响。全球金融危机以来，印度尼西亚既没有出现银行大规模倒闭，也没有因出口减少而导致经济大幅度衰退。印度尼西亚不仅成为东南亚经济增长的新动力源，也成为全球经济增长的亮点，印度尼西亚 2009 年经济增长达到 4.5%，在 G20 成员中仅次于中国和印度。2010 年以来印度尼西亚经济继续保持强劲增长，成为后金融危机时期东南亚表现最好的经济体之一，而且正在成为东南亚的新兴经济中心。

（三）投资成为印度尼西亚经济增长的重要动力

重视投资对拉动经济增长的作用。印度尼西亚政府正在继续推进基础设施建设、改善投资环境、简化行政手续，并积极应对复杂国际环境带来的负面影响，印度尼西亚将继续成为东南亚经济增长的领跑者。印度尼西亚希望通过一系列的经济结构调整，保持实际经济年增长率在 7%—8% 之间，预计到 2025 年人均 GDP 将达到 1.3 万—1.5 万美元，跻身世界十强行列。以“六大经济走廊”投资刺激计划为例，2011—2030 年，建设“六大经济走廊”所需概算投资达 9 327 亿美元，

---

① 《抗危机保实业，政府五招备用》，《国际日报》（印度尼西亚），2008 年 12 月 10 日。

主要用于建设铁路、公路、港口、发电站、自来水工程以及连接运输道路等，将为拉动印度尼西亚经济增长起到积极作用。而我国 2008 年底为应对全球金融危机出台的一揽子刺激计划与其有一定相似性。在当时的环境下为防止经济快速下滑起到了积极作用，成为拉动经济企稳复苏的重要因素。

（四）双边合作呈现积极态势

中国和印度尼西亚签订了《中国和印度尼西亚关于建立战略伙伴关系的联合宣言》，两国经济贸易合作和战略伙伴关系步入新的阶段。两国双边贸易额不断创出新高，2011 年，中国与印度尼西亚的双边贸易突破 500 亿美元，并确立了到 2015 年双边贸易总额达到 800 亿美元的目标。中国对印度尼西亚的直接投资也明显增长，成为两国经济合作新的亮点。

印度尼西亚作为东盟第一大经济体，我国应继续深化双边务实合作，进而提升我国与东盟整体的经贸合作水平。

（杨志鸿　周　波）

IMF：新兴亚洲是否会落入“中等收入陷阱”*

4 月 29 日，国际货币基金组织（IMF）亚太事务主管阿诺星（Anoop Singh）在 IMF 官方博客上发表文章指出，尽管亚洲的新兴经济体相对平安地渡过了全球金融危机，但只有通过坚持不懈的改革，才能避免“中等收入陷阱”，充分发挥其潜力。现将文章主要内容作出整理，供参考。

亚洲的新兴经济体相对平安地渡过了全球金融危机，预计 2013 年和 2014 年将继续强劲增长。

也许是因为该地区的表现相当好，政策制定者近期开始越来越关注如经济增长及生活水平向先进经济体迅速“趋同”的过程是否会停止等中期风险。

尽管从国际层面来看，亚洲新兴经济体的经济表现无疑是强劲的，但与其自身相比，实际上已出现逐渐减弱的迹象。

全球金融危机以来，中国和印度都呈现出了增长放缓趋势：中国的增长率从 21 世纪头十年的 10% 以上放缓至过去两年的 8%—9%，而同期印度的增长率则从约 8% 下降到 6%。

一、东盟四个经济体的增长未出现趋势性减缓

东盟四国，即印度尼西亚、马来西亚、菲律宾和泰国，目前并未出现趋势性增长减缓，因为它们的增速起点较低（除菲律宾），并且增长率仍大大低于亚洲危机前的水平。

那么，亚洲新兴经济体是否有可能会出现更大幅度的、持续的增长减速，以致无法达到先进经济体的高收入水平呢？历史经验告诉我们，中等收入国家必然

* 本文写于 2013 年 5 月。

比低收入或高收入国家面临更大风险。

在过去五十年里，中等收入国家出现持续至少十年的经济急剧下滑的频繁比低收入或高收入国家高 1.5 倍。换句话说，“中等收入陷阱”这一说法是存在实证的。

从经济史中认识到的另一个事实是，中等收入陷阱是可以避免的。亚洲自身经验就能证明这一点：韩国、新加坡或中国台湾都在短短几十年的时间里成功实现了从中等收入经济体发展成为高收入经济体。

二、最大程度减少经济增长持续下滑的风险

对该地区的政策制定者来说，如何最大程度减少经济持续下滑的风险尤其关键。最近研究表明，下列因素格外有助于避免该问题：良好的基础设施、稳健的经济体制、开放和多元化的国际贸易、能够缓解经济大幅波动的宏观经济和宏观审慎政策。

目前，亚洲中等收入经济体在这些方面的情况还不错。它们在多个领域的表现都比其他地区的中等收入经济体更好。但同时，它们也分别有着各自的弱点。

相较该地区其他经济体，印度、菲律宾和泰国更有可能因基础设施不佳而出现增长下滑。同时，对于印度和菲律宾而言，改革经济体制是另一项挑战，对中国和印度尼西亚而言同样如此。此外，中国的风险因素还包括危机后的投资激增，而马来西亚则面临资本大量流入的风险。投资增加和资本流入显然都能够支持经济增长，但同时也给经济带来潜在脆弱性。

三、人口状况的影响

亚洲新兴经济体会否出现“未富先老”，有两点值得注意。

首先，该地区各经济体的人口状况有很大差异。如，在今后十年，中国、泰国和越南的抚养率——年幼和年老人数相对工作适龄人数的比率——将上升，但印度和菲律宾的这一比率将下降。

其次，人口老龄化将促进相关改革，利于调动尚未被充分利用的劳动力，特别是女性劳动力。目前，该地区大量女性仍未能就业或充分就业。

总的来说，亚洲新兴经济体的表现不错，但只有通过坚持不懈的改革，才能充分发挥其潜力。

（尹晓君　董　杨）

■ 第四部分

大洋洲经济

澳大利亚当选总理阿博特经济政策及其影响分析*

2013年9月7日，澳大利亚大选落下帷幕，托尼·阿博特率反对党联盟赢得众议院150个席位中的91席，以绝对优势挑落执政6年的工党，成为澳大利亚新一任总理。

阿博特主张以“废除碳税”、“减赤”为手段重塑澳大利亚经济。而这位主张“亚洲优先”的澳大利亚新总理，将继续奉行“安全上靠美国，经济上靠中国”的对外政策。

一、阿博特其人

阿博特1957年生于英国伦敦，3岁返回澳大利亚定居，获悉尼大学经济学和法学学位，曾在《澳大利亚人报》和《公告报》任专栏记者，后成为时任自由党领袖约翰·休森的新闻秘书，先后出任霍华德政府劳工关系部、卫生和老年事务部部长，并于2001至2007年间担任众议院领袖。

阿博特属社会保守派，有较强的右翼政治理念，支持加强边境管控、低税收和小政府，其“亚洲优先”政策颇受外界关注。

二、阿博特的经济政策

阿博特将减税和减赤作为经济政策的第一要务，力争实现有预算盈余的“小政府”，构建澳大利亚经济的五大支柱型产业，强化与包括中国在内的亚洲各国的经贸关系。

---

* 本文写于2013年9月。

（一）财税政策

1. 小政府

阿博特将重新评估澳大利亚联邦政府支出绩效，缩小政府规模、削减政府赤字，使之接近霍华德时期的政府规模水平①；同时维持尽可能低的利率水平，保持澳元币值稳定。阿博特也承诺将扩大基础设施投资。

2. 废碳税

阿博特将在 1 年内废除碳税，暂停清洁能源金融公司（Clean Energy Finance Corp.）运行，提请议会永久性地削减 100 亿美元的资金支持；将于 2020 年以前，降低 5% 的碳排放量，并建立 30 亿美元的减排基金。

3. 助小企

阿博特将削减小企业的碳排放税和所得税，降低 10% 的电力支出和 9% 的天然气支出；减少行政审批，每年将为小企业节约 10 亿美元费用。小企业数量将以每年 1.5% 的速度增长，每年增加 3 万个小企业，在未来五年创造 100 万个就业岗位。

（二）构建澳大利亚经济的五大支柱型产业

阿博特将建立多元化、国际化的澳大利亚经济，构建制造业、出口型农业、服务业、教育科技、能源产业五大支柱产业，通过经济升级在未来 5 年将创造 200 万个就业岗位。

1. 制造业

阿博特将废除碳税，削减行政审批，释放制造业活力；加强政府、企业和研究机构之间的联系沟通，提高制造业自主创新能力；采取更有效的反倾销措施，加强对国外制造商的审查力度，提高本国制造业竞争力。

2. 农业

澳大利亚的农业非常发达，是世界最大的牛肉出口国、第二大小麦出口国。一直以来，澳大利亚反对任何形式的农业价格补贴，对本国农业采取信息、服务、研发、推广等多方面支持。阿博特上台后将保持农产品出口政策的连续性和稳定性，提高水资源利用率，关注食品安全，使澳大利亚成为“亚洲的粮仓”。

3. 服务业

阿博特将每年削减 10 亿美元的行政审批费用，支持引进新技术，实现服务业现代化，着重加强金融服务②、卫生服务、工程设计服务行业建设，刺激向亚洲的

---

① 霍华德政府时期实行大幅减税，纳税率由原来的 30% 下降到 17%，达 24 亿澳元。

② 阿博特表示将积极落实《约翰逊报告》关于建立澳大利亚金融行业建设的建议，《约翰逊报告》详见 http：//www. fex. com. au/media/AFCF. pdf

服务业出口。

4. 教育和科技

阿博特将推动教育和科技现代化，采用数字化和智能化的先进技术，提高科研能力，通过网络教育等多种渠道扩大向亚洲的教育输出。

5. 能源产业

2012 年 7 月，澳大利亚正式对矿业征收高额碳税和矿产租赁税（MRRT），推高了居民生活成本，增加了中国矿石进口成本。阿博特将废除碳税和矿产租赁税，建立“一站式”能源审批服务，恢复澳大利亚资源产业向国际投资的开放，强化澳大利亚“主要能源供应国”的地位。

（三）对华政策

政治上，阿博特提出“价值观外交”，强调中澳关系应该从“共同的利益”转向“共同的价值”，安全上保持与美英等传统盟友的紧密关系。经贸上，阿博特提出“亚洲优先”政策，将中国列为其第一批出访国，继续重视对华友好关系，加快推动中澳自由贸易协定建设。能源上，阿博特将降低澳大利亚矿业对中国的过度依赖，维持澳大利亚矿产资源供给。

三、阿博特当选对中澳经贸关系的影响

阿博特将继续奉行“安全上靠美国，经济上靠中国”的对外政策方针，重视对华友好合作，加快推动中澳自由贸易协定建设。中国应重视化解双边自贸协定的分歧，积极推动双边自贸协定谈判。

（一）安全上靠美国，经济上靠中国

就任总理后，阿博特将首先出访印度尼西亚、中国、日本和韩国，倡导“亚洲优先”的经济政策，继续奉行“安全上靠美国，经济上靠中国”的对外政策，称既不会因对中国的经济依赖而疏远与美国的政治关系，也不会因对美国的安全依赖而疏远与中国的经贸关系。

过去数十年，“澳大利亚一直用对华盛顿的支持换取自身的安全保障和亚洲的稳定”，这一点在可预见的将来不会改变。中国已成为澳大利亚第一大贸易伙伴，双边贸易总量已达到 1 223 亿美元。对阿博特而言，中国崛起并非是对地区战略秩序的挑战，澳大利亚将进一步强化与美国同盟关系，积极发展与中国友好关系。澳大利亚政治环境和阿博特本人的政党背景意味着，澳大利亚并不需要在北京和华盛顿之间作出选择，“安全上靠美国，经济上靠中国”将是阿博特对外政策基石。

（二）关于中澳自贸协定谈判

工党政府近年一直大力推动中澳自贸协定进程，中澳双方已进行了 20 轮自贸协定谈判。阿博特上台后将继续推动自贸区建设，承诺将在当选后 12 个月内与中方完成中澳自贸协定谈判。加快签订双边自贸协定已是澳大利亚朝野的共识。

另一方面，中澳在双边自贸协定上仍有分歧，主要集中在农业和投资两个方面。澳大利亚希望提高农产品出口，自视为“亚洲的粮仓”；中国担心开放农产品市场将对本国农业构成冲击。竞选期间，阿博特表示对中国投资澳大利亚农业以及中国的国有企业在澳大利亚投资高度敏感，称“中国在澳大利亚投资让人不安”。

从实践上看，澳大利亚与中国的贸易迅速增长，但双边投资却落后于贸易增长，呈现“贸易热，投资冷”的局面。2010 年，中澳贸易额接近 1 000 亿澳元，同期中国对澳大利亚投资仅 195 亿澳元，远远落后于美国。投资落后于贸易的现实，反映了澳大利亚对中国投资的复杂心态。在澳大利亚政界和民间，对中国投资的担心并非少数。但出于自身经济利益顾虑，阿博特仍将竭力寻求与中国签订双边自贸协定。

（三）中国应继续重视中澳关系，推动双边自贸协定谈判

澳大利亚是亚太地区重要成员，在地区经济、政治方面有一定影响力。中国应高度重视中澳关系，呼应阿博特在发展对华关系上的表态，构建相互信任、互利共赢的战略伙伴关系，推动双边自贸协定谈判。

中澳应相互尊重，深化政治互信，把握两国关系发展大方向，推动中澳关系向更高层次、更广领域迈进。同时，应加强双边对话，扩大多边合作，在 APEC、G20、应对全球性挑战等国际和地区事务中加强沟通与协调。

中澳贸易高度互补和相互依赖，双边贸易额在突破 1 200 亿美元基础上，仍具有进一步扩大贸易的潜力与需求。中国要充分发挥互补优势，顺势推动双边自贸协定谈判，将巨大的合作潜力转化为实实在在的合作成果，提升各领域务实合作水平。

（周　越　周　波）

澳大利亚预算赤字问题简析*

2013年5月14日，澳大利亚财政部公布2013—2014财年预算报告，将澳大利亚2013—2014财年GDP增长预期下调0.25个百分点至2.75%，并将2012—2013财年预算由盈余大幅下调至赤字194亿澳元。为此，外界对澳大利亚赤字问题以及经济紧缩给予了关注。本文试就此作简要分析，供参考。

一、澳大利亚预算赤字问题的基本情况

2008年全球金融危机以来，世界经济呈缓慢复苏态势，但澳大利亚经济整体表现稳健，是西方发达经济体中为数不多的未遭受金融危机严重冲击的经济体之一。2012年一季度，澳大利亚GDP同比增长4.3%，创自2007年三季度以来最高值，2012年四季度，澳大利亚GDP同比增长3.1%，是发达国家中GDP增长最快的国家。然而，近期澳大利亚财政部公布的2013—2014财年预算报告指出，由于持续低迷的全球经济环境及居高不下的澳元汇率等因素对澳大利亚经济造成负面冲击，澳大利亚财政部将2012—2013财年预算下调至赤字194亿澳元。短短7个月内，澳大利亚预算由盈余大幅下调205亿澳元至赤字。报告一公布即引发外界对澳经济紧缩的担忧，澳元兑美元汇率也跌至11个月最低点。尽管2013—2014财年预算赤字为180亿澳元，2014—2015财年预算赤字为109亿澳元，赤字预测数有所减少，但澳大利亚赤字问题还是引发了外界对澳大利亚财政可持续性的担忧。

有分析指出，如果澳大利亚政府无法通过储蓄或增税来填补600亿澳元的资金缺口，澳大利亚将面临长达十年的预算赤字，财政赤字将在未来十年升至占GDP的4%。

---

* 本文写于2013年7月。

二、预算赤字的原因

1. 应对危机的刺激政策增加了政府的支出规模

在2008—2009年全球金融危机背景下，为遏制经济衰退、刺激投资和消费，澳大利亚政府分别在2008年10月和2009年2月推出了总规模104亿澳元和420亿澳元的经济刺激计划，并采取包括下调利率、税收减免等一系列措施应对危机，这些政策的实施一方面提振了消费者信心，对澳大利亚渡过危机甚至危机后的亮眼表现起到积极作用；另一方面，经济刺激计划也增加了政府的债务负担。数据显示，2008年，澳大利亚政府债务GDP占比仅为13.9%，2009年增至19.5%，2010—2012年分别为23.6%、27.1%和32.4%，呈逐渐递增趋势。

2. 预算收入下降

自澳大利亚政府公布2012—2013财年预算报告以来，政府税收收入较预期下滑约170亿澳元，这使得澳洲政府自2008—2009财年之后5年的整体税收收入下降1 700亿澳元①。由于经济增长减慢、资源价格下降以及澳元坚挺，预算赤字增加并非政府支出增加，而是财政收入逐渐减少所致。澳大利亚国库部长斯旺在5月5日的演讲中表示，“在现有极具挑战性的财政环境下，政府的财政也将面临考验。事实就在于，自2012年后半段对2012年预算进行调整以来，澳大利亚政府的收入正遭遇较大打击。”

3. 中国等亚洲国家经济增速放缓

中国等亚洲国家对澳大利亚资源需求巨大，外需的推动使澳大利亚成为发达国家中率先走出经济危机、实现经济强劲复苏的国家。然而，由于经济增长过于依赖外需，当中国②等亚洲国家经济增速放缓、需求下降，导致大宗商品价格下降时③，澳大利亚经济也不免受到冲击。

三、几点看法

1. 预算赤字GDP占比仍相对较低

作为衡量财政风险的赤字率指标，国际一般以3%为警戒线。根据OECD的数据，2013年澳大利亚政府预算赤字GDP占比为1.8%，低于美国的5.4%和英国的

① 2012年10月澳联邦政府公布的《2012—2013财年年中预算及经济展望》（MYEFO）将近4年的税收收入下修600亿澳元。

② 中国作为澳大利亚第一大贸易伙伴、第一大出口目的地和第一大进口来源地，一半以上的进口铁矿石来自澳大利亚。

③ 如煤矿和铁矿石等关键出口商品的价格已经下滑至数年以来新低。

7.1%，也低于 OECD 国家 4.3% 的平均值。整体而言，澳大利亚赤字率在 OECD 国家中仍处于较低水平。另外，根据 OECD 的预计，2013 年澳政府债务率为 33.7%，同期美国和英国政府的债务率均为 109.1%，欧元区整体债务率为 106.4%，澳大利亚政府债务率低于 60% 的警戒线，总体债务水平较低。

澳大利亚资源丰富，农牧业发达，在金融危机的背景下，澳经济刺激计划加重了政府债务负担，但谨慎的财政支出政策，稳定的金融市场运作，保证了澳大利亚经济基本面总体保持稳健。虽然 2013—2014 财年预算案预计澳大利亚未来 3 年将出现赤字，但赤字率仍然较低，短期内澳大利亚财政状况不足为患。为实现经济的可持续增长，澳大利亚政府仍需处理好经济增长与财政可持续性的关系，将赤字率控制在安全范围内。

2. 预算案意在增加胜选几率

澳大利亚政府 2013—2014 财年预算案没有大规模削减支出，而是将重心放在经济增长方面。有分析人士指出，澳大利亚政府希望藉此增加其在 9 月份举行的大选中胜选的几率。尽管税收收入大幅减少，但时任总理吉拉德所在的工党仍然推出了规模达数十亿澳元的医疗教育改革计划，还宣布了一系列旨在刺激经济增长的基础设施和规模达十亿澳元的就业市场支持计划，此外还将为公路和铁路项目投入数十亿澳元，希望以此抵消曾在近 10 年里推动该国经济增长的矿业投资热潮退去带来的不利影响。

此外，工党表示当前经济增长是优于财政赤字问题的优先事项。时任澳大利亚国库部长斯旺称澳大利亚政府放弃实现预算盈余符合经济形势的需要，速度过快、力度过猛的减支措施并不适用于澳大利亚。时任财政部长黄英贤也表示，为保护就业和增长，政府所做的推迟实现结余的决定是必要的。

3. 亟待转变经济增长方式，寻找新的经济增长点

过去几年以中国为首的亚洲国家对澳大利亚煤炭和铁矿石出口需求不断上升，推动澳元不断升值。然而最近几个月，受中国等新兴市场国家经济增速放缓影响，澳元汇率逐步走低，同时资源繁荣逐步达到峰值，在资源投资达到峰值后，没有新的经济增长点显现，非资源业的发展没有跟上，导致外界对澳大利亚经济可持续增长的信心不足。由于澳大利亚经济增长主要依靠出口资源，当外部经济繁荣、需求充足时，其经济随之繁荣，反之，一旦外部经济状况恶化，澳大利亚经济不免将受到冲击。澳大利亚需转变经济增长方式，进一步调整国内经济结构，寻找新的经济增长点，以实现经济的可持续增长。

（彭　慧）

新西兰财长谈本国经济形势和改革*

近日，新西兰财长英格里希（Hon Bill English）就新西兰经济形势和改革发表演讲。现将其内容作出整理，供参考。

一、新西兰当前经济形势

由于全球金融危机对汇率、贸易环境以及商品价格的持续影响，新西兰目前面临很多挑战，但整体经济形势仍保持稳步增长势头。工资水平不断上调，过去两年内，新增工作岗位5万多个，失业率有所下降，但仍处于较高水平；利率处于近五十年来最低水平；随着企业竞争力的逐渐增强，商业和消费者信心不断改善，出口规模逐步扩大。政府还积极采取措施应对债务问题，逐步实现财政盈余。预计未来几年，经济年增长率有望从2%上升至3%。

新西兰正逐步成为更强、更稳定的经济体，有能力抵御全球金融危机影响，为民众提供更多的工作岗位和更高的收入。在短期内，政府保护民众免受衰退的影响，带领坎特伯雷（Canterbury）民众从地震的阴影中走出来。政府投入大量资金保障民众基本生活，但也带来了更多债务。同时，政府已经制定了长期计划，以走出由于过度借债、消费和政府支出带来的困境。当前的重点是将资源从负债消费和房地产投资转向储蓄和出口密集型产业。

新西兰政府确立了四个优先事项：负责任地管理政府财政，使税收有效地服务于民众；提升经济竞争力和生产力，创造更多的就业机会，增加收入；为家庭提供更好的公共服务，如提高教育、医疗以及社区安全水平等；重建克赖斯特彻奇市（Christchurch），使坎特伯雷民众的生活重回正轨。英格里希指出，目前对经济增长至关重要的六个领域是：出口市场、创新、技术和安全的工作环境、基础设施、自然资源和资本市场。

* 本文写于2013年7月。

政府部门绩效正逐步得到改善，计划于2014—2015财年之前实现政府财政盈余。此外，政府计划到2020—2021财年之前，国债总额降低到不高于GDP的20%。预计政府净负债额会在2014—2015财年达到最大值28.7%，之后开始下降。

二、社会改革取得的进展

新西兰政府正在努力推进社会服务改革。政府发布的一份关于“更好的公共服务”（Better Public Services）项目的年度报告显示，新西兰犯罪率处于30年来最低水平；同2007—2008年相比，2013年将会新增3.5万个可选择性手术（elective operations）；93%的八个月婴儿接受过疫苗注射。

政府还进行了一系列福利改革，以解决收入不均衡的问题。过去两年中，政府用在福利改革的预算高达4.7亿新西兰元。上述报告显示，过去一年中，领取社会救济金（working - age benefits）超过12个月的人数减少了近3 000人。同时，政府通过有效财政预算措施，使税收制度更加公平，鼓励更多人参加工作，包括：提高房地产投资的有效税率；防止利用投资损失等政策不当获取政府支持；制定更严格的制度，确保跨国公司依法纳税。

目前，年收入高于15万新西兰元的家庭（约占12%），除了要支付一定的收入所得税，还需要配合政府支付额外的税费，实际上将支付更多的所得税；对于年收入低于6万新西兰元的家庭（约占50%），获得的政府福利会抵消部分甚至全部收入所得税。

在教育、住房和福利方面，政府将通过公立教育系统解决教育不公等问题。同时，由于房价不断提高，青年人和低收入家庭买房愈发困难，而房屋持有人却因此获利。一方面，政府福利和住房改革意见已经得到广泛支持；另一方面，政府将致力于提供更有效的就业途径，使其有能力承担住房开销。

（王鸣鹤　胡振虎）

■ 第五部分

双边财经与区域一体化

中美应互让 共同构建“新型大国关系”*

近日，美国知名智库彼特森国际经济研究所资深研究员 Arvind Subramanian① 撰文指出，为维护全球开放经济体系，中美两国应各自让步：美国应放弃在多边机构中的部分权力、支持人民币成为储备货币、承认中国市场经济地位，以换取中国承担更多的全球领导责任，更加开放市场，更积极应对气候变化。文章认为，为平衡中国力量，应让欧洲、日本、巴西、印度等国也加入中美战略与经济对话。中美两国应增强政治互信，共同构建“新型大国关系”。主要内容如下，供参考。

一、“新型大国关系”的提出

2013 年 6 月，美国总统奥巴马在加利福尼亚州安纳伯格庄园会见了中国新一届国家主席习近平，这是习近平自 2013 年年初接任国家主席以来中美首脑首次会晤。尽管此次会晤不及 1972 年尼克松访华那样具有划时代意义，但仍影响深远。访美期间，习近平主席一再提及中美两国间的“新型大国关系”，为奥巴马政府重新定位两国关系提供了历史机遇。以此为契机，美国政府应更多从战略角度利用中国的崛起，而不是担心中国崛起并获得经济主动权后会影响甚至挑战美国的地位。

基于过去动荡时期的历史先例，对中美关系的评价似乎都认为新兴力量的崛起会威胁既有大国的地位。但时移势迁，当前的国际形势已是另一番景象：中国在政治、军事、经济等多个领域对美国构成了挑战，但在朝鲜等问题上两国又有微妙的合作。

在经济领域，中美两国面临的最大挑战是要克服所谓的“金德尔伯格难题”（Kindleberger Conundrum），即当衰落中的霸权国（美国）越来越不能依靠一己之

* 本文写于 2013 年 9 月。

① Arvind Subramanian 是美国知名智库彼特森国际经济研究所资深研究员、全球发展中心资深研究员，《外交政策》杂志 2011 年将其列入全球百名顶尖智库人之一。

力承担领导责任，而新兴大国（中国）又不愿固守现有世界经济体系的背景下，如何维护好开放的、基于规则的多边经济体系至关重要。唯有中美两国都秉持正确观点、采取正确行动，这种全球经济体系才能得以维系。

二、对中国的建议

维护开放经济体系符合中国利益。中国在过去三十年能实现经济快速转型的关键就在于对外开放。正如世界银行《2030 年的中国》报告中所描述的，中国的改革进程同开放体系是完全相符的。从全局来看，中国国内需进行的改革同维护开放体系需采取的措施并没有根本冲突。

然而，中国的经济快速转型远未完成，中国民众的生活水平仍只有工业化国家的 20%—25%。外部发展能决定、甚至威胁中国的国内发展。为维护自身利益，中国应采取行动避免这些威胁或使风险最小化。

（一）可能影响中国发展的三个外部因素

至少有三个外部因素可能严重影响中国的国内发展：全球金融不稳定、保护主义和气候变化。

1. 全球金融不稳定

由于资本流动的规模扩大、波动性增加，全球经济系统更易受到金融危机冲击。2008 年金融危机凸显了中国在外部金融不稳定时的脆弱性。以其雄厚的财力作支撑，中国实施了一揽子宏观审慎刺激计划，迅速稳定了经济，避免了社会动荡。但中国是否有能力再次实施同等规模和效力的刺激政策还值得观察。中国必须采取行动，使危机再次发生的风险最小化。

2. 保护主义

中国实现经济转型需要开放的全球市场，尤其是工业化国家市场。迄今为止，发达国家的贸易保护主义还没有威胁到中国的贸易和发展，但不能低估“西方的没落”给开放体系带来的挑战。如果西方国家无法恢复增长，收入分配持续恶化，经济机会减少，支持开放市场的理念就会动摇。西方国家遭遇经济困境的时间越长，支持抵制保护主义壁垒从理念上和政治上都会承受越大的压力。而现在已经出现了这些征兆。

此外，西方市场要比中国市场更加开放的认知也会加大这些压力。如果未来中国开放市场进程缓慢，美国或会基于政策开放的程度不同而大打不公平牌。

除发达国家外，中国强大的出口也引发了发展中国家的担忧。发展中国家发起的反倾销行动大多是针对从中国进口的商品。多哈回合谈判失败的部分原因也在于新兴市场国家不愿开放市场，以避免同中国竞争。

3. 气候变化

影响中国发展的另一主要威胁是气候变化。几乎所有研究都表明，气候变化给中国和其他发展中国家带来的成本要高于工业化国家。例如，在中国，碳的社会成本是美国的 3 倍，是欧洲的近 4 倍。这主要由于中国的发展前景更好，也更易受到气候变化的影响。同时，上海等沿海城市尤其易受海平面上升的影响，水资源短缺仍是沿海城市面临的主要问题。

显然，发展中大国能从应对气候变化中受益。事实上，最令发展中国家担心的不是被要求为应对气候变化付出过多，而是工业化国家贡献太少。不愿减排的富裕国家可能会将发展中大国的不作为当作本国不积极采取行动、被动适应气候变化的借口。鉴于发展中国家和发达国家遭受气候变化的影响和由此带来的成本不同，如果发展中国家也试图适应而非应对气候变化，那将是灾难性的。

（二）中国的应对之策

1. 应对全球金融不稳定

为应对未来危机，确保危机不会对经济造成破坏性影响，国际货币基金组织（IMF）需大幅提高借贷能力。美国因受本身经济及金融疲弱影响持观望态度，只有拥有 3 万亿美元庞大外汇储备的中国才有能力提供 IMF 扩容所需的资源。对中国而言，通过扩大 IMF 规模，向富裕国家提供救助可避免经济波动，从而消除影响中国发展和出口的负面因素，在本质上是自利的。作为回报，中国可在 IMF 等国际机构中获得更大话语权。

2. 应对保护主义

为确保工业化国家保持市场开放，并解除其他发展中国家的担忧，中国必须主动开放市场。为此，中国可在 WTO 发起新一轮多边倡议（“中国回合”），以推进或代替多哈回合。该新倡议旨在将中国关心的主要问题（海外投资的安全问题、气候变化相关的贸易行为）和其贸易伙伴关心的主要问题（汇率政策、服务和政府采购障碍、国家资本主义）放在台面上讨论。为避免发达国家实行贸易保护主义、影响其增长活力，中国必须牵头启动这一倡议而不总是让工业化国家唱主角。

全球经济实力正在向其他地区，尤其是向中国转移。获得权力的国家必须确保权力的转移不会破坏开放市场。对中国来说，虽然位高而任重，但确实符合自身利益。

3. 应对气候变化

采取积极措施缓解气候变化才符合发展中国家的利益。中国的付出将带动其他国家作出相应贡献，共同防范气候变化，从而保障中国自身的经济发展。

事实上，已有迹象表明中国正采取行动应对气候变化。中国已在五大城市设立了七个碳交易计划，并计划自 2015 起在全国范围内推广。2013 年 2 月，中国财政部报道称，中国将主动引入一组旨在保护环境的新税收政策，包括对二氧化碳排放征税。财政部专家建议，2012 年以每吨二氧化碳 10 元的价格征税，2020 年税费增至每吨 50 元。就碳定价而言，中国走在了美国的前面。

三、对美国的建议

（一）坚持多边主义

历史经验表明，多边主义是抵制霸权的最佳防御武器。美国和其他主要国家可将中国纳入多边体系中，通过塑造规则，促进规则遵守并定义合法行为，达到牵制中国的目的。

由于贸易谈判通常通过交换市场获取准入，而中国市场规模不断增长、贸易壁垒相对较多，贸易谈判的主动权在中国，而非其贸易伙伴。多边主义能够确保中国的贸易伙伴国有足够的合力，在与中国的谈判中更加平衡。此外，鉴于声誉成本的不同，相较于遵守一系列双边协议，中国遵守多边规则的动机更强烈。以双边主义同中国打交道的国家越多，中国对多边主义的关注就越少。一个可操作的方法是：让世界其他大国（欧洲、日本、巴西、印度等）也加入中美战略与经济对话中，以平衡中国力量。

（二）赋予中国更多权力

为维护全球开放的经济体系，美国还需作出让步，赋予中国在现有多边经济框架中更多权力，包括货币、金融和贸易等三个领域。尽管对美国而言，这三个领域授权的确切机制和利弊各不同，但其潜在逻辑确是一致的——强化中国在开放经济体系中的利害关系，减少中国构建平行体系的动因。

1. 促进人民币成为储备货币

近年来，中国政府一直积极推动人民币国际化进程。支持中国实现人民币崛起的目标对美国是有利的。

第一，即使人民币替代美元的地位，美国也无需恐惧。虽然美国会失去美元霸权的便利，也会对其经济地位产生潜在影响，导致美国借贷成本上升，但作为储备货币，美元对美国也是有成本的。低廉的借贷成本导致过度消费，这也是引发 2008 年金融危机的原因之一。

第二，人民币国际化程度越高，境外国家对人民币的需求就越大，人民币升值的可能性也就越大，这是美国所乐见的。此外，人民币国际化需要也会助推中国金融部门和对外部门改革，这也符合中国和世界的利益。

第三，也是最为重要的一点，如果人民币成为国际储备货币，中国不愿丧失威望和由此带来的利益，不会作出威胁全球金融和贸易的举动。

因此，各国以战略授权的方式推进人民币国际化是有利可图的。能否实现人民币国际化主要取决于中国政策制定者，后者需要开放中国金融体系，实现人民币可兑换。但国际社会也可以促进人民币国际化的实现。首先，世界各国必须将人民币纳入构成 IMF 特别提款权（SDR）的一篮子货币中，由于 SDR 作为国际货币的地位不会显著提升人民币的地位，因此，此举的象征意义更大，从战略角度来看也可加速人民币完全可兑换。其次，美国和英国应将纽约和伦敦建成人民币离岸交易中心。中国和英国已就此进行了讨论，纽约的加入会强化美国欢迎并将促进中国经济及人民币崛起的信号。

2. 增加中国在国际金融机构中的权力

在国际金融领域，中国应被授予更多权力。授权中国利大于弊，其原因有以下两点：

第一，随着全球经济格局转变，大国成为紧急融资的潜在借款人，国际社会越发需要一个更加强大的 IMF。美国自身经济和金融疲软，只有具有 3 万亿美元储备资产的中国才有能力为扩大 IMF 规模提供资源。当前权力大国应改革国际金融机构治理，换取中国对 IMF 的注资。目前，美国持有 IMF17% 的投票份额，欧洲有近 33%。由于 IMF 通过重大决定需要 85% 的支持选票，因此美欧均有一票否决权。若中国成为 IMF 主要融资国，也应享有否决权，而当前中国的投票份额少于 10%。美国应努力确保中、欧、美三方享有同等权力以匹配三方地位。目前，由于担心自身权力被稀释，美国对于强化 IMF 并不热情，甚至在某种程度上蓄意阻挠，这是战略短视的表现。事实上，授权中国更利于美国发展。

第二，提升中国的地位不仅可以使得国际金融体系更加稳定，还可加强该体系与中国的联系。如果西方国家坚持从事实上牵制 IMF 的治理改革，中国就不会向 IMF 增加注资，这对于经济体系来说是一大损失；中国或会在亚洲更加积极推进如"清迈倡议多边化"等区域解决方案，最终可能造成分裂。

类似的论证也适用于世行。目前，中国是双边援助主要捐赠国。基于同样的原因，必须提高中国在世行中的地位，扩大世行规模。中国有能力向最贫困国家提供特惠资源，同时，中国也可以通过世行更好地规范贷款。

但是，依然有大国反对增加世行资本，这就导致了金砖国家发展银行的建立。事实上，尽管金砖国家发展银行是次优选择，它的形成只是新兴大国在现行国际金融机构受挫的结果。

3. 承认中国市场经济地位

在贸易领域，美国不应试图遏制中国。中国已是世界第二大经济体、第一大贸易国，鉴于中国如此高的贸易地位，美国应考虑承认中国的市场经济地位。

目前，美国并不承认中国的市场经济地位，这使得美国更易对中国采取一些贸易限制行动。承认中国市场经济地位看上去是要美国放弃其为数不多的筹码之一。但作为加入世界贸易组织（WTO）的条件之一，中国势必要在 2015 年获得市场经济地位，因此这个筹码的价值不大。美国的抉择在于是以先期协议的方式承认中国市场经济地位，还是加速承认中国该地位以示友好（或许还能换取中方的些许让步）。

四、看法与建议

（一）为中美两国建立"新型大国关系"提出了战略蓝图

中国和美国的情况同美国和前苏联的情况并不相同。在经济上牵制中国并不是正确的策略，相反，中美两国应探寻建立"新型大国关系"。美国应向中国让渡一些权力，以换取中国承担更多的领导责任。这些责任不应成为中国的负担，因为它有利于中国应对自身长期发展威胁。换句话说，美国让渡权力是为维护开放的、基于规则的多边经济体系。如果中国的经济实力得到更好的运用，全球经济体系就能发展得更好。

（二）中美两国应通过对话增强政治互信

相互让步在缺乏政治互信的前提下似乎不切实际。从美国视角来看，美国怀疑中国是否也奉行这样的价值，即使答案是肯定的，也不确定中国是否会根据国内考虑而非全球需要来维护当前经济秩序。另一方面，中国依然并不相信美国会愿意稀释、分享自身权力来支持中国的崛起。中美双方应通过对话增信释疑，促进中美两国及全球经济发展。

（尹晓君　陈　茜）

中美应避免重蹈新兴大国与守成大国对抗的覆辙*

近日，美国著名智库进步中心①资深研究员尼那·哈奇吉安发表署名文章，对中美关系的现状、存在的问题进行了分析，并就克里国务卿对华政策提出若干建议。主要内容如下：

一、中美关系总体情况

克里出任国务卿后，美国将继续奉行奥巴马政府此前对华政策，务实、细致、有效地处理对华关系。奥巴马政府一方面致力于拓展对华合作，另一方面保持与中国的竞争态势。当中国危及美国及其盟友利益，美国将毫不犹豫地予以反击。美国欢迎一个遵守国际规则的中国走向繁荣，但当中国行事不利于和平稳定时，将采取强硬姿态。奥巴马政府在合作与强硬之间小心地保持平衡，遵循“风险管理”原则，采取“合作加竞争”策略。

目前，中美之间有些急需关注的问题，首当其冲的是中日钓鱼岛争端。美国应当明智地认识，钓鱼岛争端日趋紧张，问题已相当严重，需要投入很大精力，协助化解紧张态势。在中美双边关系中，最大争议往往出现在缺乏共同规则和机制的领域，如海上活动、网络间谍、太空领域等，由于缺乏明确的机制和独立的机构来处理，也没有一致认可的行为准则，当问题涉及军事领域时，尤其难以解决。

此外，中美双方还没有一个双边关系的共同愿景，对于如何和平共处没有明

* 本文写于2013年3月。

① 美国进步中心：英文名“Center for American Progress（CAP）”，是美国民主党领导委员会的政策机构，成立于1989年。该中心多名成员曾加入克林顿及奥巴马竞选团队，总裁约翰·波德斯塔曾担任克林顿政府白宫办公厅主任。近年CAP多次发布报告，对奥巴马政府“重返亚太”等战略发挥了重要影响。

确的理念，对于未来双边关系也缺少切实的设想。鉴于以往新兴大国和守成大国（Established Power）之间总是无法避免暴力冲突，中美关系的不确定性将随中国的发展而不断加大。美国倾向于将中国描绘得更为强大和强硬，中国则认为美国为维持霸权将采取更加咄咄逼人的对外政策，双方的负面看法最终将成为一个“自我实现”的预言。

二、中美对双边关系和国际规则的理解差异

目前，中美双方已经认识到存在的问题，意识到两国应对双边关系走向进行清晰的阐释，对未来关系进行积极的设想，培育成熟的双边合作关系，使双方跳出互不信任的怪圈。

希拉里曾表示，中美两国正在共同努力，为如何处理新兴大国和守成大国间的关系寻找新的答案，而以规则为基础的制度体系以及中国的参与非常重要。“我们的目标是建立成熟有效的机制，调动共同行动，和平化解争端，推动各方遵守相关规则和规范，形成稳定、互信的安全格局。”国际秩序不会自发形成，需要各国的配合与努力，大国选择性遵守规则、扮演“有选择的利益攸关方”将带来危害。

美方认为，中国的成功有利于美国，中国出现问题也将危害到美国利益，中美之间应建立与以往不同的新型大国关系。中国参与国际规则的谈判和机制的制定，有可能促进机制更加有效地发挥作用。20 年来，中国一直努力融入贸易、核不扩散等领域国际规则体系，虽然取得的进步仍不够全面，但相关规则规范已经对中国在金融、气候变化等领域行动产生了一定影响。

中方也在努力为新型大国关系赋予具体内容。目前，中方关注重点是要求美国停止“侵害中国‘核心’国家安全利益”的行为，如向台湾出售武器，解决前提是美国对其长期政策作出重大调整。尽管调整的可能性不大，但美国政府还是应当有所回应，就中美关系的未来提出自己的设想。在中国，有种普遍存在的观点，认为西方利用国际规则阻挠中国发展。因此，国际社会进行规则谈判时，应当积极动员中国参与到过程中来。

三、建议与行动

（一）构建中美新型大国关系的基本理念

一个和平的世界，要求中国、美国和其他大国都处于法律、规则和制度共同形成的国际体系中。在这样的国际格局下，国家间的行为有其界限，规则是公平

的，各国认可并遵守规则，通过纠纷解决机制化解摩擦，这样，国家间的协调与合作将更为顺畅。应当强调的是，在国际规则体系、中国的态度和中美未来关系之间存在联系，中美关系的发展取决于中国遵守国际规则的意愿。在这样的国际体系下，美国同样受到国际规则的制约，国际社会担负着敦促中美两国公正行事的责任。

（二）为构建新的中美关系应采取的行动

克里担任国务卿后，应当将上述理念传递给中方，并采取一系列具体措施，建立基于规则的中美双边关系，主要包括：

1. 积极推动参议院批准《联合国海洋法公约》，强化美国作为规则倡导者的影响力和可信度；

2. 继续推动中方参与完善有关全球问题的国际规则，建立更为有效、公正、透明的国际合作框架，包括：倡导南海争端各方遵守一定的行为准则；推动建立网络空间行为的国际准则与法规，并就武装冲突法规适用于网络空间达成进一步共识；继续支持有关《国际外层空间活动行为守则》的磋商；与盟友共同努力，敦促中国遵守现行规则。

3. 为形成建立在规则基础上的美中关系，克里应在可能的首次访华中表明：中国必须按规则行事，促进和平稳定，承担大国应承担的责任。一方面，国际体系不可能自我维持，要求各国投入时间、金钱等，中国应作为负责任的全球公民，与各国一道努力，共同解决全球性问题；另一方面，中国与国际体系间的关系，也将影响到中美关系，中国服务于国际体系将为中美关系带来光明的未来。在这样的国际体系下，两国都将更加强大，更加繁荣，和平共处，与其他大国一道巩固并遵守国际规则、规范和制度架构。这一架构有利于确定双方行为界限，处理竞争事宜，提供解决贸易和海上争端的机制，促进相互协作，从而帮助中美避免新兴大国和守成大国以往的命运。

美方有理由对中美关系的未来保持乐观。中国一直非常积极地与国际体系进行接触，美国则在建设现有体系方面作出了比其他国家都要大的贡献。中美关系决定21世纪走向，只要双方付出努力，彼此尊重，共同担负起责任，在激烈竞争的同时，达成真正的合作关系，推动人类开创非同寻常、前所未有的新局面。

在建设上述规则体系的同时，双方也可能出现分歧，有时分歧甚至会相当严重。双方不应目光短浅，而应正视分歧，对未来充满信心，着力发展、培育双边关系。双方都应警惕国内存在的以冲突而非合作来定义中美关系的倾向。作为世界上最强大的两个国家，两国必须求同存异，共同书写好未来百年的历史。

（陈立宏）

美国前国务卿乔治·舒尔茨谈中美关系*

4 月 23 日，财政部亚太财经与发展中心北京分部副主任周强武一行在斯坦福大学拜会了美国前财长、前国务卿乔治·舒尔茨（George Pratt Shultz）。舒尔茨就中国经济、中美关系、美国亚太再平衡战略等相关问题发表了看法。现将主要内容作出整理，供参考。

一、关于中国经济取得的成就及面临的挑战

舒尔茨高度评价中国改革开放以来取得的经济成就。他说，他是美国最早一批与中国政府打交道的美国政府高级官员，无论是担任财政部长、国务卿，还是卸任后，都十分关注中国经济和社会的发展。中国政府和人民靠改革开放和艰苦创业，从一个“自行车王国”发展成目前全球第二大经济体，他为此感到骄傲，并为中国领导人在推动国家现代化方面采取的各项有力措施和显示的非凡胆略和驾驭困难的能力而折服。他祝愿中国在前进道路上不断取得新的成绩，最终实现中国人的梦想。

尽管中国在过去三十年来取得了相比世界其他大多数国家更大的进步，但中国发展也面临一些问题。其中最为迫切的是独生子女政策和人口老龄化问题。多年来，中国经济高速增长的同时，一直实施独生子女政策，导致劳动力增长放缓，整个社会快速老龄化，目前已出现了劳动力不足的问题。此外，中国处于城镇化过程中，人口大量从农村向城市转移，与人口老龄化进程叠加到一起，对中国经济甚至是社会、历史与文化都将产生深远影响。因此，中国需要作出更多努力，解决相关的社保、养老金、公共健康等问题。目前，基于人均寿命增长和人口老龄化，中国政府似可考虑将退休年龄调整到 65 岁。事实上，日本在发展过程中也遇到老龄化问题，但从收入水平来衡量，中国老龄化带来的问题将更加严峻。

---

* 本文写于 2013 年 5 月。

当然，中国环境问题也是另外一个亟待解决的问题。这个问题解决不好，会反向影响经济发展，甚至容易引发社会问题。舒尔茨强调，以上三个问题是以经济学家身份提出的，仅供参考。

二、关于中美关系

舒尔茨回顾了其任内参与推动两国关系发展的重要历史时刻。舒尔茨表示，根据他长期担任美国国务卿的经历（1982—1989），最重要的是和中国领导人坐下来谈，把所有问题放在台面上讨论，说明各自面临的问题和机遇，找出相互间意见不同之处，并努力寻找可以合作的方式。有些问题可以得到解决，有些则很难处理。关键在于怎样把握这些难以处理的事情。总的来说，里根政府时期，双方采取了直截了当的做事方式。历史证明，那段时期两国关系的发展还是令人满意的。

目前，中美都已经成为全球最重要的大国，关系好坏不仅事关两国本身，还可能影响全球。所以，双方仍要在交流中坦诚相待，求同存异，以双方都能接受的方式，从易到难，有步骤地推动问题解决。

舒尔茨认为，中美双方在维护全球安全与经济发展方面有共同利益，一个混乱无序的世界是双方都不愿见到的。在处理某些全球性问题时，可以通过双边磋商，也可以与更多国家沟通，表明自身立场，了解各有关方意见，寻求解决之道。中美在多边磋商中发挥领导作用十分重要，双方并非简单要求其他国家同意自己立场，而是允许他们表明观点，各有关方面加强沟通，逐步推动各方达成共识。

舒尔茨特别强调中美双方尤其是高层直接对话与沟通的重要性，双方高层都应悉心培育和维护双边关系，增进彼此间的相互理解。此外，各级各类人员互访交流也是培育双边关系的重要途径，财政部亚太中心北京分部访美，就可增进两国智库间的交流，当然，大学与大学之间、商界之间、民间团体之间等各类交流与对话都很重要。

三、关于中美双边对话管道

舒尔茨认为，目前中美双边对话管道众多，整体上有些混乱，有过多的渠道，过多的部门和机构参与。舒尔茨回顾其担任财长时的经历，作为财政部长（1972—1974），他主管美国政府经济事务，组织政府商务、就业等政策团队制订相关经济政策。财长是经济政策的关键人物，负责确定对内、对外相关经济政策的基调。他认为，中美经贸类对话管道可进一步整合，统一由两国财政部牵头；除经贸事务外，其他事务则主要交由两国外交部门统一协调。这样，两国高层不至于事出多头，忙于应付，两国民众也不至于因眼花缭乱而产生疑惑。

四、关于美国“亚太再平衡”战略

舒尔茨表示，美国是亚太国家，在本地区有重要利益，因此一直关注亚太地区局势，美国实际上从未离开过亚太。美国对于亚太地区所发挥的作用是积极和负责任的，旨在服务地区稳定，推动区域经济发展。

事实上，美国更关注全球局势，这就包括了亚太，也包括欧洲、中东等地区。美国是从全球角度看问题，不会弃欧洲重亚洲，或是弃亚洲重欧洲。美国在地区及全球事务中一直发挥着稳定器的作用。当然，在不同时期，美国外交政策也有侧重点。以朝鲜问题为例，朝鲜问题即便对于中国来说，也有不确定性风险，而美国是维持稳定的一股力量。他表示，一旦朝鲜政权出现变故，朝韩之间长期存在的平衡将打破，局势很可能失控，可能引发中国特别担忧的饥荒和难民问题。美国理解中方对于朝鲜问题恶化的担忧。他认为，中国是唯一可能真正影响朝鲜的国家，中美双方应就此进行合作，特别是中国，需要切实采取一定行动。

（陈立宏）

中日经贸关系近期发展趋势、影响及对策建议*

作为东亚地区最重要的两个经济体，中日两国经贸关系不断深化，已发展成互为最重要的贸易伙伴。与此同时，中日邦交正常化40多年来，两国经贸合作也经历了诸多波折和干扰，特别是近期受钓鱼岛争端等因素影响，中日经贸关系受到一定冲击。

一、中日经贸关系概况

（一）贸易规模不断增长

1972年中日邦交正常化后，两国贸易规模不断增长，特别是进入20世纪80年代后，随着中国改革开放的不断深化，中日经贸合作进入全面发展时期。据中国海关统计，1972年中日贸易额只有10亿美元，之后一直保持强劲的增长态势。2011年中日贸易额同比增长15.1%，达3 428.9亿美元。40年来两国贸易额增长了300多倍。

自1993年开始，日本连续11年为中国第一大贸易伙伴，中日贸易曾占中国对外贸易总额的20%。据日方统计，21世纪以来，日本对华贸易年均增长14.1%，远高于日本对美国年均增长1.6%的水平，对华贸易占日本贸易的比重由2001年的11.9%升至2011年的20.6%。目前，中国是日本第一大贸易伙伴和第一大出口市场，而日本是中国第五大贸易伙伴。

在投资领域，据中国商务部统计，2011年日本对华投资额为127.8亿美元，同比增长76.3%，居日本对外投资国的第三位。由于中国对日直接投资起步较晚，

* 本文写于2013年3月。

目前中国对日本累计投资总额仅为 1.1 亿美元。

经过双方共同努力，中日两国已形成了互补互惠、“你中有我，我中有你”的相互依存关系，双边经贸合作成为中日关系的基础，也为亚洲区域经济和世界经济增长作出了巨大贡献。

（二）贸易结构由“垂直互补型”向“水平竞争型”发展

中国对日本出口早期以初级产品为主，如服装、面料等，日本出口到中国的商品主要是电器、化工设备、医疗设备、机械设备、汽车、家电、钢材等科技含量较高的产品，中日贸易呈垂直互补型特征。

20 世纪 90 年代后，伴随中国工业化进程加速和产业结构升级，在中国对日出口的商品中，高技术、高附加值的高端产品所占的比重正在逐步提高。2012 年上半年，日本自中国进口的机电产品同比上升 10.6%，占同类产品进口总规模的 49.2%；自中国进口的光学、钟表及医疗设备同比上升 16.3%，仅次于美国，占同类产品进口总规模的 21.7%。中日贸易的商品结构日益呈水平竞争型特点。

（三）中日贸易依赖关系发生改变

近年来，在中国经济高速增长和日本经济停滞的背景下，中日贸易的依赖关系发生了巨大变化，具体表现为中国在日本对外贸易中所占比重的提高和日本在中国对外贸易中所占比重的下降。对华贸易占日本对外贸易总额的比重从 1990 年的 3.5% 扩大到 2011 年的 20.6%，而同期对日本贸易占中国对外贸易总额的比重从 22.4% 降至 9.4%。

（四）钓鱼岛争端对中日经贸关系构成冲击

2012 年 9 月 11 日，日本政府宣布将钓鱼岛“国有化”，激起了中国人民的强烈愤慨。人们自发地抵制日货，取消赴日旅游等，对中日经贸关系产生严重的负面影响。中日关系一改过去“政冷经热”的格局，走向“政冷经凉”的局面。

据中国海关总署统计，受钓鱼岛争端影响，2012 年中日贸易总额为 3 336.64 亿美元，同比减少 3.3%。中国对日本出口仅增长了 2.3%，自日本的进口下降了 8.6%。日本对华出口商品中，汽车、汽车零部件、摩托车和电子电器出口大幅下滑。2012 年日本已经下降为我国第五大贸易伙伴。

在中国市场上，以往受到中国消费者喜爱的日本高科技产品的销量出现了不同幅度的下降，日产本田、丰田、马自达等汽车的销量都出现不同程度下降。日产家电产品在中国市场的销量下降幅度更是创下纪录。据统计，2012 年，丰田汽车在中国市场销售为 7.53 万辆，比 2011 年同期下跌 15.1%，马自达在中国销售 1.63 万辆，比 2011 年同期下跌 6%。

与此同时，国内电商发起民间版对日经济制裁，呼吁各大电商以实际行动维护国家主权与领土完整，纷纷“下架”日系产品。这些民间行为也对中日贸易造成了很大影响。

二、影响中日经贸关系的主要因素

（一）日本贸易保护主义增强，贸易摩擦增多

近年来，中日之间农产品、轻纺工业品贸易冲突加剧，关于海洋资源问题的对立与摩擦日益升温。由于日本国内经济长期低迷，需求严重不足，致使日本国内出现了一股贸易保护主义势力，对中国的出口商品实施贸易壁垒，阻止中国出口商品的增长势头。日本政府多次通过立法对中国农产品进行准入限制。日本对90%以上来自中国的农产品启动临时保障措施，实施关税配额管理，对超过限量的进口产品征收106%—266%的高关税。此外，日本苛刻的进口检验检疫制度使中日贸易摩擦更加严重。

（二）“中国经济威胁论”抬头

日本国内“中国经济威胁论”有所抬头，严重阻碍了中日经贸关系发展。中国经济迅速崛起而日本经济长期低迷，使许多日本人心态失衡。日本国内展开了关于中国经济的大辩论，认为中国经济发展对日本是“威胁”，特别对日本的制造业构成严重“威胁”，已经引起日本产业“空洞化”的论调甚为流行。

“中国经济威胁论”负面影响越来越凸现，日本国内极右翼势力更助推了中日贸易摩擦，进而影响到日本政府的对华政策。比如，日本政府调整了对华ODA①（政府开发援助）政策：2004年12月，日本政府决定今后几年内将停止对华无偿援助，2006年以后不再新批对华无偿援助项目，同时继续削减对华日元贷款金额。2008年，日本停止了对华日元贷款的援助。

（三）中日海洋权益和岛屿争端

在1972年中日邦交正常化和1978年缔结中日和平友好条约时，中国政府从大局出发，提出“搁置主权争议，共同开发资源”的主张。近年来日本在东海油气田、东海大陆架及专属经济区划界、历史问题等敏感问题上接连挑起争端，使得中日两国政治关系趋于紧张，对经济合作形成冲击。中日间之所以频繁在敏感问

① 日本对华ODA，包括有偿援助、无偿援助和技术援助3个部分。有偿援助即日元贷款，无偿援助部分包括日本对中国的赠款和日方为中方免费提供人员培训等技术合作的技术援助。

题上发生对立，与日本国内政治和社会生态的变化关系密切。日本国内政治日趋右翼化，民粹主义与民族主义盛行，这促使日本政府在外交政策上展现强硬姿态。日本政府购岛闹剧导致中日两国外交关系进入自 20 世纪 70 年代两国恢复邦交以来最为紧张的时刻。

三、中日经贸关系发展前景展望

（一）中日贸易总量和模式不会出现很大改变

从今后的趋势看，除非中日政治关系出现逆转，中日两国的贸易总量和交易模式不会有很大改变。2012 年中日贸易总额是 10 年前的 2.5 倍，而且两国贸易仍以每年 15% 的速度增长，2015 年有望达到 5 000 亿美元的水平。尽管受中国经济增速放缓以及欧债危机等国际经济因素影响，日本企业对华出口有所减少，但由于中国国内需求的高端化发展，高附加值的日本产品的进口额将可能有所扩大。

今后一段时间在中日两国直接投资方面，依然以日本对华投资为主。由于日本国内经营环境的恶化以及世界经济的持续低迷，日本企业必将加快海外投资步伐，对华投资规模仍可能进一步扩大。另一方面，随着中国经济实力的不断提高，有实力的中国企业在“走出去”的战略下，将通过新设、并购等方式加大对日投资。

（二）中日应加强金融合作，反对贸易保护主义

两国应进一步加强金融合作，提高人民币在贸易结算中的份额。过去中日贸易的 60% 是用美元结算，今后可逐步提高人民币在中日贸易中的结算比例。随着中国经济实力不断增强，人民币国际化是大势所趋。中日经贸的快速发展和两国货币直接兑换的合作，不仅有利于人民币的逐步国际化，也为日本提供了巨大的商机。

中日要加强合作，共同反对贸易保护主义，特别要防范技术性贸易保护措施。中国每年有 10% 的出口企业受到技术性措施影响，受损上千亿美元。日本企业也深受贸易保护主义之害，两国合作反对贸易保护主义有利于双方深化经贸合作。

（三）中日韩自贸区谈判或将提速

2012 年 5 月，中日韩领导人在北京宣布，中日韩将继续就 FTA 进行谈判。如果中日韩自贸区达成，不仅有利于三国的经贸发展，也将有利于亚洲一体化进程，并能改变亚太经贸格局。当前，推动中日韩 FTA 谈判的障碍依然较多，尤其日方动力不足。若中韩先就自贸区达成协议，势必对日本加快中日韩 FTA 谈判构成压

力，也将使中日韩自贸区更有吸引力。

四、几点思考

中日两国“和则两利、斗则两伤”已成多数人共识。中国要以足够的智慧，排除来自日本和国内少数非理性民族主义干扰，防止事态扩大甚至失控，尽力把日本变成一个有利于中国稳定和发展的积极因素，推动中日关系向有利于中国的方向发展。

（一）妥善处理历史遗留问题

如何对待历史问题是中日关系的政治基础。中国历来主张“以史为鉴、面向未来”，敦促日方正视历史。在处理日方特别是日本右翼歪曲和篡改历史问题方面，中国应明确反对并提出自己的主张，但要避免国内出现极端的民族主义情绪。

（二）慎用贸易制裁手段

中日经济关系在产业链上是合作关系，日本对外出口主要不是汽车、电视机等最终产品，而是关键的零部件产品，中日是“你中有我、我中有你”的关系。如果中日因钓鱼岛等个案问题升级，在经济上反制措施不恰当的话，生产链中关键的零部件不能进口，会影响整个生产。若要进行贸易制裁，应选择日方对中方依赖程度较大行业、在中国有较大销售市场的产品作为反制措施。总的来说，贸易制裁措施需慎用，以免误伤自己。

（三）加强对中日海洋权益争端的战略应对

国家层面应成立跨部门协调机制，加强对中日海洋权益争端的对策研究，进一步完善应急预案，应以谈判为主渠道努力使争端保持在可控状态。同时，探讨“搁置争议、共同开发”的具体措施。在海洋划界问题上，可采取“先易后难”、“先海后岛”的原则，推进海上划界问题的先行解决。

（四）扩大中日民间交流，深化两国人民友好情感

民间交流一直是推动中日关系健康发展的重要动力。当前中日间国民心理上都存在着缺失，相互了解和信任不够，甚至滋生了不少误解和偏见。中日之间更需进一步扩展民间交流领域，拓宽民间交流渠道，并不断完善民间交流机制，使交流机制化、常态化；进一步加大交流的力度，充分利用和调动双方对扩大民间交流的积极性，使友好的信念深入人心。我国对日本外交战略的制定应将对日本民间外交作为重要的方式和手段，有效整合各种资源，制定长期的对日本民间交

流机制、构建对日本文化战略。通过多层次、多领域的民间交流与文化交往，增进日本民众对中国的理解和友好感情，最大限度地影响日本政府的对华政策朝着有利于我国国家利益的方向发展。

（五）全面推进改革开放和现代化建设

中国要全面推进改革开放和现代化建设，推进科学发展和和谐社会建设，壮大以经济实力、军事实力、政治凝聚力和文化软实力为主要构成部分的综合国力。这是我们应对一切外部挑战的基础。日本民族的趋强性和日本现实主义外交传统中“与强者为伍”的心态告诉我们，决定中日关系最终走向的是中国的综合实力，中国的进步和强大是推动中日关系走向良性发展的根本因素，也是解决当前中日问题的钥匙。

（彭　慧　陈　立）

中国—东盟经贸合作前景分析*

中国与东盟建立战略伙伴关系10年来，双方稳步推进自贸区建设进程，相继签署货物贸易、服务贸易和投资等相关协议；双方合作领域稳步拓宽、内容日益充实、水平不断提高，在贸易、投资、财金和次区域合作等领域取得实质性进展。但是，中国与东盟经贸合作中也面临诸多挑战。现将中国与东盟经贸合作取得的成绩、面临的挑战以及双方未来合作前景作简要分析，供参考。

一、中国—东盟经贸合作现状

（一）双边贸易额快速增长

中国商务部数据显示，中国—东盟双边贸易额从2002年的548亿美元增长至2011年的3 629亿美元，年均增幅20%。2012年双边贸易额创历史新高，达4 000.93亿美元，同比增长10.2%，而同期中国对外贸易平均增幅为6.2%。其中，中国对东盟出口额为2 042.72亿美元，同比增长20.1%；进口额为1 958.21亿美元，同比增长1.5%。贸易顺差85亿美元。中国连续四年成为东盟第一大贸易伙伴，东盟则为中国第三大贸易伙伴。2012年，中国在东盟的前三大贸易伙伴依次为马来西亚、泰国和新加坡。

（二）相互投资不断扩大

中国与东盟相互投资规模不断扩大，中国对东盟投资额从2002年的0.8亿美元增长至2011年的29.1亿美元，年均增幅57%；东盟对中国投资额从2002年的32.6亿美元增长至2011年的70亿美元，年均增幅为10%。截至2012年年底，中国—东盟双向投资额累计达1 007亿美元，中国成为东盟第四大外资来源地，东盟

* 本文写于2013年6月。

成为中国吸引外资的重要来源地，是中国企业海外投资的首选地之一。

（三）互联互通基础设施建设有效推进

双方始终把发展互联互通基础设施建设作为支撑经济发展的要务，中国政府在 2009 年承诺向东盟国家提供的 150 亿美元信贷支持了 50 多个基础设施等建设项目。2011 年召开的第 14 次中国—东盟领导人会议上，中方追加 100 亿美元信贷继续用于基础设施建设，并设立 30 亿元人民币的中国—东盟海上合作基金。目前，双方已开通中国南宁—越南河内、中国深圳—越南河内等多条国际道路运输线路以及昆曼公路（中国昆明—泰国曼谷）①、云南河口—越南老街等多条跨境高速公路，泛亚铁路建设不断推进。中国各大城市与东盟成员国之间往来的航班不断增加。此外，港口和海运合作不断拓展，广西、广东、海南等多家港口企业与新加坡、柬埔寨、泰国等国港口相互开通集装箱、散货航运班线。

（四）“10 +3”财金合作不断推进

2010 年 3 月份，经过东盟与中日韩（10 +3）各方的积极努力，根据清迈倡议多边化（CMIM）协议，总规模 1 200 亿美元的区域外汇储备库正式建立，用于在发生流动性危机时向“10 +3”成员提供贷款支持。2012 年 5 月份，“10 +3”财政和央行行长会议同意将 CMIM 现有规模扩大一倍到 2 400 亿美元，提高脱钩比例到 30%，延长救助期限以及新建 CMIM 危机防范功能。2011 年成立的“10 +3”宏观经济研究办公室（AMRO）作为独立的区域经济监测机构，为 CMIM 的有效运作提供了重要保障。2013 年 5 月，“10 +3”财长会通过了将 AMRO 升级为国际组织的草案。此外，亚洲债券市场倡议（ABMI）致力于发展本地区债券市场，促进亚洲储蓄用于投资于本地区。目前该倡议下成立的四个工作组正有序推进相关工作。“10 +3”财金合作已发展成东亚财金合作的主渠道，为维护地区金融稳定，促进东亚经济作出重要贡献。

（五）次区域经济合作蓬勃发展

中国通过积极推进大湄公河（GMS）和泛北部湾等次区域经济合作，改善次区域内基础设施建设，推进次区域内贸易投资便利化，谋求与东盟欠发达国家之间的务实合作与共同发展。2008 年 3 月，中国与越南、老挝、柬埔寨、缅甸、泰国共同通过了《2008 年至 2012 年 GMS 发展万象行动计划》，6 个国家进一步深化合作，加快一体化建设，在交通、能源、电信、农业、环境、旅游、人力资源开发、贸易便利化和投资等领域取得进展。

---

① 全线由中国境内段、老挝段和泰国境内段组成。

二、中国—东盟经贸合作面临的挑战

（一）经济因素

1. 经济发展水平参差不齐和经济结构相似

中国与东盟 10 国均为发展中国家，东盟整体经济发展水平不高。从东盟内部看，经济发展水平参差不齐，既有新加坡等工业化国家，又有越南、缅甸、老挝、柬埔寨等欠发达国家，经济发展水平和阶段存在较大差异，不利于成员国间经济政策协调。就经济结构而言，东盟成员国大都推行出口导向型战略，出口产品多以劳动密集型产品为主，近年来又大都转向电子信息产品，与中国在出口产品结构上较为相似。因此，无论是劳动密集型还是资本密集型制造业，东盟都与中国存在一定的竞争关系。经济优势的互补性是区域经济实现整合的先决条件，而双方经济发展比较优势方面互补性并不明显，一定程度上限制了双方经济合作的深度发展。

2. 吸引外资方面存在竞争

为加快发展，中国与东盟都十分注重吸引外资。2010 年，中国实际使用外资（FDI）1 850. 81 亿美元，居世界第二位；而东盟 10 国共吸引外资 757. 58 亿美元。从相互投资看，截至 2012 年年底，中国—东盟双向投资额累计达 1 007 亿美元，中国占 23. 4%，东盟占 76. 6%。2012 年，中国在东盟投资 44. 19 亿美元；东盟在中国投资 70. 7 亿美元。中国成为东盟企业对外投资的重要市场。无论是区域内还是区域外，中国吸引外资的能力都很强，但是这种不平衡自然让东盟倍感压力，无形之中就会成为健康合作的障碍。

3. 政策合作的组织机构及其协调机制存在局限性

中国—东盟自贸区的决策方式总体上围绕如何保证各国利益平等。但实际操作中，却倾向于在这种协调机制以外采取单方行动。就东盟自贸区而言，其组织架构松散，进行决策时依据互不干涉内政和协商一致原则以及“N－X”（如果少数几个成员国表示暂不参加某项议案，但又不反对该项议案，那么这项决策可获通过，而允许那少数几个国家暂缓加入）。加上其内部实行“共同一致”的决策原则，每个成员国都具有否定权，这使得东盟秘书处领导与协调难度非常大。由于其组织机构和协调机制的局限性，各种协议的实施效果也大打折扣。这在一定程度上影响到与中国合作的效率。

4. 金融货币一体化进程滞后

当前，中国与东盟之间在货物和服务一体化进程方面已明显加快，但金融货币一体化进程仍然滞后。近日，第 9 届东盟央行行长会议举行，会议公布了《东盟金融一体化道路—东盟金融概况分析及东盟财政金融一体化综合研究》报告，就金融服务业、资金流、支付体系、资本市场领域建立金融一体化工作框架等一系列问题达成共识，提出在保证金融体系稳定性与安全性的基础上，创造更加高效的资金流动渠道。但中国金融部门的敏感性和脆弱性使得中国在资本账户完全开放上仍显得谨慎。虽然，中国已经与新加坡、马来西亚、印度尼西亚等东盟国家实施了本币互换，但当前人民币仍然无法完全自由兑换，资本账户受到管制。

（二）政治和文化因素

1. 中国与东盟经济合作中的大国博弈问题

随着中国综合国力日益强大，东盟国家对华疑虑增强，担心中国经济的崛起会对该地区国家造成威胁，意图拉拢美国制衡中国，巩固其在大国平衡中的地位，这也与美国“重返亚太战略”契合。近年来，东盟与美国进行整体合作意愿不断加强，2010 年 9 月，东盟—美国领导人峰会成立“名人小组”就制定未来五年（2011—2015 年）东盟—美国战略关系行动计划提出建议；越南、马来西亚、新加坡、文莱等加入美国主导的“跨太平洋战略经济伙伴协议”（TPP）谈判；多个东盟国家积极参与美国主导的多边军事演习。2011 年，随着东亚峰会的扩容，美、俄等国介入东亚事务，大国在东亚的博弈形势加剧。作为亚洲经济大国，日本也希望在推进东亚经济一体化进程中发挥核心领导地位，但在亚洲金融危机期间，日本并未承担起稳定地区经济的责任，并且近几年与东盟国家政治、经济摩擦频频发生，使得东盟国家对日本仍有戒心，但未来日本将强化与东盟合作。随着中、美、日都加入到亚太经济一体化的进程中，欧盟处于自身考虑，不想被排除在外，也加紧与东盟谈判，希望可以早日进入贸易区内，欧盟已与东盟建立了年度部长级战略对话。大国在东亚的战略较量和利益平衡成为中国和东盟经济合作中必须面对的问题。

2. 领土领海争端

从东盟内部来看，一是存在领土主权争端，马来西亚与印度关于巴西丹岛和利吉丹岛的主权争端，马来西亚与新加坡关于白礁岛的争端，印度尼西亚与菲律宾之间也发生过有关岛屿主权争执。二是成员国内部政局不稳。东盟有些国家党派林立、反政府武装及恐怖分子活动猖獗，国家纷争不断，政权更替频繁。

中国和东盟有关国家则存在领土领海争端。在南海问题上，中国与越南、菲律宾、马来西亚、印度尼西亚存在领海争端，与越南存在领土争端。领土领海争端是阻碍区域经贸合作的不稳定因素。

3. 华人华侨问题

东盟各国华人华侨人口总数约 2 452 万人，其经济实力估计为 1 500 亿—2 000 亿美元，华人经济对东盟经济具有重要影响。但长期以来，部分东盟国家对华人华侨心存疑虑。一是多数华人财力雄厚，经济地位举足轻重，但东盟许多国家社会贫富分化严重，在一定程度上形成了仇华仇富的心理。二是华人华侨大多乡土观念浓厚，且随着中国持续发展和继续扩大对外开放，拥有庞大资产的东南亚华商纷纷增加对华投资，在“大中华经济圈”论调的影响下，部分东盟国家担心华资流向大陆会有损于本国利益。三是东盟国家担心中国利用华人华侨在当地政治、经济中的影响力干预其国内政局。因此，曾对华人采取在经济上利用、政治上限制、种族上同化的政策，且针对华人华侨的恶性暴力和骚乱事件时有发生。近年来，随着中国与东盟国家关系的改善，华人华侨问题得到一定程度缓解，但排华事件仍有发生，如果有关国家不能妥善处理，这将成为影响双边合作的一个重要因素。

4. 文化差异

不同国家的文化背景、风俗习惯和宗教信仰等有所差异，可能会成为东盟各国之间以及东盟与中国之间交流与合作的障碍。泰国、缅甸和马来西亚等多数东盟国家受中国儒家文化影响深远，思维方式和价值观念比较接近，注重人际关系，一旦发生分歧与争端，倾向于用人情解决。但马来西亚、印度尼西亚和菲律宾等国等级观念比较严重，在解决商业争端的时候更看重关系而不是条款或法律条文。越南不论在政治还是文化方面受中国影响较大，与中国一样，都是社会主义国家，在意识形态上与其他东盟国家存在差异。不同于其他东盟国家，新加坡和印度尼西亚政治和文化理念更多受欧美影响，更重法制。文莱则是政教合一的国家，不论从思维方式和处事风格方面，更多遵循伊斯兰教义。此外，民族宗教存在差异。中国与东盟存在的文化和宗教差异是制约双方合作不可忽视的因素。

三、中国—东盟经贸合作前景分析

（一）区域内国际产业转移趋势不断加强

区域内国际产业转移已成为推进地区经济合作、实现互补互利，促进区域经济一体化的重要形式之一。劳动密集型产业逐渐由中国向东南亚转移是一个大趋势，尤其是转向柬埔寨、越南和印度尼西亚等劳动力成本更具优势的国家。双方产业转移以国家间产业发展为基础和依据，通过广泛加强经贸联系推进彼此间产业贸易和投资，将本国产业升级中较为成熟的产业和一些传统优势产业向更低水平国家转移，从而促进区内产业分工格局的优化和双方利益的提升。目前，东盟已成为中国企业“走出去”的主要目的地之一。中国企业积极、主动地到东盟国家投资，转移适合东盟国家的技术，将中方的技术优势与东南亚国家的廉价劳动力优势结合起来。应继续强化基础设施、集群配套、专业技术和管理水平等方面的优势，使双方在未来的合作和竞争之间实现利益最大化。

（二）服务贸易发展前景广阔

中国和东盟成员国都面临产业结构调整的艰巨任务，发展服务业、扩大服务业对外开放成为必然选择。旅游合作一直是双方服务贸易合作的重要内容，旅游业是东盟国家的支柱产业之一，而中国与东盟旅游资源互补性强，且消费市场巨大。目前，新加坡、泰国和马来西亚等东盟国家已位居中国居民出境旅游目的地前 10 位，2012 年首站前往东盟国家的中国游客达 969 万人，同比增长 21.7%。2011 年召开的第 10 次东盟与中日韩旅游部长会议上，东盟 10 国旅游部长签署《2011 年至 2015 年东盟旅游发展战略计划》，旨在把中日韩作为东盟重要的旅游市场。双方旅游业的发展则带动酒店、餐饮、健康服务、教育服务和建筑等领域投资。未来，双方应进一步开放服务贸易市场，加强在银行、证券、基金管理、会展、软件及物流领域的合作。

（三）加快中国—东盟自贸区金融一体化进程

在金融开放外部压力日益加大的情况下，中国可以借助于与东盟的良好经济关系，试行金融部门自由化。一是继续推广双边贸易本币结算，促进贸易和投资便利化。积极鼓励在区域贸易中采用本币结算。加快本币结算基础设施建设。稳步开展人民币对东盟国家货币挂牌交易和兑换业务。继续根据对外交往需要与有关国家签订本币互换协议，支持本币互换人民币资金用于跨境贸易和直接投资。二是完善区域金融合作机制，维护区域金融稳定。进一步加快清迈倡议多边化进程，落实外汇储备库各项制度安排，提高区域流动性救助机制的有效性。加强跨境资本流动监管合作，促进资本在区域之间的合理有序流动。三是加强宏观经济政策协调，共同推动国际经济金融治理结构改革。加强宏观经济政策的沟通和对话，继续实施符合本国国情和负责任的财政货币政策，推动区域经济实现强劲、可持续、平衡增长。

（四）加大对可持续发展的投入

双方应不断加大对可持续发展的投入，提高在环境、农业、卫生等方面的合作。妥善处理 GMS 合作开发中涉及环境和水资源开发等方面存在的问题。双方积极落实《中国—东盟环保合作战略 2009—2015》，特别是在通过与东盟生物多样性中心合作保护生物多样性和生态环境、清洁生产、环境教育意识等领域开展合作，支持《东盟环境教育行动计划 2008—2015》及环境可持续城市，共同努力实现人与自然和谐发展。2008 年以来，在中方倡议实施的“粮食总生产能力提升行动计划”框架下，中国与 GMS 国家合作开展了优质高产农作物示范田建设，完善了

GMS 农业信息网软硬件建设，举办农村生物质能源、农科可持续发展等各类培训班。此外，中国继续实施中缅、中老、中越边境地区艾滋病、疟疾及其他传染病的防控合作。

（五）完善双方行业对接合作

双方行业合作起步较晚，在面对市场开放，打造新的产业链方面，多数行业尚未对接，双方企业缺乏走进对方市场的商务信息，存在“政府推进快，企业跑得慢”的不平衡，不少企业不了解对方国家的产业政策、市场特点、经济体制，在选择贸易和投资伙伴方面缺乏商务渠道，缺乏开放市场的经营人才。双方政府行业主管部门、行业商会应加强对接，为双方企业提供沟通平台，共同探讨行业分工和如何实现优势互补的行业合作。目前，中国—东盟合作行业协会联席会已经成立，第一届中国与东盟行业合作会议召开，开启了双方行业对接工程。

总的来说，中国与东盟经贸合作是基于各自发展利益以及整个区域共同发展利益所作出的战略选择，虽然面临不少困难，但机遇远大于挑战。只要双方加强政治互信，共同规划，双方经贸合作必将结出更丰硕果实，造福于双方发展，造福于整个地区的稳定繁荣。

（于　晓）

中国引领金砖国家经贸融合*

第五届金砖国家峰会即于2013年3月25—27日在南非德班举行。本次峰会主题为“金砖国家与非洲大陆：发展、融合与工业化的伙伴关系”。为此，南非标准银行①发布题为《金砖国家贸易蓬勃发展，非洲仍是支点》的报告。报告从金砖国家2012年各项宏观经济数据出发，就金砖国家与新兴市场国家贸易关系、金砖国家内部贸易关系和金砖国家与非洲各国贸易关系三个方面进行分析，为峰会提供讨论框架。报告同时认为，中国正成为金砖国家经贸融合的引领者，并在中非贸易中发挥主导作用。现将报告主要内容摘译如下，供参考。

一、2012年金砖国家贸易仍很稳健

2012年，新兴市场国家经济表现优于发达经济体。去年，新兴市场国家GDP合计增长7.4%，至29.1万亿美元，而七国集团GDP合计约33万亿美元。五年前，七国集团GDP规模是新兴市场国家的两倍，两者差距明显缩小。

然而，发达经济体宏观经济和金融脆弱性却影响了新兴市场国家的经济活动。2012年，流入新兴市场的私人资本为1万亿美元，稍低于2010年和2011年。但名义累计资本流量与2007年的峰值相比，减少了10%。七国集团进口增长率由2010年的11.2%下降为2011年的4.8%，2012年又降至2.4%，这给新兴市场国家带来更大挑战。

金砖国家比较成功地避免了出口增速大幅降低的不利影响。金砖国家实际出口增长率在2010年大幅升至16%，2011年为9%，2012年仍然保持在4.4%的水平上，较为可观。

金砖国家占全球贸易的份额也显著上升。2012年，金砖国家贸易总额估计达

* 本文写于2013年3月。

① 南非的四大银行之一，在《银行家》杂志的排名中，南非标准银行位列非洲银行首位。

5.6 万亿美元，接近全球贸易总额的 16%，比 2008 年上升了 10%。自 2000 年以来，金砖国家贸易增长率一直高于其他新兴市场国家。

为避免发达经济体经济疲软带来的不利影响，金砖国家采取了以下应对措施：首先，增加对增长较快新兴市场国家的出口。过去几十年，除俄罗斯以外，其他金砖国家对新兴市场国家的出口份额都大幅增长。2012 年，中国、印度和巴西超过半数的出口商品和南非超过 48% 的出口商品都被销往新兴市场国家（见图 1）。

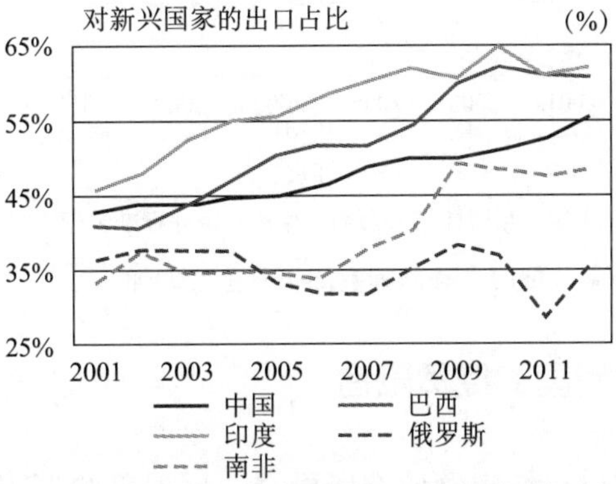

数据来源：国际贸易中心；南非贸易工业部；南非标准银行研究

图 1　金砖国家增加对新兴市场国家出口

其次，金砖国家正寻求相互间的合作。2012 年，金砖五国间的贸易额估计达 3 100 亿美元，比 2002 年的 280 亿美元增长了 11 倍多（见图 2）。现在，金砖国家间的相互贸易约占金砖国家与新兴市场国家贸易量的 20%，而在 2008 年这一份额仅为 13%。

数据来源：国际贸易中心；南非标准银行研究

图 2　金砖国家间相互贸易增加

以南非为例，南非与金砖四国间贸易额占南非贸易总额的比例，由 2002 年的 5% 增长至 2012 年的 19%。2002—2012 年，南非与金砖四国的贸易额从 32 亿美元增至 370 亿美元，增长了十倍多。2012 年，南非对金砖四国出口额上升了将近 17%，中国上升了 16%，俄罗斯（14.5%）和巴西（9%）位居其后（见图 3）。

仅出口增长这一项指标就表明了金砖国家间关系正日趋稳健。

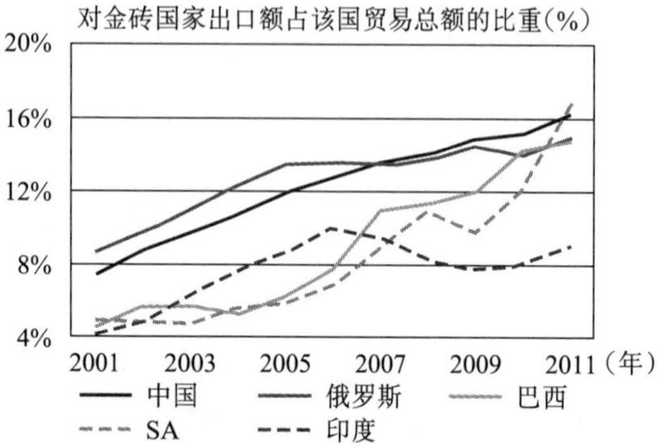

数据来源：彭博社；国际贸易中心；南非标准银行研究

图 3　金砖国家间相互出口增加

二、中国引领金砖国家经贸融合

表面上，金砖国家仅在特定领域有所融合，这似乎验证了金砖国家群龙无首的断言。然而，数据表明金砖国家紧密融合在一起，这多半归功于中国。

中国贸易总额占金砖国家贸易总额 67%，中国 GDP 占金砖国家 GDP 总额约 55%，中国在 2012 年就已超过美国成为世界最大贸易国。

2012 年，印度、俄罗斯的贸易额分别占金砖国家贸易总额的 13% 和 12%。南非在金砖国家贸易总额中仅占 2.8%，这与南非占金砖国家 GDP 2.6% 的份额相称。巴西占金砖国家 GDP 份额（16%）是其贸易份额（7%）的两倍。

中国在金砖国家中的影响力甚至比这些宏观数据所表明的更为深远。中国是金砖国家间贸易的主要交易对手，参与了金砖国家间 85% 的贸易（见图 4）。

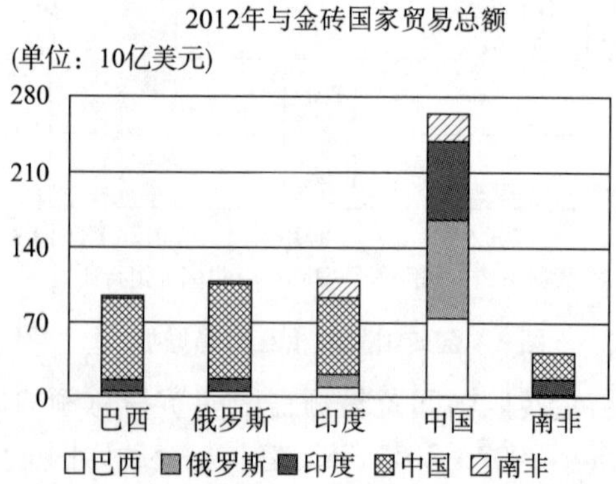

数据来源：国际贸易中心；当地数据；南非标准银行研究

图 4　中国对金砖国家间贸易具有重要影响

2000 年起，其他四个金砖国家对中国的出口每年都在增长，并越来越依赖来自中国市场的需求（见图 5）。其他金砖国家的前三大贸易出口国都包括中国。2012 年，20% 的巴西出口商品、10% 的印度和俄罗斯出口商品以及 30% 的南非出口商品都销往中国。

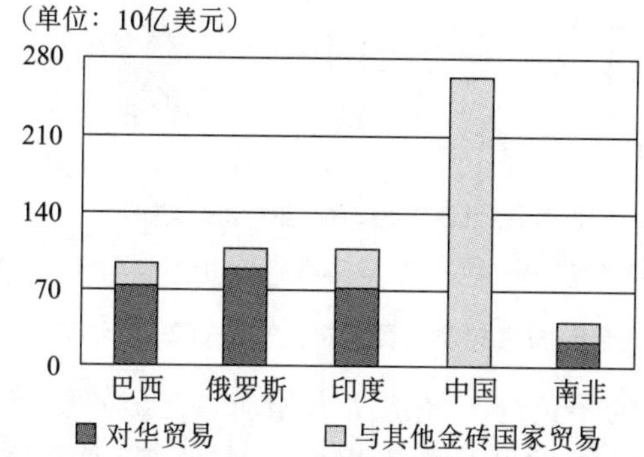

数据来源：国际贸易中心；当地数据；南非标准银行研究

图 5　中国引领金砖国家融合

中国将对新兴市场特别是对金砖国家的出口视为首要任务。中国前 10 个最大出口国中有 7 个是新兴市场国家。中国已经成为除巴西以外金砖国家最主要的商品来源地，仅次于美国。

中国将继续保持其在金砖国家中的出口竞争力。这是因为：第一，近年来，每个金砖国家的工资水平都上涨了很多，这不利于维持竞争优势。第二，中国的劳动生产力增长快于其他金砖国家。第三，金砖国家货币兰特、里亚尔、人民币、卢布、卢比都升值了，唯人民币仍具备相对竞争力。第四，政府引导的在现代物流和基础设施上的投资支撑了中国的出口竞争力。

除中国外，只有印度对其他金砖国家具有一定影响力。印度分别是南非和巴西的第二大和第九大商品来源国。此外，只有印度和其他金砖国家有较为重要的双边关系。2012 年，印度和南非、巴西和俄罗斯之间的贸易额分别为 133 亿美元，106 亿美元和 107 亿美元。

三、金砖国家继续以非洲为重点

金砖国家与非洲各国贸易量大大多于金砖国家间的贸易量。可以预计，在 2012 年，金砖国家与非洲各国总贸易额为 3 400 亿美元，这在过去十年增长了十倍多（见图 6）。2007 年以来，非洲国家、金砖国家以及整个世界的贸易增长速度都有所放缓，但金砖国家和非洲国家之间的贸易往来却增长了一倍。

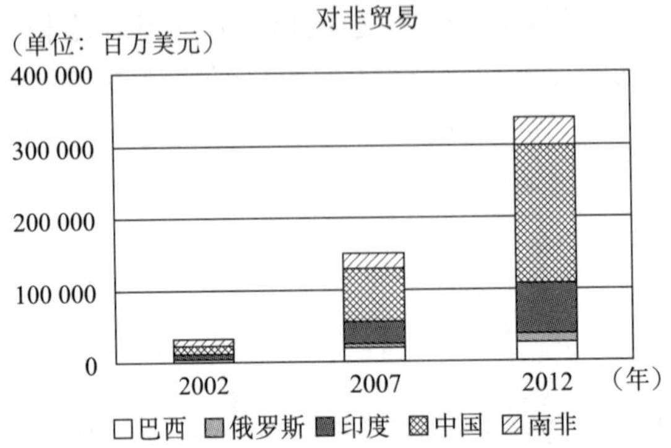

数据来源：国际贸易中心；当地数据；南非标准银行研究

图 6　金砖国家与非洲贸易扩大十倍（2002 年至今）

中国在非洲所扮演的角色与其经济实力相当。在金砖国家与非洲的贸易总量中，中国占 60%，这与中国的经济规模相符。同样，印度的角色也与其经济规模一致，俄罗斯和巴西对非洲经济影响较小。

南非在非洲的影响力则远远超出其经济实力。迄今为止，在贸易方面，南非是金砖国家中与非洲利益最为一致的。南非占金砖国家与非洲国家贸易总量的 11%，是非洲第三大金砖国家贸易伙伴。2012 年，南非和非洲间贸易额比巴西高 35%，比俄罗斯高 200%。

南非一直在非洲各国贸易中扮演重要角色。南非的地理位置是南非在金砖国家与非洲贸易中占较大份额的重要原因。南非出口非洲的产品超过 80% 都被南部非洲发展共同体（Southern African Development Community，SADC）吸收。另外，非洲大约 1/3 的非矿物燃料由南非生产并销往其他非洲国家，这表明南非在非洲所扮演的角色日渐成熟。

在非洲，各个金砖国家依然会相互竞争。尽管金砖国家有良好的政治意愿，但彼此仍存在分歧，各方为此希望提出一项集体议程。开辟新的合作领域和发展新的共同利益能为金砖国家带来良好的解决方案，同时也将成为金砖国家协调各自国家利益和地区利益的实践。因此，将非洲作为此次金砖国家峰会的主题十分恰当。

预计，到 2015 年，金砖国家和非洲国家间的贸易总额将达到 5 000 亿美元，中国大约占其中的 60%（3 000 亿美元）。

四、结论

世界上一些最大经济体疲软的宏观经济形势加剧了世界经济的脆弱性，影响了新兴市场国家的经济发展前景。作为世界上最大的新兴经济体，金砖国家必须设法避开过去四年全球经济低迷、国际贸易减少和经济活动萧条所带来的不利影响。

由中国引领的金砖国家已转向内部合作和互助。更多证据表明，金砖国家已经将目光转向非洲。如果用指数衡量金砖国家的贸易，这些转变将变得十分明显。从2001年起，金砖国家间相互贸易增长速度快于金砖国家与世界上任何集团或国家的贸易增长速度（见图7）。金砖国家与非洲国家之间的贸易与增长速度也远快于金砖国家贸易增长速度，甚至快于金砖国家与新兴市场国家贸易增长速度。

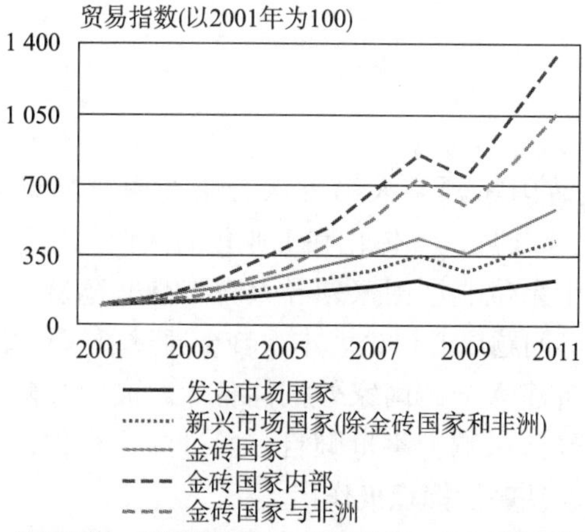

数据来源：国际贸易中心；当地数据；南非标准银行研究

图7　金砖国家间贸易和金砖国家与非洲贸易

在上述转变中，金砖国家间的竞争多过合作。要提出一项集体议程，金砖国家必须开辟新的合作领域和发展新的共同利益。金砖国家在教育、医疗卫生、农业、资源管理、城镇化和基础建设等领域都存在着外交和经济利益重叠。因此，德班峰会提供了一个良好的商讨机会，使金砖五国在多极化的全球经济中继续加强其作用。

（陈　澄　周　波）

金砖国家加强合作，推进全球经济治理改革*

3 月 26—27 日，金砖国家领导人第五次会晤在南非德班举行。此次会晤以“金砖国家与非洲：致力于发展、一体化和工业化的伙伴关系”为主题。金砖五国领导人、非盟领导人及十余位非洲国家领导人齐聚南非德班，就金砖国家开发银行、非洲基础设施建设等问题展开讨论。本次峰会通过了《德班宣言》，并就建立金砖国家开发银行、筹备建立金砖国家外汇储备库、成立金砖国家工商理事会达成原则协议。金砖国家经济影响力举世瞩目，通过深化合作，必将为建设更加公正合理的国际政治经济新秩序发挥积极作用。

一、金砖国家经济影响力举世瞩目

由中国、印度、俄罗斯、巴西、南非组成的金砖国家经济影响力不断增强，其经济总量、经济增长、经贸影响和外储规模表现出超群的实力和广阔的前景。

（一）金砖国家成为拉动世界经济增长的重要引擎

近十多年来，特别是后金融危机时期，金砖国家的经济成就举世瞩目，金砖国家成为拉动全球经济增长的重要引擎。

一是经济总量跃居世界前列。金砖国家占全世界 GDP 的比重不断上升。2012 年新兴经济体 GDP 合计增长 7.4%，至 29.1 万亿美元。其中，金砖五国 GDP 总量达 15.1 万亿美元，接近美国 GDP 的规模。从经济规模看，金砖国家已与美国、欧盟相当。

二是经济增长保持全球领先。后金融危机时期，特别是 2011 年以来，金砖国家对世界经济增长的贡献率超过 30%。若以购买力平价计算，据 IMF 统计，最近 5 年世界经济增长的 70% 来自新兴市场与发展中国家，超过 50% 来自于金砖国家。

* 本文写于 2013 年 3 月。

从经济活力看，金砖国家已成为拉动全球经济的重要引擎。

（二）金砖国家贸易对国际贸易有重要影响

近年来，金砖国家贸易额占全球贸易总额的比重显著上升。2012 年，金砖国家贸易总额达 5.6 万亿美元，接近全球贸易总额的 16%，5 年间上升了 10%，自 2000 年来，金砖国家贸易增长率一直领先于其他新兴经济体。

金砖五国间贸易的快速增长，也增强了金砖国家贸易对国际贸易增长的拉动作用。2012 年金砖五国间的贸易额达 3 100 亿美元，比 2002 年的 280 亿美元增长 11 倍多。2001 年以来，金砖国家间贸易的增长速度高于金砖国家与全世界其他经济体的贸易增长速度。

（三）金砖国家外汇储备余额占比不断增加

2000 年以来，金砖国家与发达经济体外汇储备余额占全球外汇储备的份额发生了较大变动，主要特征是金砖国家的份额明显加大，而发达经济体的外汇储备持有比重则显著下降。

截至 2012 年年底，金砖国家外汇储备余额合计约 4.56 万亿美元，占全球外汇储备余额的比重超过 35%，占新兴经济体外汇储备的比重超过 50%。而 2000—2009 年，七国集团和欧元区经济体则分别从 27.8% 和 11.1% 下降至 15.3% 和 2.4%。

（四）金砖国家发展潜力巨大

“金砖之父”奥尼尔预测，2013 年，金砖国家经济的整体表现将优于 2012 年；2014 年，金砖国家经济总量将超过美国。

国际货币基金组织最新预测也显示，2013 年，新兴市场国家经济增幅将达到 5.5%，其中以金砖国家为代表的新兴市场国家占全球 GDP 的比重将上升至 50.82%，首次超过发达国家。发达国家与新兴市场国家经济实力的新格局在加快形成，其对全球治理体系的影响不容小觑。

二、金砖国家积极参与全球治理

2008 年全球金融危机后，金砖国家积极参与国际经济协调，为世界经济复苏发挥了重要作用，同时国际影响力也不断扩大，推动了全球经济治理朝着有利于新兴经济体和发展中国家的方向发展，金砖国家在全球治理结构中的地位得到改善。

（一）金砖机制的形成与发展

全球金融危机后，世界经济格局发生了显著变化，金砖国家作为一个多边合作机制开始登上国际舞台。加强相互间合作、协调参与国际事务的立场成为金砖国家的不二选择。为提升对话层次和质量，金砖国家设立了领导人峰会、财长和央行行长对话会议、经贸部长会议以及外长和安全事务高级代表会议，同时五国常驻多边机构代表还不定期举行非正式会议等。其中，作为该机制核心的领导人峰会尤令世人瞩目。峰会主题聚焦当年全球宏观经济治理的热点问题，所涉议题从国际经济形势、经济增长、国际金融机构改革，到全球治理以及金砖国家合作等，历次峰会均取得重要成果。

深化金砖长效合作机制不仅有利于巩固、深化彼此间的合作，还便于形成统一立场，表达共同利益诉求，扩大本国和金砖国家整体的国际影响力。

（二）金砖国家在世行和 IMF 中的话语权有所提升

随着经济规模的扩大，金砖国家在国际事务中的重要性日益增加，并积极推动 IMF 和世行份额和投票权改革，话语权得到显著提升。

IMF 2010 年底提出的份额和投票权改革方案将超过 6% 的份额由发达国家和石油生产国转移给新兴市场国家。份额调整后，中国、印度、俄罗斯、巴西在 IMF 的份额都有所上升，均成为 IMF 的前十大股东，中国则成为第三大股东。截至 2012 年 8 月，金砖国家在 IMF 的份额和投票权分别达到 11. 5% 和 11. 0%，分别比 2006 年 IMF 新加坡会议前提升了 1. 5% 和 1. 2%，2010 年改革完成后，还将分别继续提升至 14. 8% 和 14. 1%。

世行 2010 年通过的投票权改革方案，将 3. 13 个百分点的投票权从发达国家转移给发展中国家，金砖国家的投票权升至 13. 1%，较改革前提高 1. 8 个百分点。其中，中国一跃成为第三大股东国，仅次于美国和日本。

三、金砖国家在全球经济治理中仍面临巨大挑战

（一）金砖国家机制化建设有待进一步推进

从新兴经济体的外部环境看，金砖国家在许多合作领域仍受发达国家的掣肘。一方面，发达国家长期主导国际经济秩序，面对新兴国家的崛起，担心其在全球经济治理中的领导地位受到挑战，而对单个国家施加影响来分化金砖国家。另一方面，金砖国家的主要贸易伙伴仍是欧美日等发达经济体，因而对发达国家的依存度还很高。这些外部因素的叠加增加了金砖国家建立紧密高效的合作机制的难度。

从金砖国家内部条件看，金砖国家在各自的产业结构和贸易领域还存在一定的竞争关系，此外，金砖国家内部发展极不均衡，地理上相对分散，缺乏共同的价值观也对金砖国家深化合作有一定的离散作用。

此外，金砖合作机制是新兴国家将日益增长的经济实力转化为国际政治影响力的一种实践，目前机制化程度仍不高，仍属于对话协商的软约束机制。

（二）金砖国家的话语权有待进一步增强

尽管世行和 IMF 改革方案的成功反映了金砖国家为代表的新兴国家在全球多边经济治理体系中的地位和话语权的提升，但少数发达国家的投票权依然占据绝对优势，美国拥有实际否决权的事实并没有改变。且 IMF 改革进展迟缓，至今没有得到实质性落实。

金砖国家需加强内部协调，应积极利用 2015 年世行和 IMF 重新审议投票权改革的机会，推动世行和 IMF 第三阶段投票权改革，进一步提升金砖国家成员国在上述机构中的话语权和影响力。2010 年 4 月 19 日世行发布的《世界银行集团投票权改革方案》虽然对 2015 年重新审议进行了粗略说明，指出会提出一个更加透明、动态和基于规则的份额计算公式，并原则上支持投票权向发展中及转型国家转移，但报告也指出，并非每次审议都一定会进行投票权份额的调整，所以推动下一阶段改革更需包括金砖国家在内的新兴经济体和发展中国家的一致努力。

此外，由于两大机构人事制度特别是高级领导层的遴选与任命机制不透明，缺乏规范的标准和程序，世行行长和 IMF 总裁分别由美国人和欧洲人担任的惯例仍未打破。金砖国家需加强内部协调，积极推动增加中高层管理人员中新兴和发展中国家的人选比例，制定公平合理的行长和总裁任职资格和选拔程序。

四、几点思考

（一）金砖国家的政治经济影响力与其经济实力不匹配

金砖国家经济成就令世人瞩目，但金砖国家的政治影响力和经济影响力与其经济实力并不匹配。

作为多极化世界的新兴力量，为建立更加公正合理的国际经济新秩序，金砖国家还应作出更多努力，以在全球经济治理机制中扮演更加重要的角色。一方面，金砖国家应积极宣传这种高增长、更加平衡、更具包容性的经济发展经验，这将对提升金砖国家的国际形象起到积极影响。另一方面，金砖国家应夯实内部合作机制基础，并应以开放性原则吸收愿意向金砖国家靠拢的新兴市场国家，以不断提高金砖机制的代表性和影响力。

（二）积极推动金砖国家的机制化进程

德班峰会在金砖国家机制化方面取得了积极成果。《德班宣言》称，金砖国家的发展目标是“成为就全球经济和政治领域的诸多重大问题进行日常和长期协调的全方位机制”。如果金砖国家合作机制要致力于解决全球性问题，还应有具体的执行机构进行协调，将金砖国家间的合作机制制度化和组织化，以进一步推动金砖国家的机制化进程。设立金砖国家开发银行、外汇储备库和金砖国家理事会标志着金砖国家机制化进程取得重大进展，但在一些操作细节上仍迟迟无法达成一致，表明金砖五国仍需互谅互让，求同存异，加强协调；做到既有战略规划又要落至实处，不断推进机制化建设。

（三）继续深化贸易领域的务实合作

当前，金砖国家经贸合作方面增长较快，成绩斐然。近期，奥巴马政府同时推进以 TPP 和跨大西洋贸易和投资伙伴关系（TTIP）为两翼的贸易和投资伙伴关系，力求构筑其在 WTO 之外的高标准的面向 21 世纪的全球贸易新格局。为巩固和发展金砖国家贸易方面的务实合作，金砖国家似应适时推进双边和多边自贸协定谈判进程，推进贸易自由化和投资自由化进程。

（四）深化合作领域，推动“共享式”发展

金砖国家面临许多共同挑战，在教育、医疗卫生、农业、资源管理、城镇化和基础建设等领域也有共同利益。尽管五国各自发展水平不均衡，政治和社会的意识形态各异，但共同利益将五国聚集在一起，使得务实合作、求同存异的“共享式发展”成为可能。

当前，金砖国家应继续探索新型合作机制，创新合作模式，以经贸合作为基础，继续扩大在资源能源、基础设施建设、农业开发、社会保障等领域的务实合作。

（五）中国应在金砖国家合作机制中发挥引领作用

金砖国家对中国的对外战略有重要意义。寻求多边影响力是强国理念中不可或缺的因素。金砖合作机制将加重中国在联合国、G20、世行、IMF、世界贸易组织等国际组织决策和谈判中的筹码，为构建更加公正合理的国际政治经济新秩序提供一定基础。同属于发展中国家的金砖国家，也将是中国很好的合作伙伴。金砖国家合作机制目前仍处于一种“群龙无首”的状态。中国在其中扮演了经济引领者的角色，但在政治议程上还需在主题议题设计、凝聚共识、探索金砖国家合作新模式等方面深入挖掘并发挥引领作用。

（乔　慧　燕晓春）

“东亚区域合作：挑战与对策”研讨会观点综述*

2013 年 6 月 27 日，财政部亚太财经与发展中心北京分部（下简称“亚太中心”）举办了主题为“东亚区域合作：挑战与对策”的研讨会，18 位来自财政部、外交部、人民银行、商务部等政府部门的相关官员及国研中心、中国社科院、上海国际问题研究院、北京大学、人民大学、厦门大学、云南大学、广西大学等机构的专家学者与会。会议就“东盟经济一体化：前景与影响”、“10 +3 财金合作：现状与前景”、“大国博弈与东盟选择”、“东亚经济合作新动向：挑战与对策”等四项议题展开了深入探讨与交流。

会议认为，东盟一体化建设将于 2015 年按计划完成，但一体化标准和质量或会打上折扣；10 +3 财金合作取得了一系列积极成果，已成为东亚区域财经合作的主渠道，但也面临主要参与方利益诉求不同和域外大国干预等方面挑战。世界大国不断加大对东盟投入，东盟在大国间搞平衡的难度加大。面对复杂区域形势，我国应加强对东盟合作的整体规划，处理好与各大国以及东盟成员国的关系，继续推进全方位合作，做到“有取有予”，并承担大国应尽的责任。

现将研讨会主要观点综述如下：

一、东盟在东亚区域合作中起主导作用

（一）东盟经济一体化逐步推进

东盟经济一体化进展顺利，预期将于 2015 年按计划完成三大共同体①的建设目标，但一体化标准和经济合作质量或会打上折扣。在剩余的两年多的时间里，

* 本文写于 2013 年 7 月。

① 东盟经济共同体（AEC）、政治与安全共同体（APSC）、社会与文化共同体（ASCC）。

东盟经济一体化总体上会逐步推进并能基本达到目标，但完全实现目标的可能性不大。各国一体化的进展不一，总体看东盟互联互通程度会有所上升，取消非关税壁垒会相对缓慢。根据第 22 届东盟峰会发布的信息，截至当前，东盟经济共同体目标仍有 23% 尚未完成，主要包括互联互通、跨境贸易便利化、交通协议等关键环节。最终实现东盟经济共同体的关键在于成员国经济决策权是否可以让渡，或者让渡到什么程度。

（二）东盟区域一体化加速发展

近年来，东盟国家经济迅速崛起，区域一体化加速发展，东盟在世界和亚太地区的经济地位不断提升。东盟是世界上和亚太地区人口第三大的国家和地区（仅次于中国、印度），是世界第五大（仅次于欧盟、美国、中国、日本）和亚太地区第四大经济体、发展中国家第二大经济体（仅次于中国，超过巴西），是世界第四大（仅次于美国、中国和德国）和亚太地区第三大进出口贸易地区。以东盟为核心、多层次的区域化形式，包括东盟域内经济一体化、东盟与域外国家自由贸易区、东盟成员国与域外国家双边或多边自由贸易协定纷纷出台。东盟在区域一体化过程中发挥着主导作用。

（三）东盟一体化直接影响东亚区域合作

区域内的关税税率下降以及非关税壁垒的减少，各成员国的国内市场向统一的大市场转换，形成新的国际分工和生产经营的专业化，区域内的市场竞争也将进一步加剧。东盟各国经济规制的完善、贸易壁垒的减少和交通网络的形成，为中国—东盟经贸合作的自由化和便利化创造了良好条件，但也有可能削弱中国在东亚地区一体化进程中的影响力。区域“抱团”与区域内“分化”会对亚太格局带来更多的变数。

总体上看，东盟一体化进程将继续推进，但其“协商一致”、“弱制度化”等基本特征不会发生大的变化。东盟作为一个区域性组织，对东南亚区地区局势的影响力会增加，但有效性难有实质突破。东盟将会在经济和社会文化领域发挥更多的作用，功能性领域的合作将会得到增强。

二、10 +3 财金合作是东亚财金合作的主渠道

（一）成果丰硕，意义重大

自 1999 年启动以来，10 +3 财金合作取得丰硕成果。各方在建立区域多边资金救助机制、增强区域经济监测能力和促进亚洲债券市场发展等重点领域开展了

务实合作，推动了清迈倡议多边化（CMIM），建立了10+3宏观经济研究办公室（AMRO）并将升级为国际组织，启动了亚洲债券市场发展倡议（AMBI），设立了区域信用担保与投资基金（CGIF）等。为增强本地区抵御风险能力、维护区域经济金融稳定、凝聚东亚共识、促进区域一体化发挥重要作用，10+3财金合作已成为东亚区域财金合作的主渠道。

（二）未来发展机遇与挑战并存

一是面临重要机遇。区域经济一体化进程的推进为深化合作提供了重要的驱动力。2011年东亚区域内商品贸易依存度已上升至54.1%，直接投资依存度则上升至29%，区域整体经济实力不断增强，10+3地区2012年经济增长4.9%，高于世界平均水平，已成为全球最具活力的地区。区域经济的进一步整合和深化，为10+3财金合作深化发展奠定了坚实的物质基础。同时，10+3成员国具有推进财金合作的政治意愿，已初步形成了通过合作维护地区经济和金融稳定、推进地区一体化的共识。中日等区域大国，重视区域财金合作，虽在本质上是为了扩大自身的影响，但客观上有利于推动合作深化发展。我国与东亚国家经贸合作快速增长，2012年，与东亚国家贸易额占我国外贸总额的26%，与东亚国家非金融类直接投资增速高达78%，我国有能力在区域财金合作中发挥建设性作用，实现“深耕亚太、经略周边”的目标。二是面临诸多挑战。各成员国政治经济体制、经济发展水平、金融市场发育程度等仍存在巨大差异，经济一体化程度受限。同时，各主要参与方的不同利益诉求和地缘政治博弈影响了合作的发展速度和实现方式，各方都希望合作朝着有利于自身的方向发展。部分成员国间历史遗留问题和领土领海争端，也为合作带来了一些不确定因素。美国等域外大国通过东亚峰会等加大对亚洲区域事务的干预和影响。

（三）10+3财金合作应加强全球视角，统筹规划

一方面可以通过区域合作杠杆效应撬动中国在全球的利益；另一方面，在推进区域合作时需要综合各方因素，从全球角度综合考虑利益安排和战略布局。10+3财金合作是东亚区域合作的有力抓手，后续的合作应在全球背景下通过深化与IMF、WB、ADB、WTO等全球和区域机制的合作，以此为杠杆来争取中国在国际机构中的利益。

其一，继续落实和深化资金救助和债券市场等领域的合作。以CMIM为例，目前储备库已具备相当规模，危机预防和救助功能进一步完善，作为配套设施的区域监测机构也已经建立，但储备库尚未实现资金的实际汇集，且各方承诺出资均为美元。我们必须开展使用本币向储备库出资的研究，为人民币走出去创造更多渠道，也可以探索将部分资金实际汇集起来统一管理的可行性。尽快推动将AMRO

升级为国际组织，并继续加强其机构能力。从长远看，建立更高层次的区域危机救助机构符合地区利益。在亚洲债券市场倡议方面，考虑到当前区域金融市场发展水平和经济一体化程度，区域金融市场一体化是一个长期的过程。因此，在短期内仍将着重促进债券品种和投资主体多样化，完善债券市场基础设施，推动各国债券市场，以及区域债券市场的发展和完善。

提高 CMIM 资金库的出资份额。中国经济总体情况良好，且拥有 3.4 万亿美元的外汇储备。为在亚洲地区发挥更大作用，营造更好的周边环境，我国可积极支持调整 CMIM 的出资份额。目前，CMIM 2 400 亿美元的资金库只占 10 +3 成员体经济总量的 3%，从欧债危机经验来看，2 400 亿美元资金对该区域应对危机远远不够。目前欧洲金融稳定机制（EFSM）资金额已占成员体 GDP 5%。对 CMIM 来说，2015 年是关键的时间点，中国应做好提高出资份额的准备，加强与其他成员体的沟通和协调，使我国出资份额最终超过日本，达到第一位的目标。

其二，积极开拓新的合作思路和领域，特别是启动基础设施融资领域的合作。东亚许多国家经济发展长期受到基础设施瓶颈的制约，部分国家在基础设施融资领域有大量资金需求，但供给缺口巨大。据亚行测算，2010—2020 年，东亚基础设施领域投资需求约为 5.5 万亿美元，基础设施互联互通建设已成为当前各方关注的重点。东盟制定了互联互通规划，中、日、韩也积极投身相关领域建设。我国处于亚洲中心位置，亚洲互联互通在很大程度上是与我国联通，我国积极参与相关合作，有利于发挥在基础设施建设领域的比较优势，加快实施我国企业走出去战略，推动产业向外转移和资本输出。我们要积极研究筹建区域基础设施融资平台的模式和路径，为落实我国中长期发展规划提供区域性辅助平台。

其三，权衡和灵活使用多边和双边渠道。在多边机制下，很多问题难以掌控，双边相对较为灵活和快捷，为避免一些国家对于中国在多边合作中主导权的防范心理，可采取与几个国家同时进行双边金融合作。从 2009 年开始央行推行跨境贸易人民币试点，从贸易到投资一步步放开政策，为人民币国际化起到了积极作用，也避免了高调声张人民币国际化引发他国戒心而带来负面影响。

其四，区域财金合作要选择好时机。2006 年，日本在“10 +3”机制下试图推行亚元。为防止当时实力强于中国的日本占据优势并巩固其既有利益，我国认为时机并不成熟，未予支持。关于人民币问题，今后不仅要考虑周边，还要考虑全球布局和时机选择，中国前段时间与英国签署了双边本币互换，未来还可能与七国集团其他相关国家开展合作。

其五，加强国际财金干部队伍的培养和建立国际人才自由流动机制。我国在包括 AMRO、WB、IMF 等机构在内的中高级职位代表性仍不足，急需加强国际人才队伍的培养和储备。同时，应建立人才在政府任职和派驻国际机构任职之间的流动机制。我国应特别准备好向 AMRO 输送中高级人才的工作。

三、大国博弈对东亚合作影响加大

（一）大国对东盟的战略特点及影响

随着亚太经济蓬勃发展，世界大国都希望能搭乘经济发展便车，纷纷参与到东盟博弈当中，而当前各大国在东盟的博弈手段和特点各不相同。中国依然是与东盟合作的领跑者。美国从2012年6月份提出了“亚太再平衡战略”，覆盖了政治、军事、经济及其他领域；而日本则通过投资与援助以及次区域合作机制等，试图维护其在东南亚的“经济与安全双轴心”地位；俄罗斯继续发挥其传统优势，以军事和能源为抓手，加强与东盟的互动往来；欧盟则注重加强区域对区域的合作，通过欧盟和东盟峰会等加强彼此间的对话合作；至于印度和澳大利亚，则注重借助东亚峰会成员国的身份，试图增强其在该地区的话语权。

这种多重博弈会给地区甚至世界格局带来深远影响。首先，从地区层面来说，大国在东盟的介入以及力量的此消彼长无疑会使得地区呈现更加错综复杂的局面，甚至会出现单极化与多极化并行发展的态势，且能派生出众多机制安排，如东盟峰会、10+X峰会、博鳌亚洲论坛、香格里拉对话、TPP、RCEP、中国东盟FTA等等，这些纷繁复杂的机制在一定程度上会干扰东亚区域一体化的走向，给东亚合作进程平添许多不确定性因素。

（二）东盟与中国的选择

东盟在大国之间搞平衡的能力有限。如果大国发生对抗，东盟将难以协调大国的矛盾；如果大国之间实现密切合作，则东盟的主导权也会自动失灵，从而有可能发展出另一种非东盟主导的新均衡。因此，东盟可以采取四点措施：对外平衡各方，追求实利；对内完善机制，加强能力建设，弥合成员分歧；推进经济改革，整合东盟内部市场；认清长远发展态势，依靠域内，走一体化道路。

美国“亚太再平衡战略”根本目的是维持美国全球霸权地位尤其是亚太地区主导地位，以TPP为抓手，拉拢地区相关国家加紧推进亚太经济合作。因此，我国推动亚太合作的不确定因素在增多。随着我国的快速发展，周边国家在加大对我国倚重的同时，对我国的疑虑和防范也有所上升，领土主权和海洋权利的争端升温，不时给东亚合作带来干扰。当前中国—东盟关系的基本态势是政经分离，呈现出一种不对称的伙伴关系，即东盟政治和安全上不信任中国而继续依赖美国，在经济上则愿意与中国加强合作，既想谋取经济利益，又担心过于依赖中国，对华表现出明显的“近而不亲”。

我国需明确自身的战略目标和实现这些目标的路径。要不断增强综合国力，提升对东盟的吸引力。另外，要加强对东盟合作的整体规划，处理好与各大国以及东盟成员国的关系，继续推进全方位合作，做到“有取有予”，承担大国应尽的责任。

四、东亚区域合作趋势及给我国带来的挑战

近年来，东亚区域合作出现了许多新动向，在双边贸易协定层出不穷的同时，更宽泛的次级型、跨洲型经济合作构想不断推出，东盟倡导的 RCEP、美国主导的 TPP、中日韩自贸区建设等正进入实质性谈判阶段；与此同时，东亚格局正发生显著变化，这种复杂的地区合作态势无疑给我国的政策选择带来新的考验。

（一）TPP 的战略意图及中国的战略调整

TPP 是美国“亚太再平衡”战略蓝图中在经济合作方面提出的新型战略构想。美国对亚太的战略，从传统的强调军事和安全转向打经济牌，主要意图不是为了寻求短期经济利益，而是要重塑长期话语权和领导力。从传统上讲，美国在东盟地区维持长期的军事存在，最终目的在于维护政治和军事霸权，美国“亚太再平衡”战略以及力推 TPP，毫无疑问是美国试图在巩固传统的政治和军事基础上增添经济这道保险。

中国应以开放的态度对待 TPP，并应择机主动参与 TPP 进程。在美国回归亚洲后，中国也应在战略上作出相应调整，即实行东西平衡战略，特别是西进战略①；实施走出亚洲、走向海洋战略；发展新型大国关系，加强公共外交；突出自身在全球治理中的地位和价值。

（二）RCEP 对中国的机遇、挑战及应对

区域全面经济伙伴关系（Regional Comprehensive Economic Partnership，RCEP）是一种新型模式的经贸规则尝试，是一种渐进式、包容性、差异性的贸易制度安排。中国积极融入并推进 RCEP 进程意义重大：一是能够有效调解成员国关于 10+3、10+6 等路径选择的争端，找出一条易被各方接受的方案，实现该区域自贸区建设的实质性整合，为我国提供更大的区域合作平台，对有效实施我国自贸区战略有重要意义；二是可以扩大我国从贸易区建设中的经济利益。我国已经在与东盟 10 国的合作中获益，也与澳大利亚和韩国签署了双边自贸协定，加入 RCEP 还会进一步扩大对这些国家的出口，吸引外资，更好地推进中国企业“走出去”战略的实施；此外，加入谈判对于推进我与相关国家的睦邻友好也有着积极的

① “西进”战略主旨是要加强中国在中亚、南亚和中东的存在。

意义。

尽管加入RCEP的机遇巨大，但其中的困难和挑战仍不可轻视。第一，参与RCEP的谈判在一定程度上意味着中国联合东南亚主要国家抗衡TPP，政治排他性可能加剧经济排他性，美国必将从中予以阻挠。第二，由于谈判国家基本诉求和经济发展水平有着巨大差异，且经济一体化进程一向与历史、政治、外交紧密联系，谈判过程将任重道远。第三，在谈判过程中，RCEP成员内部协调的难度大于对外谈判，而中国能否争取主动，关键在于改革开放的决心和实施效果。中国积极推进RCEP的进程总体上对中国和亚太区域的政治经济发展还是利大于弊。在参与RCEP的16国当中，有不少都是与中国有着政治、领土和领海争端的国家，通过经济合作达到政治稳定，不失为一种促进地区稳定、整合区域力量的重要渠道之一。

（三）中国周边区域合作态势与中国战略选择

对于中国来说，东亚合作具有重要意义，因而必须加以推动。但中国身处四个次区域（东北亚、东南亚、南亚和中亚）之间，不能过于高估东亚地区的战略价值而忽略了其他次区域的开发。相反，中国与中亚、西亚合作同样具有重大战略价值和开发价值。

对于未来中国的战略选择包括：一是要始终保持中美关系最基本的稳定，尝试建立新型大国关系；二是要以中韩经济合作作为突破口，加快推进中韩FTA的建设进程，提升与韩国的战略合作伙伴关系；三是以次区域合作推动区域合作，除了中国周边的东北亚、东南亚、南亚和中亚四个次区域外，还可以加强一些次次区域的开发，例如湄公河开发等；四是要尽力维护东盟内部团结，中国与一个团结的东盟加强合作一定可以提高合作的效率和影响。

五、新形势下我国对东亚合作的总体思路

面对东盟一体化不断推进的形势，我国应坚持视东盟为周边外交的优先方向，继续支持东盟的发展和融合，支持东盟共同体建设及其在东亚合作中继续发挥主导作用。积极推动东盟内部的互联互通，推动中国—东盟的经济合作，同时，应积极参与东盟的政治安全对话，拓展社会文化领域的合作。我国应加大对东盟的政治和经济投入，也要有更多的制衡和制裁手段，并稳妥处理与东盟间出现的问题。创造共同利益并合理分配，提升相互依存度，应是未来对东盟工作的主要思路。我国对东亚合作的思路可概括为“一二三四”：

一是“一个中心”。东盟作为东亚合作的中心，我国应继续加大对东盟的投入，应从战略上拉住和稳住东盟，同时，旗帜鲜明地支持东盟在东亚区域合作中

的主导地位，把东盟推向前台，充分发挥其协调作用，更好的平衡各方利益。

二是“两轮驱动”。在东亚区域合作中，要着眼长远，坚持两条腿走路，协调发展。在工作对象上，既要做好东盟工作，也要加强与美国、俄罗斯等大国的协调；在合作领域上，要补其短板，逐步实现经济和安全领域合作的均衡发展；在合作的路径上，要双边、多边结合相互促进，互为补充。

三是“三件大事”。第一件是推进地区经济一体化，大力推动 FTA 建设，深化中国东盟 FTA，积极推进中韩、中日韩 FTA，以及 RCEP 等谈判；第二件是加强互联互通合作，既要推动基础设施和产业布局等硬件的联通，也要抓好制度对接和人文交流等软件联通，同时，以互联互通为抓手推进区域金融合作，为人民币更多更快走向周边开辟更多渠道；第三件是推进海上合作，用好“中国—东盟”海上合作基金，全面推进海上互联互通、海洋经济、科研环保、航道安全等领域的合作，用合作淡化分歧，用合作加强共识，本着互利共赢的精神，探索我国的海洋外交制度。

四是“四个平台”。重点是发挥 10 +1、东盟与中日韩（10 +3）、中日韩和东亚峰会等四个机制的优势，大力推动各领域务实合作。在具体布局上，10 +1 是基础，10 +3 是主渠道，中日韩合作为主动力，东亚合作则是大国互动的主平台。

总体而言，当前复杂多变的东亚区域合作态势给我国提出了严峻的挑战，但也有难得的战略机遇，关键在于国家发展和灵活的对策。把握机遇的根基是办好国内的事情。

（胡振虎　宋　馨）

对“区域全面经济伙伴关系”的观察与思考*

近年来，东亚和东南亚区域合作蓬勃发展，逐步形成了东盟 +1、东盟 +3、东盟 +6、中日韩、东盟峰会、TPP 等多头主导，多个机制并存的区域合作态势。2013 年，东盟倡导的“区域全面经济伙伴关系”（Regional Comprehensive Economic Partnership，RCEP）正式启动磋商，标志着东亚区域经济合作迈上新台阶。本文将就该机制的主要内容及影响作出简要分析。

一、RCEP 相关背景

RCEP 由东盟发起，在 2012 年 12 月东亚峰会上正式提出，成员包括文莱、柬埔寨、印度尼西亚、老挝、马来西亚、缅甸、菲律宾、新加坡、泰国、越南等东盟十国，以及中国、日本、韩国、澳大利亚、新西兰、印度等国。RCEP 旨在通过减少或消除关税和非关税壁垒，推动成员国之间开放市场，最终建成包括上述 16 国在内的自由贸易区。

目前，东盟已与上述 6 国分别签署了 5 份自贸协定，其中澳大利亚和新西兰共同签署一份协定。RCEP 谈判将于 2013 年 5 月启动，预定于 2015 年年底前完成。自贸区建成后，将涵盖 35 亿人口，GDP 总和约为 23 万亿美元，分别占全球总量的一半和三分之一，有望成为全球最大的自贸区。东盟计划在 RCEP 建设取得一定进展后，再与美国、俄罗斯等国探讨加入事宜。

RCEP 是在经济全球化、区域经济一体化潮流下提出的。目前，世界贸易组织（WTO）多哈回合谈判已陷入困境。各国为应对全球化挑战，保持竞争力，在全球发展中占据有利位置，积极参与和推动区域贸易合作，几乎每个 WTO 成员都参加

* 本文写于 2013 年 4 月。

了一定的区域贸易机制（RTAs/FTAs）。区域经济一体化越来越成为全球经贸合作又一重要趋势。

东盟积极推动 RCEP 是出于多方面的综合考虑。近年来，东亚区域合作呈现多重机制竞争态势。在 RCEP 架构下，有利于东盟巩固其主导作用，密切成员国经济联系，提升凝聚力，对抗中日韩自贸区以及跨太平洋战略经济伙伴关系协定（TPP）可能带来的影响。东盟期待通过整合和优化 5 个自贸协定，改变区域贸易体系繁冗、规则操作不便的状况，尽快建成具有更高标准的单一自由贸易区。

RCEP 预计于 2015 年年底完成谈判，之后进入实施阶段，而东盟经济共同体（AEC）也将于 2015 年建成，为 RCEP 的组建提供了有利条件。从整体实力衡量，东盟与中国、日本等域内大国存在一定差距，但“10 + 1”自贸协定及其实施为 RCEP 奠定了有利基础，域内各国均支持东盟发挥主导作用，合作条件相对成熟。RCEP 在考虑不同成员的适应能力和可行性前提下，采取逐步推进和适当过渡的方式推动，“门槛”相对适中，有较强的现实性和可操作性。因此，各方目前对于 RCEP 普遍持比较乐观的期待。

二、RCEP 基本架构

2012 年东亚峰会通过了 RCEP 谈判的指导原则和目标。RCEP 强调东盟的核心地位，目标是达成一个现代、全面、高品质、互利互惠的经济协定，将涵盖经济与技术合作，涉及货物贸易、服务贸易、投资、经济技术合作、知识产权、竞争、争端解决和其他相关事宜。RCEP 谈判主要遵循以下指导原则：

（1）RCEP 将与世界贸易组织协定（WTO）保持一致，包括关贸总协定第二十四章和贸易服务总协定第五章。

（2）RCEP 将立足于东盟与自由贸易伙伴国已经达成的 5 个“东盟 +1”自贸协定，再进一步扩大和深化自贸协定取得的显著进展，同时充分考虑成员国各自不同的环境。

（3）RCEP 将囊括便利贸易投资，扩大贸易透明度及成员国之间投资关系的规定，也将包括方便成员国参与全球及区域供应链的规定。

（4）考虑到成员国不同的发展水平，RCEP 将包含适当的灵活机制，如给予特殊和差别待遇，以及对东盟最低发展水平成员国给予额外灵活机制，这些规定将与现有的“东盟 +1”自贸协定保持一致。

（5）“东盟 +1”自贸协定和成员国之间的双边/多边协定将继续存在，RCEP 协定将不会有损于参与国之间双边/多边协定的规则。

（6）尚未参与 RCEP 磋商的东盟自贸区合作伙伴，根据所有其他参与国一致同意的条款与条件，可以允许加入谈判。RCEP 协议也将有一个开放的加入条款，便利没有参与 RCEP 谈判的任何东盟自贸区合作伙伴以及 RCEP 磋商结束后的其他外部经济伙伴的参与。

（7）基于“东盟 +1”自贸协定，有关技术援助和能力建设的规定将作用于 RCEP 的发展中和最不发达国家，从而帮助各方都能充分参与协商，在 RCEP 架构下履行义务，享有权益。

（8）有关货物贸易、服务贸易、投资和其他领域的谈判将同时进行，以便确保达成全面均衡的成果。

三、RCEP 面临的问题与挑战

普遍认为，一旦 RCEP 自贸区建成，将成为“亚洲共同体”的雏形，对于亚太区域经济合作有重大影响。但能否按预期推进，仍有很大的不确定性。

（一）RCEP 建设条件仍未完全具备

RCEP 的建成需要两个前提：一是东盟 10 国内部及东盟与其他 6 国之间都实现自由贸易；二是中、日、韩、印、澳、新 6 国之间也达成自由贸易。目前，前者进展相对顺利，东盟 10 国已分别与 6 国签署了自贸协定，东盟内部的自由贸易也有望在 2015 年实现，但后一环节仍面临很大困难。对于 RCEP 架构下市场开放可能带来的冲击，由于各国发展阶段不同，适应能力相差比较大，一些经济结构单一脆弱的国家对市场开放的态度非常谨慎。另外，东亚国家在历史认知上有很大分歧，在领土领海方面也争执不断，削弱了相互间的信任度，有可能影响区域合作的进程。

（二）不同自贸协定的整合过程比较复杂

RCEP 将在整合目前的 5 个“东盟 +1”自贸区基础上建设。这 5 个自贸协定的开放程度都高于 WTO，具体内容由于伙伴国不同而千差万别。如商品贸易方面，不同协定有不同的关税减让项目及税率，不同国家关税减让程度不同，同一国家对不同的签署国减让标准也可能不同，需要通过谈判加以整合；服务贸易及投资方面，东盟与中国、韩国、新西兰及澳大利亚协议中有所涉及，但与日本和印度尚未签订有关条款，已签订的在国民待遇、市场准入等方面的开放程度也需要统一。如何整合这 5 个协定对参与各方都是一项复杂艰巨的工作。

（三）短时期开展多领域的多边磋商协调难度较大

对东盟来说，东盟经济共同体是 RCEP 建设的基础和主导力量，其优先建设方向包括电子、旅游、电信、航空运输、医疗保健、物流服务、金融服务业等领域，都将成为 RCEP 谈判进程的重要议题。各方期待 RCEP 在 2015 年建成，但 RCEP 涉及 5 个单独的协定、16 个国家，成员国发展阶段不同，涵盖诸多合作领域，在两年之内完成协商几无可能。

（四）区域不确定性因素可能影响协商进程

近年来，亚太区域格局日新月异，中国快速崛起，美国“重返亚太”，日本寻求“政治地位”，区域政治经济格局错综复杂，10+1、中日韩、RCEP、TPP 等多个贸易机制同时推进，多头引导，相互竞争，互相影响，相互作用。此外，域内双边关系，特别是中日、日韩关系仍存在相当的不确定性，区域热点问题潜藏矛盾激化的风险，对 RCEP 进程都将带来无法忽视的影响。

四、RCEP 与中国

RCEP 谈判进程即将启动，从服务国内发展与建设角度出发，应以开放、包容、积极的态度，参与推动 RCEP 建设，同时适度参与并关注其他区域经济贸易合作机制。

（一）RECP 更符合中国及区域发展状况

RCEP 是较为符合中国对外贸易现状的一个合作机制。中国的竞争力和开放程度在 RCEP 全部 16 个成员国中居于中上水平。在 5 个“10+1”自由贸易区中，中国的货物开放程度居澳大利亚、新西兰之后，在日本、韩国和印度之上；在服务贸易方面，大体处在类似水平；在投资领域，居于中间水平；在贸易便利化方面，相对为上游水平，而在投资准入前国民待遇、否定列表①等方面，中国与多数成员国主要立场一致。从构建未来一体化区域的战略考虑，中国在 RCEP 架构下可以采取比较开放的谈判战略，并积极加以引导。此外，中国经济规模居全球第二，是域内各国主要贸易伙伴，中国的参与对 RCEP 是重要的推动力，是 RCEP 未来成败的关键因素。

（二）积极参与 RCEP 是中国区域合作战略的客观要求

区域合作机制在一定意义上是一种经济结盟，在促进对外贸易的同时，将自身发展与区域发展结合起来。目前，部分东盟国家和日本积极引入域外大国介入东亚一体化进程，防范中国主导东亚合作。美国“重返亚太”，也使中国面临越来

① 投资准入前国民待遇将国民待遇延伸至投资发生和建立前阶段，其核心是给予外资准入权。否定列表是指一国明确开列其不愿给予市场准入的领域，其余不在清单上的领域则必须充分开放。

越大的反制衡压力。参与 RCEP，强化与域内国家的经济联系，增强对区域发展的带动效应，是化解东亚地区针对中国制衡压力的有力手段。此外，RCEP 由东盟主导，具有发展中国家视角，对于 TPP 等其他区域经贸机制是一种有益的平衡。

（三）谨慎应对其他区域贸易机制的建设

包括自由贸易区在内的区域合作机制，都是服务于国家整体战略的手段而非目的。根据测算，中、日、韩自贸区对三国经济都将起到拉升作用，但最大的收益国是日本，且主要收益来自中国市场，而日韩由于产业结构和发展阶段的同质性，在中国市场具有明显的竞争性。因此，中国应当在中、日、韩自贸区磋商中采取更为稳健的立场，基于国内经济现状，充分考虑弱势产业发展，为国内产业发展预留充分的时间与空间。

对于是否加入 TPP 则应综合考虑，适时加入 TPP 谈判总体上利大于弊。事实上，由于美国的加入和积极推动，TPP 已经演变成为重新构建国际贸易和投资规则的载体，也是全球新的贸易规则体系的雏形，最终可能成为横跨太平洋、遍及南北美、东亚及南亚、大洋洲等超大自贸区。加强对 TPP 的关注与研判，在适当时候考虑加入，有利于采取主动，提高对新规则的适应能力，影响规则的制定过程，进一步促进对外贸易的发展。

总之，RCEP 与 TPP、中、日、韩自贸区谈判等亚太经贸合作机制将长期并存，这些不断涌现的区域合作机制，是区域经济蓬勃发展的产物，体现了区域合作的复杂性与难度，以及域内各国不同的利益偏好与合作诉求。可以预见，随着美国“重返亚太”，中国加速崛起，日本试图恢复经济活力，以 RCEP、TPP、中日韩自贸区为代表的制度竞争将日趋激烈。RCEP 能否脱颖而出，终结东亚贸易合作“意大利面条碗”现象，成为东亚乃至亚太区域经济一体化进展的主要方向，还需拭目以待。

（陈立宏）

2012 年 TPP 谈判进展回顾及分析*

2012 年 12 月 12 日，跨太平洋战略伙伴关系协定（下简称 TPP）第十五轮谈判在新西兰落下帷幕。11 国代表在一系列问题上达成一致，并表示争取在 2013 年 10 月完成协定所有内容谈判。现将 TPP 2012 年全年动向简介并分析如下，供参考。

一、TPP 2012 年谈判进展

（一）年内举行五轮谈判

2010 年 3 月 15 日，TPP 首轮谈判在澳大利亚墨尔本举行，谈判达成建立面向 21 世纪的、高标准的全面自由贸易协定的共识，并承诺以开放姿态欢迎任何 APEC 成员和非成员参与。此后，TPP 谈判逐渐进入加速期，三年内共举行了十五轮谈判，成员国也进一步扩展至现在的 11 个（见附表）。

2012 年，TPP 成员先后于 3 月、5 月、7 月、9 月和 12 月举行了五轮谈判，从最初的“分歧严重”到“就一系列问题达成一致”，TPP 谈判进展突出。成员国在促进区域就业机会、加强本地区国家间联系、保护知识产权等问题上已经达成了一致，在市场准入、海关、原产地规则、贸易技术壁垒、卫生及医药标准、跨境服务、电信、政府采购等广泛领域也取得了进展。此外，成员国明确表示，将争取在 2013 年 10 月完成所有协定内容谈判。

（二）加拿大与墨西哥加入 TPP

2011 年 11 月 APEC 峰会期间，加拿大与墨西哥分别表达了加入 TPP 的意愿，美国随即表示对两国此举表示欢迎。美国与加拿大、墨西哥本身有一份长期的三

* 本文写于 2013 年 1 月。

边贸易协议，即北美自由贸易协议[①]（North American Free Trade Agreement，NAFTA）。加、墨两国加入 TPP 谈判，从 TPP 成员国构成而言，加重了 TPP 成员国中西方国家谈判的砝码，对于 APEC 框架而言，则使 TPP 成员国数量达到 11 个，超过 APEC 成员国的一半，TPP 整体经济量占 APEC 经济总量的份额也随之提高。2012 年 6 月 G20 峰会期间，加、墨两国获准加入 TPP 谈判，10 月正式参与谈判。

（三）TPP 发展的新特征

TPP 最初是智利、新加坡、新西兰及文莱四国间就货物、服务、知识产权贸易和投资等相关领域给予互惠的经济合作协定，随着美国宣布高调加入，TPP 被定位为一个高标准的贸易协定。随着谈判不断深入，TPP 所涉及内容更加广泛，在一些领域中的要求也越来越高。在 2012 年 7 月的谈判中，美国称，为达到著作权体系平衡，应在 TPP 协定中增加一项新的版权条款，用以匹配著作权“三步检验法”（three - step test）。该条款要求签署国在著作权法中规定著作权例外和限制，为以评论、新闻报道、教育、学术、科研为目的使用作品的行为提供著作权例外。

TPP 始终采取闭门磋商的方式，官方不对外公布谈判文本。不过，从 2012 年前三次谈判都在知识产权等议题上龃龉不前，并放弃年内敲定 TPP 法律文本，到最后一次谈判将 2013 年 10 月确定为谈判完成时间，可以看出，无论是 TPP 的最大推手美国，还是其他成员国家，都在加紧推动谈判进程。他们认为，谈判拖得越久，完成的难度将越大，各国间也将越难以协调，在全球经济形势低迷且亚太地区贸易格局愈加复杂的情况下，尽快完成谈判已经成为最明智的选择。

二、主要相关方对 TPP 的态度

（一）美国全力推进

美国 2009 年高调宣布加入 TPP，最明显的一个原因是开拓新市场，为出口翻番计划创造条件。全球金融危机爆发至今，美国经济增速放缓，失业高企，经济复苏动力不足。如今，距离 2009 年奥巴马政府提出的五年出口翻番计划已过去三年之久，欧洲多国深陷债务危机，日本经济则已陷入衰退，而亚太地区新兴经济体的表现却可圈可点。全力推进 TPP 谈判进程，以此扩大亚太地区市场，分享亚太地区的经济增长成果，推动国内经济复苏，对美国而言愈发重要。

多哈回合谈判陷入僵局，是促使美国寻找新自由贸易协定、推动贸易自由化的另一个因素。APEC 曾经对全球多边贸易体制的建立有过突出贡献，但 1998 年

① 北美自由贸易协议于 1992 年 8 月 12 日签署，1994 年 1 月 1 日正式生效。

亚洲金融危机和 2001 年“9·11”事件后，APEC 在推动实现茂物目标方面的作用乏善可陈，会议议题也不断泛化，缺少再次激活其贸易自由化进程的实质动力。2006 年以来，美国在 APEC 框架内推动 FTAAP 的建立也始终停留在“深入讨论和研究”阶段，因此，TPP 成为美国在 APEC 成员国间达成 FTAAP，进而实现 APEC 贸易自由化的途径之一。

长远来看，TPP 更是美国重返亚太舞台的重要战略部署。过去十多年里，美国对与亚太地区的合作并未十分重视。然而，随着东亚一体化进程加快以及中国的迅速崛起，美国在东亚地区的影响力已经有所削弱。2009 年新加坡内阁资政李光耀曾经表示，若美国继续在亚太事务中扮演旁观者，美国则将逐渐被边缘化。所以，奥巴马 2009 年出任总统初期虽未推出重大贸易政策，却在当年高调宣布加入 TPP，希望借此弱化亚洲一体化。同时，TPP 并非纯粹的自由贸易机制，一旦形成，其影响力必然会扩展到政治和军事领域，美国在亚太地区政治、经济和安全方面的支配地位都将得以巩固。

（二）东盟国家态度各不相同

东盟国家对于 TPP 的态度可以大致分为五类。第一类是创始成员国，包括新加坡和文莱。其中，新加坡的贸易政策讲求自由、开放和进取，但该国影响国际贸易规则制定的能力依然有限，所以，它选择主动发起 TPP 这一全面的、高质量的自由贸易协定，然后吸引其他更大更强的经济体加入。美国的加入与主导，大大增强了新加坡对 TPP 的信心，更加积极地推动 TPP 的谈判和扩大。文莱是东盟最富裕的国家之一，但经济结构比较单一，因此，文莱一向奉行高度开放的贸易政策。促进经济多元化正是文莱发起和推动 TPP 的主要动因。此外，文莱也希望在 TPP 这样一个高质量的“下一代”多边自由贸易协定中积极发挥谈判者和协调者的作用，提高自身的国际地位和影响。

第二类是已经加入 TPP 谈判的国家，包括越南和马来西亚。越南本身实力较弱但决心很大，因此对 TPP 的战略价值高度重视。加入 TPP 后的巨大经济利益也是越南积极参与 TPP 的重要原因。越南纺织服装协会（Vitas）日前曾表示，一旦协定签署将为越南出口和吸引纺织印染业原料的投资带来机遇，2012 年越纺织产品对美出口预计将达 76 亿美元，加入 TPP 协定后，预计到 2020 年将达到 220 亿美元。马来西亚则是期待 TPP 能在促进其经济发展的基础上使其保持在东盟的优先地位。

第三类是明确表示加入 TPP 意愿的国家，包括菲律宾和泰国。菲律宾在东盟国家中经济总量较小、市场开放意识较弱。目前，除了东盟机制下的 FTA 外，菲律宾只与日本签定了双边 FTA。不过，菲律宾对加入 TPP 表现出极高的热情，希望以此来巩固和加强与美国的同盟关系。泰国则是在积极表示参与的同时，谨慎评估 TPP 可能带来的影响。泰国商业部国际贸易谈判厅已经就该国加入 TPP 问题先后举办了多次研讨会和专项研究，对加入 TPP 的利弊进行了比较全面的分析。

第四类是明确表示不加入 TPP 的国家，即印度尼西亚，它也是东盟唯一明确表示暂不加入 TPP 的国家。印度尼西亚之所以对 TPP 不感兴趣，主要有三个原因，一是印度尼西亚对自由贸易协定的兴趣向来不大，二是印度尼西亚政府认为该国在工业、特别是服务业上的竞争力严重不足，三是印度尼西亚更关注东盟经济共同体建设。

第五类是与 TPP 要求差距过大的国家，包括缅甸、柬埔寨和老挝，这三个国家在东盟中经济发展最为落后，经济基础薄弱，竞争力较差。

（三）日本新政府暗示将加入 TPP

虽然从 2012 年 7 月的民意调查看，认为不应参加 TPP 的民众占比从一年前的 28.8% 降至 21.7%，认为应该参加的民众占比升至 57.6%，且 2011 年 3 月份大地震使日本农业遭到重创，阻碍日本加入 TPP 的农业团体和农林水产省、厚生劳动省等力量本应有所削弱，但日本国内抵制加入 TPP 的呼声高涨。支持加入 TPP 的政治力量和社会团体认为，尽早加入 TPP 不仅有助于解决日本的资源匮乏问题，还可以改变缺少信息的现状并参与国际规则的制订。同时，日美关系对日本而言十分重要，加入 TPP 是促进日美关系的一个良好契机。

12 月 16 日，日本第 64 届众议院选举结束，日本自民党以绝对优势获胜，安倍晋三重任日本首相。翌日，被誉为日本经济界“首相”的日本经团联会长米仓弘昌表示，希望自民党能够尽快解决日本加盟 TPP 相关事宜。12 月 26 日，日本自民党与传统盟党公明党接掌民主党移交的政权联合执政。对于加入 TPP，自公两党在其最终联盟协议中表示，“将寻求符合日本国家利益的最佳途径”。与两党在 16 日国会众议院选举前的主张相比较，对 TPP 的态度正面许多。

事实上，日本加入 TPP 对其实现打造“下一代”贸易规则的目标至关重要。2011 年，TPP 9 个成员国的 GDP 规模占全球总量的 25.61%①，若加上新加入的加拿大与墨西哥两国，这一比例则提高至 29.77%，而日本若在未来加入，TPP 成员国的 GDP 规模占比将一跃提升至 38.19%。对于美国而言，日本是美国商品与服务，尤其是价格较高的高科技产品的主要进口国。美日单边贸易份额相当于 TPP 成员国与美国贸易份额的总和，同时，美日间的贸易失衡正逐步缩小，而美中贸易逆差却在不断增加。因此，美国政府要求将日本纳入 TPP，求得在亚太地区贸易的迅猛增长。

① 根据 IMF 公布数据整理。

三、TPP 后续谈判分析

（一）标准过高但先天不足的问题难以克服

TPP 带来的相互市场高度开放是一把双刃剑，既能为东盟各国带来提升竞争力的良机，也会给弱势部门造成致命的冲击。同时，由于东盟各成员国间经济发展水平和速度差异较大，在面临承诺义务化、合作机制化以及各自国内压力等多重难题的形势下，东盟内部也有冲突和矛盾，各国对东亚贸易自由化进程推进的认知存在差异，对美国主导 TPP 的发展以及未来其推动的 FTAAP 建立的立场和态度也不尽相同。此外，由于美国力图通过 TPP 实现促进出口、创造就业的目的，因此在知识产权保护、劳工标准等问题上不愿对其他 TPP 成员让渡过多利益，这无疑增加了达成协议的难度。

（二）谈判推动力将会加强

2009 年，奥巴马政府宣布正式加入 TPP 谈判，并促使成员国从当初的 4 个陆续增加到现在包括美洲、大洋洲和亚洲三大洲的 11 个国家，这与美国一直崇尚的亚太自贸区的构想不谋而合。2012 年 11 月，美国总统大选尘埃落定，奥巴马赢得连任，其经济贸易政策将得以延续，奥巴马政府也将有更多精力放在贸易政策上。作为重返亚太的切入点，TPP 无疑是今后美国力推贸易谈判中的重中之重。

TPP 的另一个成员国澳大利亚近来对谈判完成的需求也更加迫切。澳大利亚国内的一份权威报告显示，澳大利亚并未从现有的“自贸区经济”模式下获得既定收益，TPP 更符合该国利益。

（三）与区域内其他贸易机制协调

亚太地区目前不仅已经发展出许多双边自贸协定，10 +3 及 10 + X 等多边机制也在蓬勃发展，TPP 成员国与东盟成员国重叠，如何应对这样的两条轨道并存的模式，也是 TPP 成员国需要面对的问题。

就东盟国家而言，总体上，东盟国家对 TPP 的政策将越来越积极。首先，加入或表示想要加入 TPP 谈判的东盟国家已有 6 个，而且都颇有分量。其次，TPP 对尚未表示加入意愿的国家吸引力颇大。特别是缅、老、柬三国都在努力发展经济，亟需从发达国家，特别是美国获得市场、投资和技术，它们也在积极寻求加入多边自由贸易机制。同时，美国近年来在次湄公河地区非常活跃，正在采取各种措施改善和发展与缅、老、柬等国的关系，不能排除美国邀请其加入 TPP 的可能。在这样的趋势下，东盟日益成为 TPP 和“东盟 + X”两大轨道的矛盾焦点。因此，东盟国家在制定 TPP 政策时，除了本国利益，也必须从东盟的整体利益出发进行考量。

四、几点建议

（一）TPP 或将倒逼中国内外统筹发展

一定程度上，TPP 或将倒逼中国统筹国内国外两个大局，或促使中国稳健推进东亚区域贸易自由化。TPP 的规则与中国确定的改革方向有趋同地方，也为中国提供了“以开放促改革”的机遇；TPP 在贸易标准方面也可被借鉴以逐步提升中国贸易产品和服务的品质，如中国应在国际劳工标准和绿色环境标准制定中发挥作用；不断提升现代服务业的发展水平，为贸易自由化奠定坚实的国内产业基础；认真研究和讨论国内农业发展和农产品市场竞争问题等。

（二）加强与区域内其他国家合作

虽然 TPP 仍处于艰难谈判阶段，但其对中国及亚太地区的影响不可小觑。中国应继续积极推动亚太区域整体合作，不断推进与东盟合作机制，积极促进中国进一步发展与亚太地区，特别是东亚区域有关国家的全方位关系，使已有区域合作机制更具活力和吸引力，以动制动，抵消 TPP 机制带来的冲击，争取最大限度地以“中国速度”实现符合自身利益的东亚 FTA 战略。

（三）寻找加入谈判“窗口期”以尽早加入

从目前 TPP 的谈判进度看，谈判完成并经各国批准尚需时日。按美国的设想，2015 年韩国将加入 TPP，2020—2025 年将吸收包括俄罗斯、中国台湾在内的 APEC 全体成员，而 FTAAP 最早可能在 2025 年建立。中国是否以及何时加入 TPP 则主要取决于中美双方的态度。一方面，目前美国并没有让中国加入谈判的打算；另一方面，我国国内在是否要加入 TPP 的问题上意见尚未统一，且各种准备尚未开始。有鉴于此，我国仍需深入研究，分析加入 TPP 利弊得失，以寻求国内共识，再寻找合适的“时间窗口”。

（王苇航）

附表：

TPP 大事记

P4	2005 年 5 月 28 日	文莱、智利、新西兰、新加坡 4 国协议发起 TPSEP
	2006 年 5 月 1 日	TPSEP 对新西兰和新加坡生效
	2006 年 11 月 8 日	TPSEP 对智利生效
	2009 年 7 月 1 日	TPSEP 对文莱生效
P9	2008 年 9 月 22 日	美国宣布将全面参与 TPSEP
	2008 年 11 月	澳大利亚、秘鲁宣布将加入 TPSEP
	2009 年 11 月 14 日	美国宣布加入 TPSEP；TPSEP 更名为 TPP
	2010 年	马来西亚、越南宣布加入 TPP
	2010 年 3 月 15 日	TPP 首轮谈判在澳大利亚墨尔本举行，美国、智利、秘鲁、越南、新加坡、新西兰、文莱和澳大利亚参与谈判
P11	2011 年 11 月	日本、加拿大和墨西哥宣布将参与 TPP
	2012 年 6 月	加拿大、墨西哥宣布加入 TPP

美国发布 TPP 第十八轮谈判声明*

7 月 25 日，12 个 TPP 成员结束了 TPP 第十八轮谈判。美国贸易代表办公室（USTR）就谈判成果发表了声明。现将主要内容作出整理，供参考。

一、总体评价

在 TPP 第十八轮谈判中，各方协同向着年内达成一个全面的高质量协议的目标努力，取得了新的进展。美国寻求通过 TPP 建立一个面向 21 世纪的贸易投资框架，以提高美国自身竞争力，扩大与亚太地区的贸易和投资，创造并促进就业，同时推进劳工权利、环境保护及透明度等美国的核心原则。

二、具体进展

本轮谈判涵盖了市场准入、原产地规则、技术性贸易壁垒、投资、金融服务、电子商务和透明度等议题，各方对这些章节法律文本中的技术性问题达成了一致，为成员间的贸易和投资设定了规则，确立了规范。谈判也在知识产权、竞争和环境保护等问题上取得进展。对于遗留问题，各谈判工作组则制订了详细的工作计划。

各谈判方也努力向前迈进，构建雄心勃勃的一揽子计划，以为各国在工业、农业、纺织服装产品、服务与投资及政府采购等行业和领域提供市场准入。各方就接下来的步骤和总体规划达成了一致，以在预定的时间框架内实现这些市场准入成果。

三、加强透明度

在谈判过程中，各方考虑了利益相关者提供的广泛意见，以促进贸易和投资、

* 本文写于 2013 年 8 月。

区域一体化及就业。TPP 谈判于 7 月 20 日临时休会，代表们与来自美国和其他 TPP 地区的 200 多个利益相关者交换了意见。利益相关者还与美国及其他谈判者进行非正式会晤以提供更详尽的信息。美国首席谈判代表芭芭拉·维塞尔等人还向利益相关者简单介绍了谈判的进展，并回答了他们对具体议题和推进过程的提问。

四、日本加入谈判

美国和其他 TPP 谈判国欢迎日本作为第 12 个成员体加入谈判。日本收到了以往谈判情况的详细介绍，积极参与了各小组的谈判工作，并承诺将尽快融入谈判过程。日本加入后，TPP 谈判国 GDP 约占全球总量的 40%，贸易量约占世界贸易总量的三分之一。

五、美国引领谈判

过去一个月中，TPP 谈判国的部长保持了密切联系。在过去的一周中，美国贸易代表弗罗曼在华盛顿会见了越南贸易部长武光辉、文莱贸易部长佩欣林（Pehin Lim）、日本经济产业部部长茂木敏充，并致电智利外交部国际经济关系总司贾纳（Jana）和墨西哥经济部长瓜哈尔多。此外，弗罗曼还会见了正在华盛顿访问的越南国家主席张晋创。未来几周，美国贸易代表弗罗曼将和其他 TPP 部长定期交流，为谈判工作提供指导以迅速达成高质量的谈判成果，对存在的敏感问题将寻求解决办法。

（姚李南　周　波）

日本东亚区域经济合作战略分析*

战后，日本一直将东亚作为其对外经济合作战略的优先领域。日本不断深化与东亚国家的分工与合作，在东亚经济中长期处于“领头雁”地位，最终从战败国成长为全球经济大国。近年来，随着中国经济快速崛起，全球经济重心逐渐东移，美国亚太再平衡战略实施，东亚区域经济合作的重要性日益凸显。日本东亚区域经济合作战略如何演变，走向怎样，我国如何应对，值得认真研究。

一、日本东亚区域经济合作战略演变

战后，日本通过战争赔偿、官方援助等方式，改善地缘政治环境，推动企业域内投资，积极开拓相关市场，逐渐融入东亚经济体系，通过“雁行发展模式”引领带动区域经济发展，同时努力构筑由其主导的区域经济合作体系。

（一）循序渐进推进东亚区域经济合作

日本东亚区域经济合作大致分为四个阶段：一是20世纪50年代至70年代的战后复兴阶段，重点在于重返东亚市场，提出了“经济外交”口号，主要通过战后赔偿等手段，积极重返东南亚市场，并以民间、半官方贸易推动中日经济往来；二是70年代中后期起经济加速融合阶段，日本通过提供官方发展援助、出口信贷等形式，鼓励公共和私营部门资金参与区域合作，形成以日本为领头雁的东亚“雁行发展模式”；三是冷战结束后主导区域金融货币合作阶段，提出“必须对亚太地区的稳定和发展发挥中心作用”，在1997年金融危机后，提出建立亚洲货币基金（AMF），推动“清迈倡议”多边化，使得东亚区域合作呈现金融合作先行的特点；四是21世纪后，重点推动东亚区域经贸合作，签订了一系列经济伙伴关系协定（EPA），提出构筑“东亚共同体”倡议，谋求建立日本占主导地位的区域合作制度

* 本文写于2013年11月。

构架。

（二）推动并引导东亚贸易合作

贸易合作方面，2006 年日本《全球经济战略》提出“东亚经济伙伴关系协定（东亚 EPA）”构想，即启动由日本主导，东盟、中国、韩国、印度、澳大利亚、新西兰参与的 CEPEA（东亚全面经济伙伴关系）谈判。由于各方对 CEPEA 与中国倡导的 EAFTA（东亚自由贸易区）意见不统一，日本于 2013 年 3 月正式宣布加入由美国主导的 TPP（跨太平洋伙伴关系协定）谈判。与此同时，日本也同意参与东盟于 2012 年发起的 RCEP（区域全面经济伙伴关系）谈判，RCEP 成员、谈判内容、合作水平等均与 CEPEA 相似。从发起 CEPEA、参与 RCEP 及 TPP 谈判，日本始终寻求在东亚贸易合作机制中尽可能发挥主导作用。

（三）参与并主导东亚区域金融合作机制建设

金融合作方面，面对东亚金融危机，各国迫切要求加强货币合作，共同防范金融风险。1997 年，日本政府提出建立亚洲货币基金（AMF），因美国反对而放弃；之后先后提出“新宫泽设想”、“新宫泽设想第二方案”等，着力推动设立货币基金、维护区域汇率稳定。之后，日本积极参与了 2000 年由“10 + 3”财长会通过的“清迈倡议”，主要内容为货币互换，核心目标是解决区域短期流动性困难，弥补现有国际金融安排的不足。“清迈倡议”多边化进展迅速，区域外汇储备库现在也扩至 2 400 亿美元，东亚合作呈现货币和金融合作先行的特点。

（四）推动组建并参与区域合作机构运作

日本还在区域合作机构建设中发挥重要作用，参与主导相关制度框架、规则、决策程序、组织机构等的设计和实践。为建立“东亚版 OECD”，即东亚经济合作常设机构，日本在 2008 年单独出资 100 亿日元，组建了“东亚东盟经济研究中心”（ERIA），开展区域经济政策研究和建言献策。日本还积极参与“10 + 3 宏观经济研究室”（AMRO）运作，推动区域外汇储备库建设，监控区域经济状况，提供政策咨询和建议服务等。

二、制约日本推动东亚区域经济合作战略的主要因素

近年来，日本不断加大对东亚地区的战略投入，采取政治、经济、制度建设等措施，其区域经济合作走向受区域及全球政治经济安全诸多因素影响。

（一）东亚区域经济及政治格局变化的挑战

2008年起，金融危机和经济低迷席卷主要发达国家，中国在全球政经格局中影响迅速增长，日本在全球及东亚经贸体系中地位则相对下降，但对东亚市场更加依赖，对东亚地区的重视程度不断提升，对失去区域合作主导权危机感则不断增强，促使日本重新思考在东亚地区的定位，不断修订其区域经济合作政策。

（二）日本区域合作心态较为矛盾且复杂

由于历史和地缘政治因素，日本在与东亚国家，特别是中国、韩国合作时，始终未能建立政治安全互信。一方面，日本将中国视为经济发展机遇，积极谋求强化经济关系；另一方面，又认为中国对日本国际地位形成威胁和挑战，将中国视为区域合作竞争对手，存在较强的防范心理和牵制意图，在区域经济合作中特别重视把握主导权，日本与中韩的关系越来越明显地呈现出"政冷经热"甚至走向"政冷经冷"的局面。

（三）美国东亚政策和"重返亚太"的影响

随着东亚在全球政治经济格局中影响不断上升，区域一体化程度持续增强，美国调整其对东亚和东盟"善意忽视"政策，加快"重返东亚"步伐，与日本在"东亚一体化"方向的矛盾趋于明显，出现了对合作主导权的争夺，如日本主张的东亚共同体、AMF等均因遭到美国反对而偃旗息鼓。随着东亚合作的不断深入，日本必然面对更多东亚区域合作与日美同盟合作之间的矛盾和取舍。

（四）政治安全因素对日本区域经济合作的影响

政治安全考虑既是日本推动区域经济合作的动力，也对其区域合作政策构成制约。日本提出"东亚共同体"构想，意图利用多边框架牵制中国，排挤美国参与东亚合作，引起了美国的疑虑后搁置。日本在加入TPP问题上展现积极姿态，主要是配合美国的战略东移，支持美国重返亚太，并将TPP作为外交工具，在区域经济合作中向中国施加压力，利用加入TPP来获取主导亚太经济和地区秩序的机会。

（五）现有的经贸合作机制仍不完善，深入推进存在诸多障碍

以日本EPA为例，存在诸多问题，如由于农产品例外项目太多，FTA使用率较低，原产地规则利用繁复等，但深入推进存在诸多障碍。政治上，日本右倾化趋势日趋明显，历史和领土问题阻碍了与东亚国家的经济合作；经济上，经济长期低迷，缺少新增长点，农业部门保护主义盛行，设置了高额关税和非关税壁垒；此外，日本社会排外情绪严重，对外来移民持抵制态度，也在一定程度上阻碍了

与相关国家经济合作的进一步深化。

三、日本东亚区域经济合作特点和值得借鉴的经验

近年来，日本始终将东亚地区作为其推动区域经济合作的战略重点。在战略设计和实施过程中，日本始终有很强的竞争意识，例如将中国作为争夺主导权的对手，而将韩国视为争夺市场的竞争者。尤其是其近几年在东南亚的投入，牵制中国的意图十分明显。同时，日本所作所为也有不少值得借鉴的地方。

（一）主要特点

1. 重视东亚

从政策制定到实施，东亚都是日本地区合作战略的重点。这主要由于“二战”后东亚各国的经济高速成长，且随着中国经济的崛起，经济发展前景更加广阔。与有高速增长预期的地区构筑并维持紧密的经济关系能够带来巨大的经济利益，特别是对少子高龄化急剧发展的日本来说，借助区域合作保持经济活力尤其重要。

2. 务实制订和调整经济合作策略

近年来，日本曾尝试在理念和战略上调整，突破对美国一边倒的外交通商政策，与亚洲国家构建更加友好和谐的关系，在东亚建立欧盟式的一体化组织，即“东亚共同体”，但受到美国打压而中止。目前，日本各方普遍认为，与其倡导“东亚共同体”远景，不如考虑东亚地区合作中能够做些什么，因此在 TPP 问题上转向，考虑利用 TPP 作为强化亚太经济合作的手段，将“东亚自由经济贸易圈”与“环太平洋自由经济贸易圈”结合起来。

3. 具有较强的灵活性和适应性

日本的区域合作战略具有一贯性和持续性，也能适时进行调整，利用环境变化带来的有利因素，推动实现既定战略目标。如“东亚共同体”构想遭遇挫折后，日本迅速调整战略，大力倡导构建亚太自由贸易区（FTAAP）。一方面消除美国对日本构建东亚经济圈的疑虑，另一方面积极谋求东亚与亚太经济合作的对接，并试图在其中起到协调，甚至是主导作用。

4. 竞争意识有余，合作精神不足

日本在实施地区战略过程中，始终有着强烈的竞争意识。如启动与东盟的经济合作，争夺东亚区域合作机制建设的主导权，“10 + 6”与“10 + 3”的选择等，都有以中国为竞争对手的考虑，严重影响了东亚区域合作进程，使得本地区长期陷于主导权之争，区域合作难有实质进展。另一方面，日本在与东南亚国家签署双边自贸协定时缺乏共赢合作精神，一味追求自身经济利益，如在日菲 EPA 中要求允许日本将含有有害废料的金属、电视等二手家电等“再利用品”出口至菲律

宾，一度遭到菲律宾国民强烈反对。

（二）值得借鉴的经验

1. 明确的主体意识和较强的谈判能力

日本的区域经济合作战略从目标设定到具体实施都体现出明确的主体意志，即知道本国的目标是什么，如何才能实现。日本也有较强的谈判能力，能够按其意愿推动地区经济合作。日本与其他亚洲国家谈判 EPA 时得以利用这种谈判能力上的差距，实现最小程度的让步和最大限度的收益。

2. 集思广益，充分吸收、借助民间智慧和力量

日本民间、半民半官的组织、研究机构及学者等政策参与程度比较高，这为日本制定和修正区域合作战略提供了丰富的智力资源。关于日本参与各种自贸谈判的利弊估算，也多数是相关部门委托民间机构和学者完成的。

3. 各部门间充分协调

日本相关部门在区域合作战略制订与实施中能够较为充分的合作与协调。如 FTA 交涉主要由外务省、经产省、农水省、财务省四个部门共同完成。首相及各省大臣等组成的内阁会议负责总体指挥，交涉前以这四省为中心按照不同领域、不同国别多次召开碰头会，应对方针也由所有相关部门协商决定，具体操作相关决定则由首相代表与 4 个省共同沟通确定。

4. 注重扩大软实力影响

日本的地区合作战略既包括经济层面，也涵盖政治、安全领域。后者主要体现在日本试图扩大地区影响，以期在地区合作、地区事务中发挥领导和主导作用。但日本囿于硬实力手段的匮乏，只能通过加强对外援助和文化交流等软实力渗透方式扩大地区影响。目前，日本在东南亚国家中的形象已逐渐转为正面，在一定程度上获得了受援国政府和国民的好评。

四、对策建议

（一）坚持“以我为主”，推动 AMRO 等区域机制建设

中日两国在区域贸易制度安排上各有重点。日本更受美国因素影响。中国必须“以我为主”，以服务国内经济建设大局为出发点，确保在区域贸易的话语权和利益。金融方面，日本构建由其主导的 AMF 的终极目标没有改变。我国外汇储备虽高于日本，但仍有可能在地区金融合作上受日本因素影响而无法发挥与自身实力对等的影响力。现阶段，我国应积极推动“10 +3 宏观经济研究办公室”（AMRO）国际化步伐，尽早使其实体化和具可操作性，并在此基础上完善治理结构，

力争为我所控，为我所用。同时，我国应尽早落实亚洲基础设施投资银行的建设。

（二）加强与东盟合作，打造一个“中国—东盟自贸区升级版”

周边地区是我国外交重点，本着“与邻为善、以邻为伴”的周边外交方针，我们应更加主动地将国家发展战略与周边各国发展目标对接，构建经济繁荣的利益共同体。就亚太区域经济合作而言，下一步应重点打造“中国—东盟自贸区升级版”，进一步降低关税，削减非关税措施，开展新一批服务贸易承诺谈判，推动投资领域的实质性开放，力争到2020年双边贸易额达到1万亿美元。在“黄金十年”基础上，全方位构造中国东盟未来“钻石十年”蓝图，最终实现中国东盟利益的深度共享和融合。

（三）中、日、韩合作宜从双边入手渐进推动多边

中、日、韩自贸区谈判已经启动。这一区域覆盖15亿人口，建成后将产生巨大经济效益，加速推动亚洲统一市场形成，应从国家战略层面给予高度重视。目前，由于东北亚安全局势复杂，经贸合作机制多头并行，三国区域贸易合作战略不够一致，产业竞争激烈，互有敏感领域，特别是日韩之间产业高度重合，短期内达成自贸协定具有较大难度。与中、日、韩三边框架相比，中国与日本、韩国双边贸易互补性更强，特别是中韩双边贸易协定谈判各方条件更为成熟，先行谈成最为有利。因此，现阶段应着力推动中韩贸易协定谈判，策应与日本双边贸易磋商，从侧面推动中、日、韩FTA谈判朝着于我国更有利的方向发展。

（四）充分协调各方意见，完善政策咨询机制

我国现阶段在政策制定和实施方面来自学者、研究机构等的智力支持相对薄弱，决策机构与研究人员之间的信息不对称现象比较突出。这需要相关部门建立和完善机制，加强决策、实施部门与研究机构和人员间的密切互动，及时为决策服务，为国际协调与谈判服务。

（五）着眼地区公共福利，展现大国胸怀

日本在地区合作中竞争意识强烈而合作精神不足。东亚区域经济合作机制的建立并非短期完成，我国宜在此过程中切实改善与邻国关系，增强政治互信，着眼提升地区公共福利，倡导合理的地区贸易规则，对外援助方面应服务于地区战略，在惠及当地民生的环保、教育等方面应多做长远安排，全方位打造负责任大国的良好形象，为我国区域经济合作创造良好环境。

（陈立宏　胡振虎）

日本加入 TPP 谈判及其影响分析*

3 月 15 日，日本政府正式对外宣布加入“跨太平洋战略经济伙伴关系”（TPP）谈判。作为世界第三大经济体，日本加入 TPP 谈判将改变 TPP 未来的发展和走势，对亚太地区乃至全球经贸格局产生重要影响。本文将对日本加入 TPP 谈判的原因，及对日本、亚太地区和全球经济格局的影响作简要分析，供参考。

一、日本为何加入 TPP 谈判

（一）日本近几届政府对加入 TPP 的态度

美国政府 2009 年宣布全面参与 TPP 并发挥主导作用后，越来越多的国家对加入 TPP 表示出极大的热情，为原本单纯的区域经济一体化增加了不少政治色彩。日本民主党政府自 2009 年以来共经历了鸠山由纪夫、菅直人与野田佳彦等三位首相，他们对 TPP 持不同态度。

鸠山由纪夫主张独立于美国且施行“友爱外交”政策，其政治意图更加亲近中韩两国，有意减少对美国的依赖。在《中日韩合作十周年联合声明》中，日本明确指出将“东亚共同体”作为中日韩三国共同致力实现的长远目标，在战略上已经显现出对东亚合作的重视和对自民党追随美国政策的否定，因而对 TPP 几乎不闻不问。

菅直人政府上台后，日本重新回归自民党时期倚重美国的既定轨道。菅直人对加入 TPP 给予极大重视，将其视为“平成开国”政策的重要一环。2010 年 6 月，日本内阁会议通过《新成长战略》，其中国际战略是“构建亚太自由贸易区，实施经济伙伴关系战略”。2010 年 10 月 8 日，菅直人明确指出，尽管存在农产品压力，日本依然决定协商进入 TPP 的工作议程。

* 本文写于 2013 年 4 月。

野田佳彦政府时期，亲美势头进一步升级。他不顾国内巨大的反对声浪，在2011 年 APEC 会议前一天高调宣布日本加入 TPP 谈判的决定。这一带有指向性的战略规划反映了日本重新构筑美日共同主导的亚太自由贸易秩序，进而在未来东亚共同体的形成中争取主导地位的态度。但考虑到民主党内因消费税增税问题产生的对立，并综合考虑日本各政党对加入 TPP 谈判的意见，野田佳彦 2012 年 4 月宣布暂时退出 TPP 谈判。

（二）安倍政府宣布加入 TPP 原因分析

安倍政府是在过去两年内试图加入 TPP 的第三届日本政府。2012 年 12 月重掌政权后，安倍继续其“鹰派”作风，对内大力推动扩张性财政和货币政策，刺激日本经济增长，对外不断深化与美国的同盟关系。此次安倍明确宣布日本加入 TPP 谈判进程，被称为继扩大公共财政投入和超宽松货币政策后，射出“安倍经济学”的第三支箭。

首先，由于中国在亚太地区实力不断崛起，而美国在经济危机中遭受重创，美国急于通过建立 TPP 取代已有的 APEC 及“10 + 3”等区域合作框架，达到经济上制衡中国的目的。日本则可借 TPP 建立美日主导的亚太自由贸易区制度规则，在市场准入领域及物品贸易、原产地规则、海关手续、贸易救济措施、卫生植物检疫措施、贸易技术壁垒、竞争政策、知识产权、政府采购、服务贸易、纷争解决、战略合作、行政及制度条款、环境合作规定、劳动合作等 TPP 的 20 项领域中建立有利于日本的规制。

其次，美国诱迫。奥巴马曾指出，愿以 TPP 为前提，支持日本加入联合国常任理事国的行列，并多次强调将中日之间钓鱼岛争端纳入美日安保条约的范畴，威胁日本是否加入 TPP 将直接影响美国今后的对日政策。

再次，日本政府虽已做好了牺牲农业的准备，但也视其为改造农业的契机。由于 TPP 的准入门槛较高，所有加入谈判的国家都必须遵守“零关税”要求，而根据日本农林水产省的估算，如果日本实行农业零关税，日本农产品自给率将由目前的 40% 降至 14%，导致农业部门 4 万亿日元损失及累计 340 万人失业。这虽然是日本加入 TPP 不得不付出的高成本，但日本可借机实施农业改革，适时调整农业发展方向和产业结构。经济合作与发展组织（OECD）的研究也表明，当前日本的农业政策并不利于新农业领域的专业化，并会阻碍年轻农民进入该领域。

二、日本加入 TPP 谈判的影响

自 2009 年年底奥巴马正式宣布参与谈判后，TPP 这个原本名不见经传的小国间协议受到了亚太地区乃至全球的关注。根据 IMF 统计数据，一旦日本加入 TPP，

TPP 的 12 个谈判成员国的 GDP 总量或将达到 27 万亿美元，这一巨大的经济圈约占世界经济总量近 40%，是欧盟经济规模的 1.5 倍，TPP 将成为当前经济规模最大的高标准自贸区谈判。因此，日本加入 TPP 谈判不仅将给日本经济和政治带来重要影响，谈判最终结果将影响日美关系及东亚区域合作的走向，对全球贸易体系、贸易规则以及地缘政治带来深刻影响。

（一）对日本国内的影响

1. 增加出口，拉动萎靡不振的日本经济

作为“面向 21 世纪”的、“高标准”的全面自由贸易协议，TPP 要求各成员国取消所有关税壁垒。根据日本贸易振兴机构统计数据，包括美国在内的大多数 TPP 谈判参与国的工矿业产品关税都要高于日本，通过 TPP 实现工矿产品贸易自由化，对日本具有较强出口竞争力的汽车工业、电气机器工业以及其他出口产业来说，将带来更加广泛的海外市场。同时，TPP 相关谈判条款还将简化进出口手续，这也将促进日本中小企业的出口，给日本经济提供再生契机。据日本政府估计，加入 TPP 将推动国内生产总值增加 3.2 万亿日元（约合 333 亿美元），即经济增长 0.66 个百分点。

2. 加速贸易自由化进程

日本加入 TPP 将改变日本自由贸易化落后的局面。日本虽为世界第四大出口国，贸易政策却落后于其竞争对手。就日本现已签署的“经济伙伴关系协定”（EPA），其缔约伙伴国大多经济规模很小，同日本经贸往来规模不大。而日本同美国、中国、韩国等主要贸易对象国的 EPA 谈判一直进展不大。

相比之下，日本汽车、电气机器等商品出口的主要竞争对手韩国早在 2003 年就制定了自由贸易“路线图”，并已同欧盟、美国和许多亚洲邻国签署了“自由贸易协定（FTA）”，同中国的谈判也在顺利进行中。亚洲其他国家间的贸易自由化进程也在不断推进。

安倍曾指出，“亚洲新兴国家正一个接一个向开放经济转型。如果日本依旧是内向型经济，将不会有机会增长”。日本必须深化与不断发展的亚洲重要市场国家以及新兴市场国家、欧美各国、资源国等的经济关系，才能巩固日本的市场份额，为日本未来发展打下重要基础。3 月 25 日，日本与欧盟同意启动自由贸易区谈判，如果相关协定顺利签署，日欧自贸区将成为全球最大自贸区之一，经济总量占全球大约三分之一。签署日欧 EPA 和加入 TPP 都能通过改善日本贸易自由化落后情况来提振日本经济，而尽早加入 TPP 还有利于日本在全新亚太区域贸易框架中赢得主动。

3. 对农业的影响首当其冲

日本加入 TPP 势必会对本国的农业带来严重打击，这也是 TPP 在日本国内受阻的主要原因。日本的农业因生产规模小、劳动力成本高而不具国际竞争力，长期依靠财政补贴和贸易保护。日本农产品的平均关税明显高于其他所有 TPP 谈判国，大米、小麦等农产品的关税均超过了 200%。如日本因加入 TPP 而取消农产品关税，国外廉价农产品将涌入日本，日本农业将难以为继，使日本脆弱的农业经济遭受严重打击。

日本农林水产省的研究表明，如果对全世界 19 种主要农产品废除关税，日本又不采取对策，日本 GDP 将减少 7.9 万亿日元，粮食的自给率也将下降到 14%，并造成 340 万人失业。而对日本农业的这种打击还将扩散到医疗、邮政等领域。

（二）日本加入 TPP 将影响亚太区域一体化格局

作为亚太地区最高级别的政府间经济合作机制，APEC 在亚太地区构建了一个覆盖地区最广、成员最多、包容性最强的区域经济合作框架，但其自主自愿、灵活渐进的合作原则与集体行动的公平约束与长期效率之间存在根本性冲突。近年来，APEC 框架下的贸易投资自由化进展缓慢。目前，亚洲经济一体化以东亚合作为主线。东盟已分别与中国、日本、韩国、澳大利亚、新西兰、印度等国签订了自由贸易协定，邀请美国和俄罗斯加入东亚峰会，形成了以东盟为核心，以 10 +3 为基础，扩大至 10 +6，辐射 10 +8 的亚太区域合作的主导路径。

世界第三大经济体、第四大出口国日本加入 TPP 谈判后，将改变亚太经济一体化的格局，意味着在 APEC 框架之外，由美国主导的亚太自由贸易区的雏形已然显现。TPP 作为一个横跨太平洋东西两岸的区域贸易安排，在规模上有超越亚太地区现有的任何自贸协定的发展潜力，这无疑会削弱 APEC 在主导亚太区域经贸合作上的领导地位。此外，美国之所以积极推进 TPP，在很大程度上就是为了回归亚太，制衡和牵制东亚经济一体化进程，防止该地区形成一个稳定、强大的贸易集团，危害美国利益。随着日本的加入，TPP 合作框架将进一步削弱东亚区域经济一体化合作的向心力，形成以美日为核心，以澳新为节点，辐射周边的亚太区域经济合作新路径。

日本加入 TPP 的决定还将影响亚太其他国家关于区域经济合作的立场。随着日本的加入和 TPP 谈判的深入，鉴于美日两国的经济影响力，“贸易转移”效应和“竞争性自由化”效应将迫使亚太其他国家直面 TPP 问题，分析利弊得失，从而调整本国区域经济合作战略与立场，避免在日后区域合作中遭遇边缘化。泰国、菲律宾、哥伦比亚及中国台湾等都表达了希望加入 TPP 协定谈判的意愿，相信日本的加入会催化这一进程，对其他犹豫不定的国家也会产生影响。

（三）日本的加入或使 TPP 谈判更加艰难

安倍表示，此时加入 TPP 谈判将是日本最后的机会，如果再晚一点加入谈判，日本可能被排除在 TPP 关键规则制定进程之外，而不是以重要参与者的身份引导规则制定。但日本的加入或使 TPP 谈判更加艰难。

TPP 谈判国经济发展水平极其不平衡，原本就存在不少分歧，在短期内就劳工、知识产权、农业等敏感问题达成高度共识并不容易，矛盾更主要集中在各国希望优先保护的产品上。日本的“敏感产品”更多，需要作出的牺牲更大。

日本加入 TPP 的决定受到了日本国内利益相关者，尤其是农业团体的反对。为安抚农业团体和其他对日本加入 TPP 持怀疑态度的利益人，自民党 TPP 对策委员会 3 月 13 日晚间通过一份决议，要求政府在谈判中确保大米、麦类、牛猪肉、乳制品、糖类作物五项重点保护农副产品，以及国民全民保险制度等“圣域”。如若不能保全，日本应不惜退出 TPP 谈判。而 TPP 协议中明确要求 TPP 成员国间实现完全零关税，在原则上没有例外。

此外，美国对日本的加入也存在矛盾心理。一方面，作为美国经济复苏的重要举措，美国希望世界第三大经济体日本加入 TPP 谈判，以扩大 TPP 的规模，增强 TPP 的影响力，助其重返亚太，并将此视为日本强化日美同盟诚意的重要指标。另一方面，双方在经济上互补性不强，在汽车、牛肉等产品的准入标准上分歧很大。如不能真正撬开日本的农业和汽车市场，美国国会仍有可能不会通过日本加入 TPP 谈判的申请。

以上种种都表明，日本加入 TPP 谈判或致 TPP 谈判本身更加艰难。

（四）对我国的影响

迄今为止，美国主导下的 TPP 并未对中国发出谈判邀请。中国对 TPP 虽持开放态度，但仍强调 TPP 谈判是一个独立于东亚合作机制之外的磋商进程，中国将一如既往地推动东亚合作向纵深发展。可见中国对 TPP 仍持谨慎看法。日本加入 TPP 后，美日 GDP 总量将占到 TPP 谈判国 GDP 规模的 91%，TPP 将成为事实上的美日 FTA 和美日亚太自贸区，有利于美国控制东亚经济一体化的主导权，而游离于体系之外的中国在出口、跨境直接投资、区域经贸合作上都将受到较大冲击，进而影响我国稳步主导的东亚经济一体化进程，削弱我国在亚太区域合作机制中的话语权和影响力。

另外，根据美国知名智库彼特森国际经济研究所（PIIE）估算，随着日本在 TPP 市场竞争力的提高，中国因贸易转移而遭受的损失将增加 150 亿美元。尽管这些损失相较于中国的 GDP 并不算多，但 TPP 或将冲击亚洲十六国区域全面经济伙伴关系（RCEP）谈判进程。

三、日本能否最终加入 TPP 谈判仍存一定变数

根据日程，11 个参加 TPP 谈判的国家将于 5 月 15 日在秘鲁首都利马举行扩大

谈判。日本在这期间将面临诸多困难。

第一，11个TPP谈判成员国中，美国、澳大利亚、新西兰3国尚未同意日本加入。日本想要加入TPP谈判，尚需得到上述3国同意。由于美国国会批准日本加入谈判需要90天等待期，而按照现有日程，2013年只剩5月份、9月份两轮谈判。日本将赶不上5月份的谈判，要真正坐到谈判桌前还得等到9月份。其间，美国各大产业界可能加大对国会的游说力求让日方作出更多让步，而这反过来又会加大日本国内反对TPP的声音。

第二，先期谈判国是否能容忍日本重提条件仍是一个未知数。与日本相比，其他谈判国的“敏感产品”并不多，即使最后容许存在可继续征收关税的例外商品比例为5%，考虑到日本目前与其他国家达成的自贸区中近20%的例外商品比例，日本仍需作出巨大“牺牲”。不少现有谈判国担心日本加入TPP谈判会使形势更复杂。

第三，来自日本国内的反对声音依然强大。若安倍政权不能很好处理来自国内的反对声音，且日本国内政局若发生重大变化，也将对日本加入TPP谈判产生影响。日本最终何时加入谈判以及谈判前景如何仍值得各方高度关注。

（高明宇　尹晓君）

东盟经济一体化前景分析*

经济共同体构建是东盟经济一体化新的里程碑。该共同体的性质和内涵不仅攸关东盟整体走向，对我国与东盟关系也会带来广泛影响。依据现有的政治经济条件，东盟经济共同体更可能是一个自由贸易区的延伸版，短期内很难形成一个次区域关税同盟，更不可能形成劳动力、资本和服务充分自由流动的共同市场。目前，东盟经济共同体对我国经济负面影响甚微，其顺利发展则有助于深化中国—东盟经济关系。但长远来看，它对我国周边外交会带来一定的潜在冲击。

一、东盟经济一体化的现状、特点与动力

东南亚地缘位置优越，自然资源丰富，人口规模庞大，发展潜力可期，是区外大国高度关注、重视和积极介入的区域。冷战结束以来，通过不断深化的地区经济合作，东盟已发展成为国际经济格局中的一支重要经济力量。

（一）东盟经济一体化的发展态势

1. 自由贸易区成效明显

自由贸易区（FTA）是东盟经济共同体的出发点。截至2011年12月，东盟自由贸易区（AFTA）已取得明显成效。老东盟六国（新加坡、马来西亚、印度尼西亚、泰国、菲律宾和文莱）之间已取消了99.65%的关税，几乎实现了零关税的自贸区目标。新东盟四国（柬埔寨、老挝、缅甸和越南）的平均关税也已大幅降至2.6%的新低。不言而喻，自贸区建设为推动更全面、更深入的经济共同体打下了良好基础。

2. 经济共同体建设完成近八成

按照《东盟经济共同体蓝图》的规定，东盟经济共同体的四个主要目标是：

* 本文写于2013年11月。

（1）建成一个单一的市场和生产基地；（2）建成一个竞争性的经济区；（3）经济均衡发展；（4）融入全球经济。2013 年 4 月举行的第 22 届东盟峰会声明称，截至 2013 年 3 月 31 日，上述蓝图中的 259 项措施已得到实施，东盟经济共同体按计划完成了 77.54% 的既定目标。

3. 与区外经济合作表现突出

双边合作和整体参与是东盟成员国推动国际经贸合作的主要形式。相对而言，对外经济合作是东盟经济一体化表现最突出的环节。东盟经济一体化主要在三个层面展开：一是东盟区内经济一体化，东盟特惠贸易安排（APTA）、东盟自由贸易区（AFTA）和东盟经济共同体（AEC）是东盟经济合作的基本路径；二是东盟与区外国家的自由贸易区，其中包括正在筹划和推动的“区域全面经济伙伴关系”（RCEP）谈判；三是东盟成员国与区外国家的双边或多边自由贸易协定。

（二）东盟经济一体化的特点

纵览东盟经济一体化进程，其特点可从四个方面来总结。

1. 南南型区域经济合作模式

研究表明，北北模式和南北模式是地区经济一体化能够实质推进的基本方式。综合来看，东盟还是一个发展中地区，经济一体化仍属发展中国家之间的南南模式。

2. 东盟一体化的立足点

经济一体化是东盟一体化的核心环节。本着由易到难的渐进原则，相对于更敏感和复杂的政治安全领域，促进经济合作符合所有成员国的利益，且能带来巨大的现实利益。经济一体化是凝聚东盟共识、提供发展动力的重要途径，是共同体建设的核心环节和立足点。

3. 显著的经济外部关联性

经济共同体是东盟国家参与国际经济活动的坚实背景，是维护和促进成员国经济利益的重要工具。经济一体化成果可以演化为东盟国家在国际经济谈判中的重要筹码，进而增加东盟整体或单个成员国的国际竞争力，是东盟国家获取政治、经济利益的重要途径。通过整体参与、集体谈判方式，东盟国家最大限度地利用了亚太地缘政治环境提供的机会，成为亚太不可忽视的地区行为体。

4. 东亚地区是东盟获取内部合作动力和经济利益的主要依托

2011 年，东亚区内贸易依存度已升至 54.1%，直接投资依存度则升至 29%，区域整体经济实力不断增强，已成为全球最具经济活力的地区。借助于东亚特殊的地缘政治环境，东盟占据着东亚经济合作的主导权，并因此争取到了良好的发展空间和大量的经济机遇。经济共同体是东盟亚太战略思维的必要手段。大国的关注和介入是东盟总体战略的基础。这样的地区态势也为东盟提供了战略机会。

（三）东盟经济一体化的动力

内在动力和外在压力是推动东盟共同体建设的两大基本动因。

1. 政治推动是最大动力

东盟是一个自上而下的政治经济过程。在不同的发展阶段，东盟的合作目标有所不同，但政治意愿和政治推动始终是东盟经济合作的基本动力。

2. 经济发展的内在驱力

地区经济一体化具有促进成员国经济发展的功能。它意味着更大的市场和贸易创造效应；有利于成员国吸引外资、特别是技术密集型外资，以促进成员国的研发活动和产业升级；有助于成员国更好地参与到地区和全球生产网络之中，在国际分工中占据一席之地；有助于强化国内竞争，提高生产率，创造就业机会，进而促进国内经济增长。

3. 对外战略动因

一方面，此举可望提高与其他大国交涉的能力，借助一体化的东盟机制，各成员国可以发挥超越其自身力量的更大影响力。另一方面，经济一体化可以帮助东盟在国际经济格局中占据更佳位置，减少对外部大国的经济依赖性，增强成员国经济的自主性和独立性。毫无疑问，东亚是东盟对外战略的着力点。维持在东亚经济合作中的既得利益是东盟推动经济一体化的现实动力。

二、东盟经济一体化的发展趋势评估

经济一体化是在特定的政治环境、经济基础和社会条件之上的政经过程。东盟是一个相对异质性的地区组织，多样性、差异性相当显著，在自然条件、社会文化、宗教信仰、经济发展、政治制度等方面都存在较大反差。东盟经济外部依赖性突出，缺乏一个能够提供市场、资本和技术的核心国家，相互间的产业结构和发展模式颇为雷同，经济竞争性远大于互补性。东盟潜在的内部矛盾并未消失，成员国政治互信不足，普通民众对东盟的认同度也不高。东盟是一个松散的地区集合体，东盟方式不利于复杂的经合进程。综合来看，东盟经济一体化虽有强劲的政治支持，但经济合作的初始条件并不成熟，内在挑战依然巨大。

（一）经济共同体是东盟自贸区的延伸

从地区经济一体化的理论和实践来看，从低到高，地区经贸合作大致可以分为六个阶段：特惠贸易区、自由贸易区、关税同盟、共同市场、经济联盟和完全经济共同体。每个阶段都有其具体特点和要求。以此衡量，东盟经济共同体的发展阶段均不符合相关阶段的基本特征。

东盟经济共同体的基础是自由贸易区。东盟自贸区在商品货物的自由化方面基本上实现了零关税的目标，但并不彻底，新东盟成员国尚有降低关税的空间。服务贸易（银行业、电信业、教育和旅游）开放和非关税壁垒消除相对缓慢。在通关手续简化、检验检疫、产品认证、法律协调等方面以及投资领域，东盟自贸区还存在大量欠缺。各国经济政策差异显著，政策一体化仍处初级阶段。总体而言，东盟自贸区并未完全实现。

东盟经济共同体不具共同市场特征。东盟经济共同体建设的首要目标是要建立单一市场和生产基地。单一市场和生产基地又包含五个要素，即货物、服务、投资、资本和熟练劳动力的自由流动。东盟经济共同体的实质是建立这样一个共同市场。然而，东盟并无明确具体的行动目标和生产要素的自由流动标准，成员国间也没有经济要素自由流动所必需的完善便利的基础设施和交通运输网络，在区内经济水平相差悬殊的背景下，要素流动必将受到发达经济体和发展中经济体的政策限制。

东盟经济共同体回避了关税同盟。共同市场是在关税同盟的基础上发展而来的。它不仅需要成员国之间消除关税壁垒，对非成员国统一关税，还要求实现成员国的经济政策协调。东盟内部关税壁垒仍未消除，对外也不存在一个统一的关税安排。东盟共同体不是一个以让渡国家主权为主要特征的一体化合作机制。

因此，东盟经济共同体是在自贸区基础上向更高的一体化合作层面发展的尝试。它不是关税同盟，也不是共同市场，而是一个内涵外延较为模糊的经济聚合体。它是一个部分的、不完善的共同市场的雏形或初级形式，而非一个超国家经济实体。

（二）经济共同体的性质不会发生改变

实质性的地区经济一体化具有契约性、排他性、要素合作三个特点。以此衡量，中短期来看，东盟经济共同体显然不会发展成为一个契约性、封闭性和全要素合作的实质性经济组织。

东盟经济合作的非制度性难有质的改观。由于东盟国家之间在诸多领域的多样性和差异性，东盟方式仍是东盟发展进程中的核心特征。这意味着该组织难以超越非制度主义和非正式主义的合作实质。

东盟经济合作的开放性还将持续。东盟经济严重依赖外部市场。显著的外部依赖性不仅抵消了东盟经济合作的内在动力，也意味着东盟经济合作的开放性。

东盟经济合作领域的局部性。东盟缺乏一个引领经济一体化深入发展的核心国家，东盟区内难以满足成员国在投资、技术、人力资本，甚至市场的需求，全要素经济合作没有多大实际经济意义。因此，东盟经济共同体势必是一个部分要素合作的经济组织。

因此，东盟经济共同体的发展前景不会改变该组织的基本性质。考虑到东盟在东亚、亚太经济格局中仍处于相对较低地位，以及东盟经济的显著外部依赖性，即便达到共同市场的标准，东盟经济共同体的区域影响力也不会发生质变。

（三）经济共同体的主要目标仍是对内维稳、对外维持国际影响力

一方面，经济合作是东盟的政治工具，其目的在于通过更紧密的经济合作凝聚成员国，压制成员国间长期存在的潜在矛盾；另一方面，整体参与东亚和亚太经济合作进程，利用大国间的互疑和竞争带来的地缘政治经济机遇，取得并维持东亚经济合作的主导权是东盟的战略思路。无论经济共同体前景如何，东盟都会视之为维持和扩展其国际影响力的战略砝码。

三、现实与潜在影响

东盟经济共同体的推进意味着经济制度的完善、贸易壁垒的减少和交通网络等基础设施的改善。这为中国—东盟经贸合作的自由化和便利化创造了更好条件。然而，这也有可能对中国—东盟政治外交关系产生一定影响。

（一）深化经贸关系，创造“钻石十年”新篇章

东盟是当今世界政治经济版图中不可忽视的地区组织。东盟十国拥有443.6万平方公里国土面积、6.16亿人口、2.3万亿美元国内生产总值（GDP），进出口贸易约2.46万亿美元。作为一个整体，东盟是世界上人口规模仅次于中国和印度的第三大行为体，是经济规模仅次于欧盟、美国、中国和日本的世界第五大经济体，是经济规模仅次于我国的发展中世界第二大经济体，是贸易规模仅次于美国、中国、德国的第四大贸易体。

近年来，中国—东盟经贸往来一直保持着稳定发展之势，每年几乎都以1 000亿美元的速度增加。现在，双方互为最重要的贸易伙伴。2013年，中国和东盟达成共识，争取到2015年双向贸易额达到5 000亿美元，到2020年达到1万亿美元，今后8年双向投资1 500亿美元。经济迅速发展、人民收入稳步增长的东盟正成为我国在国际市场上日趋重要的经济伙伴。东盟经济共同体无疑将会为该经济关系增添新的动力。

（二）推动对外投资

东盟正成为我国对外投资的重要对象。近几年，我国对东盟的投资稳步增长，年投资增加均在2亿美元以上。在2012年中国与东盟114.89亿美元的双向投资中，我国占比已提高到38.5%。东盟国家丰富的自然资源禀赋、蕴含的市场潜力

和地理邻近的优势，结合中国“走出去”的发展需求，将会加速中国企业投资东盟的行动步伐。

（三）拓展经济空间

我国正面临着产业结构升级和产业转移的压力。我国工业体系完善，技术水平领先于大多数发展中国家，在资源密集型和劳动密集型产业方面具有较强的竞争优势。无论是在自然条件还是社会文化条件上，东南亚都是我国传统产业转移的首选之地。东盟经济一体化是一个发展机遇，东南亚将为我国经济增长和产业转型升级提供新的动力，为我国经济发展创造新的增长点。

（四）稳定外部经济环境

我国的外部经济环境正面临着诸多挑战。东盟经济共同体及其主导推进的RCEP 有利于稳定和改善我外部经济环境。从战略上看，经济一体化直接关乎东盟组织的发展前景，并因此对中国—东盟政治外交关系产生间接影响。

1. 东盟政治外交共同体将带来政治竞争压力

根据经济合作的外溢效应，一个更为制度化和正式化、经济上联系更紧密的东盟意味着一个潜在的外交共同体，甚至政治共同体的逐渐形成。这样，更趋一体化的东盟不仅在亚太政治格局中拥有更大的影响力，其共同对外的外交姿态可能更趋明朗化。这对于中国—东盟关系无疑也将带来一些不确定性。

2. 助长联合防范中国的潜在思潮

东南亚国家在历史文化上与我国渊源深厚，但面对统一而强大的中国，东南亚诸国却一直心存芥蒂。面对崛起的中国，东南亚国家一方面积极拓展和我国的关系，加强经贸等各方面合作；另一方面并未放松对中国的防范和戒备。在共同体形成的背景下，东盟内部联合对抗中国的思潮不可忽视。

3. 增加处理南海争端的难度

东盟经济一体化程度的加深，各国相互依赖的程度提高，很可能造成东盟某些成员国以自身利益捆绑东盟，以实现自身目的。东盟共同体的发展必然伴随着各成员国政策的协调和利益整合，这无疑将对中国“多边框架下双边协商”的南海争端处理方式提出挑战，给中国—东盟关系带来更多的不确定因素。

四、政策建议

东盟经济一体化的发展对我国既是机会，又有一定的潜在挑战。面对东盟经济合作的发展势头，我们有必要未雨绸缪，对未来可能的变局和风险做好准备，充分利用东盟经济一体化带来的好处，促进中国—东盟关系的平稳发展，为和平崛起创造稳定的外部条件。

（一）坚持视东盟为我国周边外交的优先方向

东南亚对我国和平发展意义非凡。我国的东盟政策应被置于东亚、乃至亚太的大背景下加以考虑。支持东盟的发展和壮大，支持东盟在东亚合作中继续发挥主导作用，符合我国周边战略利益。经济合作仍是中国—东盟关系的主线。创造并合理分配共同利益，提升相互经济依存度，是未来对东盟工作的主要思路。

（二）高调支持东盟共同体建设

东盟经济共同体可能是我国经济融合东盟的重要机遇。因此，在政治外交层面要高调支持东盟经济共同体建设，在东盟经济共同体基础性项目中寻找合作机会，推动东盟内部及与我国互联互通，协助东盟如期建成经济共同体。在这个过程中，积极推进和深化中国—东盟经济整合。在自由贸易区的基础上，加强与东盟的协调合作，利用自由贸易区的机制优势，推进国内产业升级和对东南亚的产业转移。

（三）加快推进亚洲基础设施投资银行建设

亚洲基础设施投资银行有助于我国发挥在东南亚互联互通方面的引领作用，促进对亚洲特别是对东盟的直接投资，为我国在东盟经济活动提供强有力的政策和资金支持。与此同时，积极推进清迈倡议多边化，加快 10 +3 宏观经济研究办公室（AMRO）国际化进程，鼓励在双边贸易和投资中使用本币结算，推动双边货币互换协议的签署和实际使用，为双边贸易投资提供便利。

（四）加强与东盟国家政府部门的多边和双边联通机制

中国同东盟国家可在旅游、信息通讯、基础设施建设、农业、人力资源开发、相互投资、财经、湄公河流域开发等重点领域开展合作。与东盟国家的相关职能部门建立政策交流和协调的定期联通机制，是推动与东盟国家经济关系的重要手段。

（五）区别对待，重点扶持几个东盟国家

坚持通过多边框架下的双边谈判应对与东盟国家的领土争端问题。实行“分化外交”，选择其中一个或几个国家（如柬埔寨、老挝、缅甸等）作为重点争取对象，保障中国在本地区的利益，防止东盟在相关问题上抱团。在与东盟部分国家存在领土争端的现实背景下，加强与东盟次区域合作成为必要而可行的选择。譬如，我国与老挝、越南、泰国、柬埔寨、缅甸五国在大湄公河次区域经济和安全

方面的合作极大促进了该地区的经济发展和资源开发，这也有助于平衡东盟经济体可能对我国造成的负面影响。

（六）积极支持东盟倡导并主导的 RCEP 建设

在美国推行亚太再平衡战略和构建 TPP 大背景下，我们有必要依据东盟的战略要求和安排，在区域合作进程中主动发挥积极作用，推动 RCEP 谈判进程。

（胡振虎　韦　民　周强武）

印度—东盟加强经贸合作分析*

20 世纪 90 年代，印度出台“东向”政策，积极推动发展与东盟及东盟国家关系。进入 21 世纪后，随着国力持续增长，印度“东向”政策进入新阶段。与此同时，东盟出于自身利益考量，开始“向西看”。双方在经贸合作等领域取得了较快发展。现对印度与东盟加强经贸合作的原因及前景作简要分析，供参考。

一、印度—东盟经贸合作现状

近年来，印度与东盟积极互动，不断深化经贸合作，取得显著成效。

（一）双边自贸谈判进程稳步推进

2002 年，印度和东盟举行首次领导人会议，建立印度—东盟“10 + 1”对话机制，标志双方关系进入一个新阶段。2003 年，双方第二次领导人会议签署《印度与东盟全面经济合作框架协议》，开启自由贸易谈判进程。2008 年，双方达成《货物贸易自由协定》。2012 年，双方宣布将双方对话合作关系升级为战略合作伙伴关系，同时完成了在服务贸易和投资领域的自贸协定谈判。印方还表示，已做好准备参与“区域全面经济伙伴关系协定（RCEP）”谈判。

（二）次区域经济合作机制蓬勃发展

为进一步推动湄公河和恒河流域国家在贸易、投资等领域的共同发展，印度与柬埔寨、老挝、越南、泰国和缅甸成立湄公河—恒河经济合作组织，通过并实施《湄公河—恒河合作河内行动计划》。此外，还建立了孟印缅斯泰经济合作组织（MASTEC - EC），包括孟加拉国、印度、斯里兰卡、缅甸、泰国、尼泊尔和不丹等 7 个成员国，旨在强化南亚和东南亚两个区域在历史传统和文化习俗上的联系，

* 本文写于 2013 年 11 月。

推动自贸区谈判，发展贸易与投资潜力。该组织已成为沟通东盟和南盟（南亚区域合作联盟）的重要桥梁。

（三）双边贸易额和投资规模不断扩大

印度与东盟双边贸易额从 2003 年的 98 亿美元增长至 2012 年的 790 亿美元。双方还表示，到 2015 年实现双边贸易额达 1 000 亿美元，2022 年再翻一番至 2 000 亿美元。目前，东盟和印度互为对方第三和第七大贸易合作伙伴。此外，双方投资规模不断扩大，印度对东盟净投资额由 2008 年的 5.46 亿美元上升至 2010 年的 25.8 亿美元；截至 2012 年，印度与东盟双向投资额累计达 430 亿美元。

二、印度—东盟加强经贸合作原因分析

（一）双方经济快速发展增强了进一步融合的需求

双方均看好彼此的经济增长潜力。一方面，印度希望借助新加坡、马来西亚、泰国等国经济的转型机遇，承接其淘汰的部分劳动密集型产业，并结合印度在高科技研发领域的优势，吸引东盟国家的技术和投资。另一方面，虽然受到金融危机冲击，但东盟经济仍然保持较好增长势头。经济合作与发展组织 2010 年发布数据显示，2011—2015 年，东盟年均经济增长率将维持在 6.0% 的高位。东盟则希望借助印度国力上升契机，进入印度庞大、快速成长的市场，以扩大东盟经济发展的支撑面。相对发达的泰国、新加坡等国希望通过增加对印度投资、与印度签订自贸协定等方式加深与印度的合作关系，为本国企业寻找更多商机；而越南、老挝、柬埔寨和缅甸等欠发达国家则期待印度在减税、贷款和人力资源开发等领域对其进行多方位援助。

（二）带有制衡中国的意图

随着中国综合国力日益强大，东盟国家和印度对“中国崛起”的担心普遍增加，认为“中国崛起”会对该地区造成威胁。东盟推行“大国平衡”政策，旨在借助美国、日本、印度等大国力量制衡中国在东南亚的影响力。目前，美国、中国、俄罗斯、日本、印度等 5 个大国均被纳入东盟的全面对话伙伴网络，形成了多角重叠、相互牵制的局面。与此同时，尽管中印关系不断改善，但追求世界大国地位的根本利益决定了印度不得不考虑中国崛起对其造成的消极影响，因此将在一定程度上迎合周边及西方国家对中国“集体疑惧”与“共同制约”的心态，限制中国区域影响力的扩大，试图通过与东盟合作掌握未来亚洲区域整合的主导权。印度加强与东盟经贸合作，在一定程度上也受到中国与东盟关系快速发展的刺激

和推动。

（三）文化和战略安全因素的考量

东南亚地区受印度文明影响深远，东盟作为东南亚地区的核心，双方在文化背景、语言和宗教等方面存在相似性，使双方更容易得到彼此认可。此外，双方在战略安全方面有着较强烈的合作意愿。“9·11”事件后，东南亚一度成为全球另一个恐怖主义活动中心，该区域的多个恐怖组织与基地组织存在联系。而印度一度视克什米尔地区的穆斯林武装组织为“跨境恐怖主义组织”，希望通过与东盟加强合作，获得也被恐怖主义威胁所困扰的东盟国家支持。

（四）保障能源运输线的安全

中国、印度、巴西等发展中大国在实现经济高速发展的过程中，需要消耗大量能源资源。因此，确保能源运输线安全成为各国关注的重点。东盟国家与印度都位于马六甲海峡和印度洋两大重要能源运输要道，在维护能源运输安全上需要相互支持。东盟作为能源丰富的资源输出地区，海上安全至关重要。印度则需要强化对东南亚战略要地的掌控，以确保穿越南海抵达东北亚和美国贸易航道安全。近年来，双方加强在军事联演、反海盗及海上联合巡逻等方面的合作，以确保维护双方能源管道安全和畅通。

三、印度—东盟经贸合作前景展望

（一）双方合作仍有进一步发展的广阔空间

目前，印度与东盟双边贸易和投资虽发展迅速，但仍有更大发展空间。（1）双边贸易总量仍相对较低，且贸易对象比较单一。目前，双方贸易额占东盟贸易总额比重仅为2.8%，双方贸易活动的85%—90%是与新加坡、泰国、印度尼西亚和马来西亚等东盟较发达国家完成的。但印度与东盟部分欠发达国家也存在较强经济互补性。东盟国家中以农业为主的国家，工业基础相对薄弱，需要资金支持，印度经济崛起使其有能力逐步加大对外投资，而双方经济的互补性也为印度投资东盟提供了现实条件。如缅甸、越南等国家需从印度进口药品、建材、钢材等，印度则需从东盟国家进口大米、豆类、橡胶和玉石等。（2）双方相互投资不平衡，水平也较低。东盟是印度的主要外资来源地之一，但印度向东盟投资较少。印度在东盟国家的直接投资仅占东盟国家吸引对外直接投资的0.2%。

（二）双方合作领域将不断拓宽

印度和东盟成员国都面临产业结构调整的艰巨任务，发展服务业和扩大服务业对外开放成为必然选择。旅游业是东盟国家的支柱产业之一，而印度与东盟旅游资源互补性强，且消费市场巨大。2012 年，东盟与印度签署《旅游合作备忘录》，以促进东盟和印度之间更紧密的旅游产业发展。2010 年印度赴东盟游客从 2009 年的 27.6 万人上升到 43.9 万人，而 2011 年赴东盟的印度游客达 220 万人，同比增长 10%。双方旅游业的发展将带动酒店、餐饮、建筑等领域投资。随着双方自贸谈判进程的推进，双方将进一步开放服务贸易市场，拓展合作领域，并逐步加强金融领域的合作。

（三）双方合作仍面临巨大挑战

印度与东盟均为发展中国家，经济整体发展水平不高。双方在纺织品、农产品等领域相互竞争，而这部分产品占印度出口总额的 40%，经济优势互补性的降低在一定程度上限制了双方经济合作的发展。而东盟基于“大国平衡”战略，从自身战略利益角度出发展开了多个区域经济合作模式，如与中国、日本、韩国的“10 + 1”机制，多个“10 + 1”机制存在有助于东盟从不同的合作伙伴之间各取所需。而印度在产业结构、工业水平和对外投资等方面远远落后于中国、日本、韩国。也就是说，一旦印度对东盟提出苛刻的合作条件，东盟势必会寻求与其他对象的合作，从而对印度形成制约。

四、几点看法

（一）为中国对外经济活动提供了更广阔的空间

近年来，我国积极寻求加强同印度和东盟的经贸关系，2010 年全面建成中国—东盟自贸区，目前中国为东盟第一大贸易伙伴，东盟为中国第三大贸易伙伴；与印度经贸合作也不断深化，中国已成为印度第二大贸易伙伴。但尚未形成一个与南亚、东南亚的经济合作机制。印度与东盟区域经贸合作为我国对外经济活动提供了更广阔空间。我国应在不断深化与东盟合作的基础上，加快中印经贸合作：一方面借助中国—东盟自贸区和印度—东盟自贸谈判发展的良好态势，积极推进中国—印度自贸谈判，争取形成中国、东盟、印度三方贸易自由化市场，发挥各自比较优势，拓宽和深化三方战略性经济合作。另一方面，利用现有交流平台，如中国—东盟博览会、大湄公河次区域合作机制等，主动邀请与印度一道共同加强与东盟的经贸合作，增强中印在东南亚的共同利益和合作意愿。

（二）印度与东盟经贸合作深化将加剧与中国在该区域投资、能源等领域竞争

中国和印度两国都是崛起中的大国，对原材料、市场、投资、能源等各领域需求将不断加大。而东盟作为中国和印度优先发展的经贸合作伙伴，无疑将成为竞争焦点。目前，中国与东盟经济合作的深度和广度虽然遥遥领先于印度与东盟间的合作，但应看到，印度与东盟的合作正迎头赶上。更重要的是，中国和印度都是能源进口大国，能源是两国能否取得经济可持续发展的关键因素。近年来，中国和印度在全球范围内竞相签署石油和天然气协议。从经济成本考虑，能源丰富的俄罗斯和东盟国家无疑是这两国合作的最佳选择。因此，中国和印度在东盟国家的能源竞争将成为对两国和各自双边经济关系影响最大的竞争。

（三）中国应加快实施“西进”战略

当美国战略重点“东移”，欧盟、印度、俄罗斯“东望”，东盟“向西看”之际，地处亚太中心位置的中国，不应将眼光仅局限于沿海地区、传统竞争对象与合作伙伴，而应有“西进”的战略谋划，从而实现中国地缘战略的再平衡。一是通过扩大同西部诸国（南亚、中亚、中东、中东欧等）的经贸合作和经济援助，让中国企业从西面“走出去”，促使国内产业布局的调整和向西部地区的转移，从而加快中国西部地区发展；二是通过与西部周边国家的跨国陆上通道建设和对外交往的门户建设，带动中国西部内陆省份经济和社会发展；三是统筹规划并与多国合作，确保西部境外丰富的油气资源和其他大宗商品的供应渠道畅通。可分为南、中、北三线，加快建设中国主导的“新丝绸之路”，东起中国东部，横贯亚欧中部地区，横贯亚欧肘部地带，西达大西洋东岸、地中海沿岸各国。从中国西部通向印度洋的大通道也应尽快建成。

（于　晓）

美欧《跨大西洋贸易与投资伙伴关系协议》谈判最新进展及影响分析*

2013 年 2 月 13 日，美国与欧盟领导人发表联合声明，宣布将尽快启动美欧《跨大西洋贸易与投资伙伴关系协议》（Transtlantic Trade and Investment Partnership, TTIP）谈判。TTIP 是美欧在各自经济不景气情况下，试图通过消除贸易与投资壁垒促进经济增长与就业的一种尝试，也是美欧试图维护全球经济主导地位的重要举措，势必将对现有世界贸易组织（WTO）主导下的全球多边贸易体系以及其他区域贸易体系造成一定冲击。

一、TTIP 的提出及近期最新进展

2011 年 11 月 28 日，在美欧峰会上双方同意成立就业与增长高级别工作组（High－Level Working Group on Jobs and Growth，HLWG），该工作组由时任美国贸易代表柯克（Ron Kirk）和欧盟贸易委员德古赫特（Karel De Ducht）共同领导，旨在通过制定相关政策与措施，促进美欧贸易与投资，推动双方就业与经济增长，提高国际竞争力。工作组于 2013 年 2 月 11 日递交最终报告，建议启动 TTIP 谈判，并对谈判内容及目标提出建议。

2013 年 2 月 12 日，美国总统奥巴马在国情咨文中表示，美国政府将向国会正式通报启动 TTIP 谈判。2 月 13 日，奥巴马与欧洲理事会主席范龙佩、欧盟委员会主席巴罗佐发表联合声明，双方约定将尽快启动 TTIP 谈判的各自内部程序。该声明指出，美欧经济关系已经成为世界上最重要的经济关系，经济总量占全球的一半，商品和服务贸易额占全球的三分之一；TTIP 将推动贸易与投资自由化，消除关税与非关税壁垒，加强全球贸易与投资规则，完善多边贸易体系。

* 本文写于 2013 年 4 月。

2013 年 3 月 15 日，欧盟委员会就 TTIP 草案达成一致，并准备将草案提交欧洲理事会审议。3 月 20 日，美国政府正式向国会通报将启动 TTIP 谈判。美国代理贸易代表马兰提斯（Demetrios Marantis）在向国会提交的信函中表示，全面、高标准协议将极大推动美欧间的贸易与投资，并带来新的商业机遇和就业机会。

根据双方计划的时间表，美欧领导人将于 2013 年 6 月 17—18 日在英国举行的八国集团峰会期间正式宣布启动 TTIP 谈判，并于 7 月初在美国华盛顿举行第一轮谈判。

二、谈判涉及内容及障碍

根据美欧公布的谈判内容，TTIP 将涉及四方面内容，即全面消除关税壁垒，进一步开放服务业、投资与政府采购市场，实现监管趋同，以及共同应对国际贸易挑战。

（一）谈判涉及内容

1. 全面消除关税壁垒

跨大西洋贸易关税壁垒相对较低，根据 WTO 统计，欧盟的平均税率为 5.2%。由于美欧间贸易量巨大，双方应尽力降低关税造成的贸易成本。TTIP 短期内应率先取消最为敏感的关税，随后逐步取消其他关税，并最终全面实现所有工业产品和农业产品交易的“零关税”。

2. 进一步开放服务业、投资与政府采购市场

一是进一步开放服务业市场。TTIP 下的服务业贸易自由化程度应在美欧间所有贸易协议中最高，同时还应消除长期存在的市场准入障碍、开放包括交通运输在内的新的服务业市场；二是进一步实现投资自由化并完善投资保护机制；三是进一步开放各级政府采购市场，以创造新的商业机会。据统计，目前欧洲的政府采购创造了 25% 的 GDP 和 3 100 万个就业岗位。

3. 实现监管趋同

目前，美欧贸易中影响最大的贸易壁垒并非关税，而是“境内壁垒”（behind the board），如不同的安全和环境标准。由于监管程序及标准存在差异，美欧间商品为实现流通往往需要付出双倍费用和时间。“美欧就业与增长高级别工作组”建议，为构建一体化跨大西洋市场，TTIP 应进一步降低贸易成本并提高行政效率，确保在公共健康、食品安全、消费者权益及环境保护等方面实行高标准，同时有效降低非关税壁垒，减少企业创新发展的阻碍，提高竞争力。提高双方监管政策的一致性，将有效降低监管制度差异带来的交易成本，可以运用对等、互认等方法实现双方现有监管制度对接。根据欧盟公布的 TTIP 备忘录，双方将就健康卫生

标准和技术壁垒进行谈判，力争达成一致的标准和流程，还将为促进化学、汽车、制药以及医疗器械等健康部门监管机制的兼容性开展工作。由于众多的监管差异难以一次性消除，双方计划通过执行长期有效协议（Living Agreement）保障逐步实现监管趋同。

4. 共同应对国际贸易挑战

为共同应对国际贸易领域的挑战，TTIP 将超越双边范畴，引导建立多边贸易体系的全球性规则。TTIP 将涉及知识产权保护、贸易与可持续发展、贸易投资便利化、竞争政策、国有企业、原材料与能源政策等领域，以及如何深化上述领域的合作。

（二）TTIP 将面临诸多障碍

目前，美欧间关税水平已经很低，因此完全消除关税壁垒应不难实现，但在其他方面或将面临诸多障碍。欧盟贸易委员德古赫特分析指出，公共采购、服务市场开放以及监管趋同将成为谈判的难点。首先，美国的政府采购政策不仅限于联邦层面，也存在于各州层面，短时间内很难实现标准统一；其次，服务业是无形的但也是被严格监管的，进一步开放占据两岸出口额 50% 的服务业将十分复杂；再次，作为协议中最核心的部分，监管趋同能否成功达成将在很大程度上决定经济效益。此外，欧洲议会国际贸易委员会认为，动植物检疫标准、知识产权及数据保护也将成为谈判焦点。由于监管机制和标准很难完全达成一致，谈判最终能否成功还将取决于公众的接受度以及政治博弈。

三、几点看法

（一）TTIP 旨在维护美欧对全球经贸格局与规则的主导权

近 15 年来，随着全球经济中心从大西洋向太平洋转移，东亚区域经济一体化及“ASEAN + X”区域经济合作不断加强，中国、印度、巴西等新兴经济体在全球经济格局中所发挥的作用不断提升，在国际贸易规则制定中的话语权不断增强，美欧等发达经济体在全球经济中的主导地位受到严峻挑战。为此，美欧希望通过建立新的贸易框架强化对国际贸易规则的控制，以“示范效应”输出于己有利的工业标准及贸易规则，共同维护美欧在全球经贸格局中的主导地位和影响力。

美国已先后推出跨太平洋战略经济伙伴协定（TPP）和 TTIP 两项重要举措，两者互为补充，旨在为美国构建一个新的横跨大西洋和太平洋的全球经济贸易框架，推动国际经济治理结构权利再分配。马兰提斯表示，TTIP 发出了深化合作、共同提振世界经济的明确信号，与美国以多边贸易谈判为对外贸易战略基石的立场并不矛盾，有利于主要经济体展现领导力，也有助于美国落实关于构建更开放、高标准的全球多边贸易体系的承诺。

在 TTIP 的推进过程中，欧盟表现得更为积极，主要由于欧盟担心美国“重返亚太”战略造成的战略重心转移会威胁其国际贸易地位，进而导致其对美国及亚洲国家贸易额和投资额下降。欧盟一方面极力说服美国启动 TTIP，通过消除双边关税及制度壁垒扩大双边贸易与投资；另一方面积极与亚洲国家开展自贸协议谈判，目前欧盟与东盟 10 个成员国均已正式启动自贸协议谈判。此外，欧盟已于 2011 年与韩国签订了自贸协议，并于 2012 年底启动了与日本的自贸协议谈判。

（二）TTIP 将推动欧美经济增长与就业

在“财政悬崖”和主权债务危机的重压之下，美国经济复苏形势仍不稳定，欧洲经济前景仍不明朗，同时就业市场依然乏力，政府均亟需找到推动经济增长与就业的新动力。若 TTIP 达成，关税壁垒的完全消除将进一步降低美欧贸易与投资的直接成本；同时，包括市场开放及监管趋同在内的一系列降低非关税壁垒的努力也将有力降低由官僚主义和制度差异所带来的隐形成本、扩大美欧贸易与投资规模，进而有效推动经济增长与就业；此外，监管趋同形成过程产生的全球贸易“示范效应”将给美欧两个经济体的贸易与投资带来良好而深远的影响。

据美国贸易代表办公室统计，目前欧盟为美国最大的出口市场，年商品贸易出口总额达 4 590 亿欧元，美国与欧盟的相互投资总额达 4 万亿欧元，带动双方 700 万个就业岗位。美国贸易代表办公室认为，TTIP 将进一步拓宽美欧间的贸易与投资，有力推动美国的就业和经济增长，提升国际竞争力。同样，欧盟也对 TTIP 寄予很高期望，欧盟预测，TTIP 每年将分别为欧盟和美国带来 1 190 亿欧元和 950 亿欧元的收益，平均每年为每个欧洲和美国家庭分别增加 545 欧元和 655 欧元的可支配收入，美欧出口额将分别上升 8% 和 6%，全球年均收入将因此增加 1 000 亿欧元。总体上看，TTIP 经济收益的 80% 将来自于非关税壁垒的减少。

（三）TTIP 将削弱 WTO 多边贸易体制的影响力，未来可能向多边贸易议程发展

WTO 多边贸易体制涵盖了全球绝大多数国家，是广泛接受的实现全球贸易自由化的主要渠道和最佳途径。但由于发达国家与新兴经济体在农产品市场准入及关税削减程度等方面无法达成一致，多哈回合谈判已陷僵局多年，直接造成了区域和双边贸易谈判的盛行。基于美欧的贸易规模及影响力，TTIP 形成的高标准贸易规则或将成为国际贸易规则的标杆，在 TPP 和 TTIP 的共同影响下，WTO 多边贸易规则的影响力将被削弱，久拖不决的多哈回合贸易谈判可能被继续搁置。在未来大量区域和双边贸易协定同时发挥作用的情况下，国际贸易规则的一致性和竞争环境的公平性将难以保证，国家间贸易争端的中立仲裁者也将缺位。

为了继续行使强有力的全球领导权，美欧很可能将 TTIP 协议发展成为多边贸易议程，广泛吸纳其他国家加入，最终可能取代现有 WTO 多边贸易体系。美国约翰·霍普金斯大学认为，美国应在多边体系中加强与第三国的交流合作，在考虑允许第三国加入的基础上，重新定位跨大西洋伙伴关系，强化国际经济秩序的基本规则。美国马德里圣保罗大学的施瓦茨教授指出，除了推动北大西洋两岸发展，跨大西洋经济发达区还应致力于促进全球经济繁荣，将美国和欧洲签订的双边与区域协议合并成为美欧联合多边发展议程。欧洲智库布鲁盖尔认为，WTO 多边贸易体系将因为 TTIP 而退出历史舞台，但不会整体消失，而是将成为一个国际劳工组织，将不再作出重要决定。

（四）TTIP 将对区域外经济体构成竞争压力，中国应积极应对

TTIP 谈判涉及的服务市场开放、公共采购、竞争与贸易便利化、劳工与环境标准以及知识产权等一系列贸易与投资高标准新规，将对欧美以外的其他经济体形成更高的贸易与投资壁垒，并产生贸易转移效应。同时，也将对服务业、能源、环境标准以及知识产权等领域较薄弱的亚洲新兴经济体构成竞争压力。

美国和欧盟分别是中国的第一和第二大出口市场，贸易和投资新规必将对中国外贸出口造成冲击，中国应积极妥为应对。首先，为在与美欧将进行的多边贸易谈判中争取有利地位，中国必须加快与周边国家及经济体的自贸区谈判步伐，与日、韩、东盟及其他亚太国家加强区域经济合作，积极推动中日韩自贸协定（FTA）及东亚地区区域全面经济伙伴关系协定（RECP）的谈判进程；其次，在贸易与投资领域应适当提高自由化程度，倒逼中国企业破除体制障碍，以竞争带动创新，进而促进产业转型、升级；再次，积极参与并努力推动多哈回合谈判，联合其他发展中国家利用现有 WTO 的多边贸易体系对美欧形成牵制。

（宋　馨）

美欧《跨大西洋贸易与投资伙伴关系协议》进展及欧盟主要谈判观点*

2013 年 7 月 8—12 日，美欧《跨大西洋贸易与投资伙伴关系协议》（Transatlantic Trade and Investment Partnership，TTIP）首轮谈判在华盛顿举行。双方确认将市场准入、监管趋同及非关税壁垒等方面的二十个议题纳入谈判框架，并就此进行了初步磋商。谈判结束后，欧盟公布了部分欧盟谈判立场文件（EU Initial Position Paper），阐述了其主要谈判立场。现将相关情况作出整理，供参考。

一、谈判最新进展

2013 年 6 月 14 日，欧洲理事会各成员国批准欧盟委员会启动 TTIP 谈判并制定谈判立场文件。2013 年 6 月 17 日，在法国举办的八国集团（G8）峰会上，美欧双方领导人共同宣布正式启动 TTIP 谈判。2013 年 7 月 8—12 日，TTIP 首轮谈判在华盛顿举行。

首轮谈判结束后，欧美双方认为，谈判基本覆盖了双方所关注的所有问题，并已开始探索如何达成协议，为 2013 年 10 月份于布鲁塞尔举行的第二轮谈判奠定了良好基础，以达到预期效果。双方强调，TTIP 的目的是在尊重双方立法权力，保障双方在各自认可的健康、安全和环保水平的前提下，实现美欧贸易与投资规则、制度的兼容甚至一致，从而建立一个更加完整的跨大西洋市场，推动双方贸易与投资增长，创造就业机会，强化双边乃至多边贸易体系，希望 TTIP 规则能成为国际贸易规则发展的基准和方向。

从谈判内容来看，由于目前双方关税在总体上已经处于较低水平，TTIP 谈判重点不在于关税的完全消除，而是如何消除包括境内壁垒（behind the board）、不

---

* 本文写于 2013 年 8 月。

必要的繁文缛节及其他非关税壁垒。首轮谈判确定的二十个议题具体包括：农产品和工业产品的市场准入、政府采购、投资、能源和原材料、监管问题、卫生与动植物检疫措施、服务业、知识产权、可持续发展、中小企业、纠纷解决机制、竞争、海关或贸易便利化、国有企业、电子商务与电讯、劳动力、问题解决机制、金融服务、竞争力。谈判期间，双方还与350个来自学术界、贸易联盟、私人部门和非政府组织的利益相关方进行了会谈，并共同制定了后续谈判计划。

总体来看，TTIP 谈判并非十分透明，在对外公布的材料中，双方并未指明主要分歧，美方也并未公布相关的谈判文件。但是，有分析指出，服务业与政府采购市场开放，以及制造业监管趋同的实现将是谈判双方的难点。

二、欧盟主要谈判立场

TTIP 首轮谈判结束后，欧盟公布了欧盟谈判立场文件，阐述了主要谈判观点，在很大程度上反映出 TTIP 未来的谈判方向，包括贸易与可持续发展、原材料与能源、政府采购与监管制度。

（一）贸易与可持续发展

社会发展、经济增长与环境保护是促进可持续发展的三个相互关联、相辅相成的要素；TTIP 应能体现欧美双方的可持续发展政策的重点，确保双方制定国家层面环境与劳动力保护准则的权利，推动双方修改相关法律和准则以实现更高层次的保护；同时，确保国内劳动力和环境标准不成为变相的保护主义或成为贸易和投资的竞争手段，确保各国规则的严格执行。

从具体内容来看，贸易与可持续发展主要涉及了劳动力保护和环境保护（包括气候变化）。TTIP 应推动环境产品与服务及环境友好型产品与技术的贸易与投资，推动保障计划和企业社会责任制可持续运用和发展。同时，TTIP 应在森林、渔业、野生动物和生物资源领域强调双方对于保护并可持续管理生物多样性和生态体系，以及可持续运用和管理自然资源的承诺，强调贸易在以上两方面的重要作用。一旦 TTIP 生效，应建立可持续发展目标的检测与评估机制与政策，应加强相关领域的合作、信息分享和对话机制。

（二）原材料与能源

随着全球各行业对于原材料和能源需求的不断增长，原材料与能源的有效分配对于欧美也越发紧迫，更需通过市场开放来获得外部供给。目前的 WTO 贸易规则和自贸协定并没有完全覆盖原材料和能源国际产品与贸易的相关领域，比如缺少针对原材料和能源出口管制的相关准则，缺少能源服务的标准定义等等。

TTIP 应构建一个开放的、稳定的、可持续的、透明的、可预测的、公平的原材料和能源贸易与投资的全面性政策框架，更好地推动包括能源与原材料的市场准入、分配、贸易与销售在内的市场准则与监管条例的运用，这些政策将超越现有 WTO 规则。

为此，TTIP 应就透明度、市场准入与无歧视、竞争力、可再生能源四个方面强化相关规则。(1) 透明度。提高行业执照核发程序及土地划拨条件的透明度。(2) 市场准入与无歧视。消除出口限制措施，禁止任何一方颁布当地含量要求 (Local Content Requirement)①；保障双方在资源开采允许权上的完全独立；保障双方获得开采、贸易与投资公平机会；制定能源产品的天然气管道和电网运输规则，尤其是对于管道垄断国家，在不允许构建私人能源运输设施或在经济上不可行的情况下，TTIP 应确保第三方准入 (Third Party Access)② 规则的强制性。(3) 竞争力。为保障双方能源产业的竞争力，TTIP 应限制政府对国内工业用户能源消费和能源产品出口实施价格干预；对于国有企业及具有特殊或专有权的实体所制定的特殊规则应进一步讨论并达成一致。(4) 可再生能源。在 APEC 环保产品协议的基础上制定新的规则；就解决非关税壁垒和贸易纠纷达成承诺，禁止再生能源产品、服务和投资的当地含量要求，对强制性技术转让应实施禁令；此外，通过 TTIP 谈判，应实现欧美国内政策和标准的相互融合。

(三) 政府采购

TTIP 的目标为切实开放美欧双方采购市场以扩大企业商业机会，进一步推动政府采购的全球自由化。因此，TTIP 应在政府采购协议（GPA）的基础上制订政府采购新规则，包括：以消除贸易壁垒为目的的国内政策调整，进一步扩大市场准入范围，以及扩大政府采购规则覆盖范围。欧盟希望通过制订高标准政府采购规则来带动未来 GPA 的更新。

政府采购部分包括以下谈判议题：(1) 消除贸易壁垒。消除跨境采购壁垒以及通过知名企业采购的壁垒，巩固并加强政府采购的信息透明度，减轻行政约束，确保电子采购规则的实际应用不会带来新的贸易壁垒，确保采购合同规模不用于规避市场准入承诺，确保技术规格不成为贸易壁垒，就中标的定性标准、资格认证程序及检测报告制订条规，改进绿色采购规则；(2) 覆盖领域。避免由国内偏好政策限制美欧之间的政府采购行为，确保联邦层面所承诺的政采领域也应用于

① 当地含量要求 (Local Content Requirement)：又称当地产比率要求，是指根据进口国要求，商品的某些规定部分必须在进口国国内生产，可以是具体数目，也可以是价值数目。

② 第三方准入 (Third Party Access) 是指第三方（包括天然气生产商、消费者、输气商或贸易商）利用管道公司的输气能力和相关服务付费，以输送自己天然气的权利。

州一级使用的联邦基金；（3）进一步扩大市场准入范围。双方政府应将政府采购的市场准入或所涉范围应扩大至涵盖所有中央政府实体、次中央实体、服务项目、建筑服务项目、信息社会服务项目。

（四）监管制度

TTIP 监管规则的总体目标为消除、减少和避免不必要的“境内壁垒”，美欧双方商品和服务符合一方监管要求即可在一体化市场下自由的流动。TTIP 应从五个方面实现总体目标：（1）建立紧密有效的双边合作机制和信息反馈机制，以加强双方监管机构在监管措施筹备实施阶段的合作；（2）双方采用通用标准和方式检测双方监管措施对国际贸易与投资流动的影响来推动实施兼容性监管制度；（3）通过等效性认证、相互认证等方式实现双方各部门监管制度兼容性的提高；（4）肯定国际标准和制度对于提高双方监管制度兼容性的重要性和角色；（5）应加强双方在数据收集和信息交换方面的合作。此外，TTIP 还将在 WTO 动植物卫生检疫协议（SPS）和技术性贸易壁垒协议（TBT）基础上，制定新的监管规则。

三、TTIP 的影响及前景分析

（一）TTIP 将为美欧带来巨大经济收益

TTIP 若最终达成协议，美欧两大市场都将获得巨大利益。据伦敦经济政策研究中心（Center for Economic Policy Research，CEPR）分析，一旦 TTIP 全面实施，将显著推动美欧乃至全球经济增长，带动美欧劳动力市场，提升整体工资，创造新的就业机会。TTIP 每年将为美国和欧盟带来 1 190 亿欧元和 950 亿欧元的经济收益，欧盟每个四口之家平均每年将增加 545 欧元可支配收入。美国和欧盟出口额每年将分别提升 8%（2 200 亿欧元）和 6%（2 400 亿欧元），其中，欧盟对美国出口每年将提升 28%（1 870 亿欧元），目前关税及非关税壁垒均较高的汽车行业将最为显著。据欧委员预测，TTIP 将带动美国和欧盟年均 GDP 提升 0.39% 和 0.48%，年均国民收入分别增长 8 645.3 亿欧元和 6 501.5 亿欧元。

（二）TTIP 旨在主导国际贸易规则制定，将使美欧获得竞争优势

在美欧于 2013 年 2 月 12 日共同就启动 TTIP 发表联合声明时，双方领导人就曾明确表示希望通过 TTIP 加强全球贸易与投资规则，完善多边贸易体系。此轮谈判总结时，双方再次强调，希望 TTIP 规则能成为国际贸易规则发展的基准和方向。从欧盟的立场文件也可以看出，TTIP 旨在以现有 WTO 多边贸易规则和现行双边、多边规则为基础，制定更高标准的制度与规则。此外，伦敦经济政策研究中心研

究成果也指出，美欧经济重要性与全球经济相互依赖性将带动其他贸易伙伴国采用 TTIP 形成的高标准制度与规则。由此可见，美欧双方希望通过 TTIP 主导未来国际贸易规则的意图是显而易见的。

（三）TTIP 将促使全球贸易格局进一步朝双边化和区域化发展

多哈回合谈判自 2001 年启动以来，陷入僵局多年，难以达成的主要原因有两个：一是欧盟不愿在农业贸易自由化方面作出让步，二是美国拒绝接受新兴经济体较低的关税削减额度。近些年来，欧美外贸政策向双边化和区域化发展，其中，欧盟生效的双边自贸协议达 28 个①，而美国主导的第十八轮跨太平洋战略经济伙伴协定（TTP）谈判也已经完成。TTIP 生效后，很可能成为未来多边贸易议程的基础，从而主导未来的国际贸易格局。不过，通过 TTIP 多边化发展，将其他国家纳入美欧主导的多边贸易体系也非易事。今后很长一段时间内，国际贸易格局将处于双边化和区域化状态。

（四）中国应密切跟踪及早应对

美国主导的 TPP 和美欧共同推出的 TTIP 是西方为主导全球经济贸易格局，实现全球经济利益再分配的两项互补举措。为此，中国一方面应密切跟踪了解 TTIP 和 TPP 的谈判进展和内容，及早为未来不断提高的国际贸易规则标准积极着手准备，逐步在加快相关领域市场开放的步伐，逐步提高相关产业和部门的生产和监督管理标准，加速贸易增长方式变革，重构国际贸易竞争力；另一方面，应积极推动中、日、韩自贸协定及东亚地区区域全面经济伙伴关系协定（RCEP），同时，应打造中国—东盟自贸区升级版。通过构建亚洲区域经贸合作体系来引领未来经贸格局，并争取更多话语权和有利地位。

（宋　馨）

① 2013 年欧盟加快了与加拿大、日本、东盟等主要贸易伙伴国的自贸谈判步伐，包括已经与新加坡完成谈判在内，欧盟已经与四个东盟成员国启动了自贸谈判，其他三个国家为越南、马来西亚和泰国。

美欧《跨大西洋贸易与投资伙伴关系协议》第二轮谈判简析*

2013 年 11 月 11—15 日，美欧《跨大西洋贸易与投资伙伴关系协议》（Transatlantic Trade and Investment Partnership，下简称“TTIP”）第二轮谈判①在布鲁塞尔举行，就投资规则、服务业贸易以及监管问题达成一系列共识，双方均对谈判成果表示满意并给予高度评价。现对 TTIP 谈判进程、第二轮谈判主要成果等相关情况作简要分析，供参考。

一、TTIP 进程及重点领域

（一）谈判进程

TTIP 于 2011 年 11 月 28 日在美欧领导人峰会上被正式提出，双方同意成立就业与增长高级别工作组以对 TTIP 进行研究。2013 年 2 月 11 日，工作组递交了工作报告，建议美欧双方全面启动贸易与投资协议谈判，并提出了具体谈判内容及目标。2013 年 2 月 13 日，奥巴马与欧洲理事会主席范龙佩、欧盟委员会主席巴罗佐发表联合声明，表示双方将尽快启动 TTIP 谈判内部程序，并力争在 2014 年底前完成谈判。2013 年 7 月 8—12 日，TTIP 首轮谈判在美国华盛顿举行，双方明确了共同立场及各自分歧，确认将关税及包括监管趋同、市场准入等非关税壁垒在内的近 20 个议题纳入谈判框架，并就各议题进行了初步磋商②。

2013 年 11 月 11—15 日，第二轮谈判在首轮基础上对投资、贸易等问题进行了深入且有效的磋商。双方确认，第三轮谈判将于 12 月 16 日在华盛顿举行，并将

---

* 本文写于 2013 年 11 月。

① 原定于 10 月 7—11 日举行，后因美国联邦政府核心部门关门而推迟。

② 详情详见亚太财经与发展中心北京分部的《情况反映》，2013 年第 54 期。

于 2014 年 1 月就一些重要难点领域寻求政治解决方案（Political Guideline），以推动 2014 年谈判进程，力争于 2014 年底如期完成谈判。

（二）TTIP 谈判重点领域

TTIP 谈判重点主要包括美欧间贸易与投资的监管体系、监管标准和市场准入条件等非关税壁垒领域。预计 TTIP 所创造经济价值中的 80% 将来自贸易与投资监管趋同和程序简化，以及更加开放的服务和政府采购市场等。

二、第二轮 TTIP 谈判主要内容及成果

此轮谈判的主要议题包括投资规则、服务贸易、能源与原材料，技术壁垒以及行业规则在内的监管趋同。有关政府采购的议题已于 10 月前展开。同时，美欧双方还就卫生与植物检疫、知识产权以及中小企业议题举行了视频谈判。双方还将在接下来的几周时间里就关税、可持续发展（包括劳动力与环境问题）、金融服务业监管等问题进行视频谈判。此轮谈判已达成的成果主要包括：

（一）投资

此轮谈判继续就双方的投资市场开放和投资保护政策进行磋商，就制定共同监管政策达成了广泛共识，双方将在今后谈判中加快拟定相关草案。

（二）服务贸易

双方共同审议了各自在跨境服务业、金融服务、电信服务、电子商务领域的贸易规则，并就如何制定更加趋同的服务市场准入政策展开讨论。此外，双方约定在未来两周内重点就金融服务业监管合作进行讨论。

（三）监管

双方同意在制定相关行业统一监管标准的同时，可适当保留个别行业标准的差异性。双方对监管趋同以及部分可能突破 WTO 规则的贸易技术壁垒内容进行了讨论，同意在医疗设备、化妆品、制药、化学、杀虫剂、信息与通信技术、汽车等领域增强监管标准兼容性。

（四）能源与原材料

在第一轮磋商基础上，双方继续就如何制定能源与原材料共同政策、如何更好地迎接挑战进行讨论。双方一致认为，可预见的能源与原材料市场对确保能源与原材料供应十分关键。

三、美欧对 TTIP 第二轮谈判的评估

TTIP 第二轮谈判于 11 月 15 日结束后，美欧谈判代表举行联合记者招待会，双方对本轮谈判进行了点评。

（一）整体评价

美国谈判代表福尔曼认为，本轮谈判十分成功、富有成果。双方就具体贸易与投资问题的解决方法进行了深入探讨，并就潜在分歧进行了更详细的讨论。美方对 TTIP 迄今取得的进展非常满意，期待后续谈判按计划推进。

欧盟谈判代表古赫特表示，很高兴欧美贸易谈判能回到正轨，此轮谈判就一系列议题进行了广泛讨论并取得良好而稳定的进展，这些议题不仅可使跨大西洋商业环境更高效，同时也可确保消费者已有保护和权力得到保留。TTIP 预期效益指日可待。

（二）政策趋同

美方认为，实现政策趋同特别是监管趋同仍是双方当前面临的最大挑战，也对 TTIP 能否有力推动双方投资、贸易等合作至关重要。欧盟表示，监管趋同标准和规则不同造成了双倍的合规成本，监管趋同将使合规成本大幅降低。

双方均表示将在 12 月份第三轮谈判时进一步讨论相关细节和具体措施。

四、几点看法

（一）TTIP 实质性进展缓慢

美欧 TTIP 第二轮谈判就贸易与投资等诸多关键性领域进行了深入讨论，就 TTIP 规则发展方向等取得了广泛共识。由于双方的政治意愿和目标非常趋同，未来谈判中仍有可能继续求同存异，不断取得进展，TTIP 谈判很有希望如期完成。但目前来看，谈判并未涉及具体规则协议，双方高度关注且谈判难度较大的监管趋同等议题并未取得实质性进展，谈判仍任重道远。

（二）美欧通过 TTIP 引领全球贸易谈判的企图非常明显

TTIP 将为美欧双方带来显著经济收益，有利于构建横跨大西洋两岸的共同市场。但从美欧主要领导人一系列表态中不难看出，美欧通过 TTIP 和 TPP 来引领未来全球贸易规则、主导全球贸易与投资发展方向的政治企图没有改变。对此，我

们应密切关注谈判进展，从战略高度重视相关谈判，并未雨绸缪，思考我国对重启 WTO 多哈回合议程的战略和策略。

（宋　馨）

欧盟—日本自由贸易协定谈判前瞻*

2012 年底，欧盟与日本正式启动自由贸易协定（EU - Japan Free Trade Agreement）谈判。谈判是双方基于当前复杂的国际经济形势、日益严峻的贸易保护主义和各自利益而作出的战略选择。欧日自贸协定势将对欧亚，尤其是东亚地区贸易格局产生一定影响。我们应认真研判欧日自贸谈判带来的挑战和机遇，提前准备好应对措施。

一、谈判准备与启动

（一）前期准备

2011 年 5 月，欧日举行峰会期间，欧盟和日本领导人决定启动自贸协定和政治框架协议的准备工作。随后经过一年深入讨论，2012 年 5 月，欧盟委员会和日本就今后谈判议程达成一致，该议程涵盖欧盟所有市场，并为日本提供优先市场准入地位。欧日双方一致同意，达成一条取消关税壁垒的“路线图”，日方同意在今后逐步消除关税壁垒，并向欧盟开放日本铁路和城市交通市场的政府采购领域。2012 年 7 月 18 日，欧盟委员会要求欧盟各成员国启动同日本的自贸协定谈判。

（二）正式启动

2012 年 11 月 29 日，欧盟理事会发表声明，授权欧盟委员会与日本正式启动自贸协定谈判，同时授权欧盟委员会与日本就达成包含政治、全球事务与部门间合作等广泛议题的框架协议进行谈判。欧日自贸谈判和框架协议谈判将同时进行。日本也同时发表启动与欧盟谈判的声明。欧日自贸协定内容将涵盖货物、服务、投资、贸易规则以及消除非关税贸易壁垒等方面内容。

---

* 本文写于 2013 年 3 月。

二、谈判焦点

欧日双方谈判的焦点主要是两个经济体如何消除关税和非关税壁垒。日本要求欧盟减免对日关税，同时，欧盟要求日本消除对欧盟的非关税壁垒。

（一）关税壁垒问题

目前，欧盟对日本出口中 70% 为零关税产品，日本对欧盟出口中零关税产品则仅占 40%，因此消除关税壁垒问题成为日方关注的焦点。除农产品、加工食品和饮料等，日本对欧盟其他主要出口品关税相对较低。但欧盟对日本主要出口品征收关税则相对较高，主要是制造业，如汽车、电子和机械产品。在日本对欧盟出口产品中，12% 为汽车，但汽车出口欧盟需缴纳 10% 的关税，液晶电视等电子产品则被征收高达 14% 的关税。若欧盟对日下调或消除关税，日本对欧汽车和电子产品出口将大幅增加。

（二）非关税壁垒问题

非关税壁垒是欧盟出口日本的主要障碍。欧盟出口日本的产品中，受非关税壁垒影响最为严重的 7 个行业分别为：化学品（包括药物）、汽车、医疗设备、加工食品、运输设备、通讯业以及金融服务业。日本设置了 27 项非关税壁垒，但目前仅解决汽车、食品和医药行业壁垒。日本的部分市场完全不对欧盟开放，如农产品、部分交通设备以及航空产品市场。尤其是日本对农产品市场的保护，其实行单独的食品安全标准也被认为是一种非关税壁垒。这些势必都将成为双方争论的焦点。欧盟明确表示，如果日本在谈判开始后一年还未履行消除非关税壁垒的承诺，欧盟将保留终止谈判的权利。

（三）设立特别保护条款

欧盟将在自贸协定中坚持设立一项保护条款（safeguard clause），以保护欧盟易受影响的行业。

三、谈判的难点

从具体议题来看，双方争论的焦点主要是汽车业和农产品市场开放等。从根本上说，焦点来源于双方的贸易结构差异以及如何对本国支柱产业进行必要的保护。

（一）欧洲汽车业

在欧日双边贸易中，欧盟最大的贸易逆差来源于机械和交通工具行业。欧盟和日本作为世界上重要的汽车生产基地，双方在汽车行业的竞争性显而易见。

从日系车出口欧盟来看，欧盟各国汽车制造商对于这一谈判大都持反对态度，特别是法国、意大利等国担心自贸区的建立会冲击本国汽车制造业。法国明确表示，一旦日本汽车大量流入，给欧盟汽车产业带来不利影响，可采取特殊保护等紧急进口限制措施。在法意联手号召下，欧盟成功地就汽车业设立了保护条款。目前，欧盟进口日系车税率为10%，如果双方互相敞开大门，欧洲汽车业受到的冲击会更大。欧洲汽车制造商协会（ACEA）表示，欧日 FTA 只会提振日系车出口欧洲，而将抑制欧洲车出口日本。已经生效的欧韩 FTA 就是前车之鉴，2011 年 7 月份欧韩 FTA 达成后，韩系车大量涌入欧洲市场，抢占本地汽车市场份额，使得原本受债务危机影响而低迷的欧洲车市雪上加霜。ACEA 预计，欧日 FTA 将使欧洲汽车生产受到挤压，可能导致 7.3 万人被裁员。

从欧系车出口日本来看，欧洲车企则表示，欧系车出口日本遭遇更多非关税壁垒。日本设立“轻型车”概念，能够享受税收优惠，但欧洲大部分小型车无法满足日本轻型车排量 660cc 和尺寸方面的要求。因此，欧系车难以在日本市场与当地汽车竞争。

但英国、荷兰、瑞典等国则一直对欧日 FTA 持积极态度。

（二）日本农产品市场

农产品是欧盟第二大贸易顺差来源，而日本在农产品贸易保护上立场却十分强硬，对农产品进口设置多种贸易壁垒。第一，对重要农产品进口均采取高关税加以限制，如大米关税税率高达 778%、小麦为 252%、牛奶及乳制品为 360%、砂糖为 328%等。第二，对花生、小麦、大麦及生丝等 10 余种日本具有比较劣势的重要农产品实行关税配额管理①，且程序十分复杂，透明度不高。第三，设置大量技术性贸易壁垒对入境农产品及食品实行苛刻的检疫、防疫制度。为了保护国内最重要的农产品——大米，日本自 2003 年起在全国推行大米身份认证制度②，此后，又把认证范围推广到蔬菜行业。第四，在通关环节上设置壁垒，以减缓或拖延通关时间，给国外出口商造成不必要的损失。日本之所以对本国农产品进行

① 关税配额，是指对同一种商品设定相对高低不同的税率，即在一定时期内对预先规定的配额以内的进口商品征收较低关税或者减免关税，对超过配额部分则征收较高进口关税。

② 自 2003 年起在日本全国推行“大米身份认证制度”，即凡进入日本国内市场的大米必须标明品种、产地、生产者姓名和认证号码等，否则不允许销售。推行这一措施是为防止外国大米冒充日本大米，进而保护日本的大米生产者。

大量特殊保护，目的是使国内生产成本高于国际成本时仍能继续维持生产，而一旦日本应欧盟要求消除关税及非关税壁垒，势必造成内外价格差异巨大，对日本农产品市场造成巨大冲击，这些都是日本国内所深深担忧的。但欧盟要求日本实现农产品市场自由化的态度十分明确，而以日本一贯在农产品市场保护问题上的强硬态度，势必造成双方争执不下。

因此，从这两个角度来看，双方如何协调好同质性产业的竞争以及日本在农产品市场方面作出何等让步，将成为影响欧日自贸谈判的关键要素。

四、几点看法

（一）欧日开启自贸协定谈判具有必然性

欧日双方此时开启自贸谈判符合双方各自内部市场需求，具有较强驱动力。

1. 欧盟希望尽快摆脱欧债危机

为走出危机阴霾，欧盟急于将其经济战略面向危机中保持稳定增长的亚洲市场，日本则成为这一战略中的重要一环。安倍政府则希望谋求新时期下的一体化策略，有意将欧日 FTA、跨太平洋伙伴关系协议（TPP）作为经济增长战略的支柱，扩大出口市场份额，加强国内经济重建。目前，美国一方面通过 TPP 加紧布局亚太的步伐，另一方面加快推进与欧盟的跨大西洋贸易与投资伙伴关系（TTIP）谈判。面对美国对欧盟和亚洲市场的争夺，日本政府意欲“做厚”与欧盟的关系，有效抗衡美国给日本对外经贸关系带来的挑战。并且，韩欧自贸协定（FTA）生效后，韩国汽车对欧盟出口一度增长一倍，日本倍感压力，希望通过与欧盟建立 FTA，改变在与韩国企业竞争中的不利局面。

2. 欧盟与日本双边贸易关系紧密，发展潜力巨大

欧盟为日本第三大贸易伙伴，日本为欧盟第七大贸易伙伴，2011 年双边贸易额分别占欧盟、日本对外贸易总额的 3.6% 和 11%。2011 年，欧盟向日本的出口额达 490 亿欧元，进口额为 675 亿欧元，欧盟向日本的出口品主要集中在机械化工、运输设备和农产品等领域，日本向欧盟的出口品主要有汽车、机械和电子产品等。2010 年，欧盟对日商业服务进口和出口额也达 127 亿欧元和 172 亿欧元。但近几年在欧日对外贸易额不断上升的情况下，双边贸易额却有所下降，2006—2010 年，欧盟向日本出口额每年减少 0.6%，日本向欧盟出口额每年减少 3.2%。欧日 FTA 的签订能有效消除两国间贸易壁垒，加快双边贸易额持续快速增长。

3. 欧日自贸协定达成将为双方带来巨大经济收益

欧盟预测，若欧日 FTA 达成，将为欧盟提供近 0.8% 的国内生产总值（GDP）增长率和 42 万个就业岗位，为日本带来 0.7% 的 GDP 增长率。欧盟向日本的出口

额将增长 32.7%，日本向欧盟的出口额将增长 23.5%。亚洲国家在与欧盟达成自贸协定后，获得巨大经济收益，这也是日本急于在欧寻找商机的原因所在。以韩国为例，自 2011 年 7 月份欧韩 FTA 生效起，韩国出口欧盟汽车关税下降到 6.6%，韩国对欧盟汽车出口数量增加了 38%，而据日方估计，若欧日自贸协定达成，交易量将是欧韩自贸协定的两倍。

（二）欧日自贸谈判不会一帆风顺

从市场竞争、欧盟自贸谈判惯例以及双方经济规则差异来看，欧日自贸谈判恐难一帆风顺。

首先，双方存在同质性较强产业的竞争，且需要对本国支柱产业进行必要的保护。欧盟对汽车、电子等日本优势领域设置较高关税，日本则要求欧盟消除对日关税壁垒。一旦欧盟下调或取消日系车进口关税，势必对欧盟汽车市场造成巨大冲击。欧盟要求日本实现农产品市场自由化，但日本国内农业保护主义根深蒂固，出于对国民经济中最薄弱产业的保护，日本势必会不断进行讨价还价。其次，从程序看，欧日 FTA 需得到欧盟所有成员国同意方可生效。而且，由于欧盟各成员国经济复苏进程不同，利益诉求有所差异，所以在欧盟内部对自贸协定谈判内容达成一致难度很大。从欧韩自贸协定谈判经验来看，当时由于意大利的反对，自贸协定的签署受到延迟。此外，双方在农业、食品安全、知识产权保护和气候变化等方面的规则存在较大差异也将增加谈判难度。

五、对我国的启示

（一）中国应择机展开与欧盟间的自贸谈判

首先，从双边经贸关系重要性来看，欧盟与中国贸易关系更加紧密。欧盟与中国互为第一和第二大贸易伙伴国，2011 年双边贸易额达 5 939.7 亿美元。其次，在东亚区域内，新一轮自贸谈判已经开展。韩国已同欧盟、美国达成 FTA，欧日 FTA 谈判也开始启动。为避免减少欧美传统市场的贸易转移，加强对中欧自贸区的研究是十分必要的。再次，从运作机制和发展途径上来看，中欧已有双边对话机制和平台。2012 年 2 月份的中欧峰会上，双方已表示将尽快开展双边投资协定谈判。中国应把握欧债危机带来的契机，适时开启谈判，并在谈判中增加筹码，加强主动性。当然，应意识到中欧自贸区谈判会存在很多困难。欧盟更多地关注知识产权、倾销、补贴、市场开放和投资限制等条款；而中国更关心绿色壁垒和碳关税等新型非关税壁垒的递减、贸易摩擦和反倾销、高科技产品出口限制等问题。

（二）妥善应对欧日 FTA 给我国对外经贸发展带来的复杂影响

欧日 FTA 的推进，将成为加强欧盟与东亚双边经贸发展的有效纽带，但也将给我国对外经贸发展带来复杂影响。中国与欧盟对日出口产品层次不同，并且中国在对日出口方面具有地缘优势，所以欧日 FTA 对我国企业对日出口冲击并不大。但中国与日本在对欧出口结构上存在很大同质性和竞争关系，有必要未雨绸缪，妥善应对。首先，欧日 FTA 会对中国企业向欧盟出口造成直接压力，在中国与日本出口欧盟的同类产品中，日本产品关税下调或撤销，将相应提高其产品竞争力，中日产品在欧盟市场上的竞争会加剧，中国厂商可能失去一些传统的出口市场。其次，欧日自贸协定不仅可以消除两国间贸易壁垒，也将使欧日市场更加紧密，统一市场效应将使两国贸易环境更加趋同，使欧盟想要进入东亚市场的外商更加青睐在日投资。最后，目前欧韩 FTA 已经生效，欧盟与印度、新加坡等国自贸协定谈判即将完成，与泰国、马来西亚、越南等谈判已经展开。欧日 FTA 将会使中国在东亚自贸协定谈判中的形势处境不佳。

（三）以中、日、韩自贸谈判为契机尽快调整贸易战略

2012 年 11 月份，中、日、韩正式启动三国自贸区谈判，中、日、韩经济具有很强的互补性，相互投资、合作前景广阔，自贸区既可以加强三国经贸联系和促进东亚地区经济融合，又可以抗衡美国通过跨太平洋战略经济伙伴关系（TPP）布局亚太带来的挑战。但众所周知，三国在历史、领土等诸多问题上，都存在着较为尖锐的分歧；在农产品关税、知识产权保护等领域以及电机、汽车等多个行业，也存在着较大的利益冲突，因此谈判难度将明显大于欧日、欧韩自贸谈判。而目前，韩国已和欧盟及美国建立自贸区，日本已启动欧盟自贸谈判并积极推进参与 TPP 谈判。这使得韩日将在中、日、韩自贸谈判中增加筹码，在同中国的谈判中，可以使用同欧美谈判好的条款，要求中国让步，改变自贸协定谈判的格局，使我国在中、日、韩自贸谈判中处于不利。因此，中国必须以本次三国自贸谈判相关诉求为契机，尽快调整贸易战略。

（于 晓）

缅甸为何成为大国“争宠”的对象？*

自 2012 年 2 月份美国开启美缅关系正常化进程的“破冰之举”后，欧盟、澳大利亚等西方经济体纷纷紧随其后，部分解除对缅甸制裁，日本、韩国等东亚国家也开始不断加强对缅甸的经济援助和投资。西方国家在对缅甸实施长达 20 多年经济制裁后，为何再度争相拉拢缅甸？现作简要分析，供参考。

一、缅甸成为大国“争宠”对象的原因

（一）推动国家政治转型

2012 年 4 月份，昂山素季领导的缅甸全国民主联盟在联邦议会补选中获得成功，成为缅甸民主进程的重要里程碑。除政治改革外，缅甸新政府还实行全方位的外交政策，不仅发展与中国、印度、东盟各国的友好关系，也积极推动与西方国家关系的正常化。缅甸改革旨在促使美国等西方国家解除外交封锁和经济制裁，从而改变过度倚重周边大国的对外关系格局。美国等西方国家从缅甸的政策转型中看到了机会，加上缅甸的战略地缘优势，自然争相加大对缅甸的投入力度。作为美国的同盟，日韩步美国后尘，希望深度参与到缅甸的现代化进程中，以期在亚洲寻找推动自身经济发展的新引擎并培养潜在的经济战略同盟，亚洲国家之间文化相似性使日韩更容易得到缅甸的认可。

（二）市场潜力巨大

缅甸地缘优势显著，位于南亚、东南亚和中国三地交汇处，是进出孟加拉湾和印度洋的重要陆路通道。此外，缅甸自然资源丰富，其中，石油、天然气、玉石等为主要出口品，并且拥有得天独厚的资源运输能力，处于通往波斯湾丰富石

* 本文写于 2013 年 8 月。

油资源地区的重要位置，拥有绕过马六甲海峡的西南油气出口运输通道。由于缅甸经济发展起步较晚，前期又实行“闭关”政策，工业相对落后。但正是由于市场尚未得到开发，所以蕴藏巨大商机。亚行数据显示，缅甸在运输效率及基础设施质量上的得分在全球155个国家中名列第129位；金融业相对落后，每1 000平方公里国土上平均拥有的商业银行数量为0.85个；水电资源开发不足，缅甸水电资源在东南亚国家中首屈一指，但目前开发利用率仅为2%；通讯业发展滞后，在缅甸近6 000万人口中，手机覆盖率仅为4%。面对缅甸巨大的市场空间，美国、欧盟、日本、韩国等大型经济体都希望尽快参与到缅甸的现代化进程中，在缅甸市场中占有一席之地。

（三）经济前景看好

近年来，缅甸推动了一系列经济改革，让世界看到了缅甸的前景和决心。2012年4月，缅甸平稳地将相差百倍的黑市汇率和官方汇率并轨为有管理的浮动汇率制度，并于当年6月份开始推出新的大面值货币，为缅甸开放市场、吸引外资提供了基本条件；从2103年3月份起，缅甸开放了318种商品的进出口限制，以促进对外贸易发展；为进一步开放投资渠道，缅甸先后颁布了《缅甸联邦共和国外国投资法》、《外国投资细则》等法律法规，允许外资投资电力、石油和天然气、制造业和交通运输等重点行业；制定新的经济特区法案以提高其吸引资金的能力。国际货币基金组织发布数据显示，2011—2012财年①缅甸GDP总额为500.2亿美元，同比增长5.5%，2012—2013财年预计同比增长6%。缅甸商业部发布数据显示，2012—2013财年缅甸对外贸易总额接近170亿美元，同比增加2.55亿美元。亚洲开发银行指出，如果缅甸能继续深化和推动改革，缅甸经济将能够达到每年7%—8%的增速，并将在2030年实现人均GDP提高到目前的3倍，至2 000—3 000美元。

二、大国强化与缅甸关系的主要手段

（一）部分解除制裁

2012年2月6日，美国宣布部分解除《人口贩卖受害者保护法案》下对缅甸的制裁，允许国际货币基金组织和世界银行对缅甸进行评估和有限的技术支持。缅甸2012年4月1日举行的议会补选是缅甸国家转型的重要一步，随后，美国国务院宣布五大措施鼓励缅甸政府进一步改革：第一，恢复驻缅甸大使；第二，在联合国发展计划署（UNDP）下建立一个针对缅甸的美国援助基金；第三，允许非政府组织及联合国在缅甸开展更大范围的活动；第四，允许缅甸高官和议员访问

① 当年的4月1日至次年的3月31日。

美国；第五，开始解除针对缅甸的金融机构出口和投资禁令。7 月 11 日，美国正式解除对缅甸的投资禁令，允许美国企业对缅甸投资。欧洲议会也于 2012 年 4 月 20 日通过决议，要求欧盟暂停目前对缅甸实行的除武器禁运以外的限制性措施，并要求给予缅甸“欧盟市场特别准入许可”。4 月 16 日，澳大利亚宣布，解除针对缅甸总统吴登盛等 200 余人的旅行和金融禁令。

（二）债务减免及资金援助

近年来，日本、欧盟等大型经济体竞相以各种形式加大对缅甸的资金援助。日本作为缅甸最大债权国，拥有对缅约 5 000 亿日元（约合 49.4 亿美元）债权。2012 年 4 月，日本宣布免除缅甸 3 035 亿日元（约合 30.2 亿美元）债务。2013 年 5 月，日本免除缅甸剩余 1 886 亿日元（约合 18.8 亿美元）债务，并新增 510 亿日元（约合 5.05 亿美元）贷款以及 2013 财年提供价值 400 亿日元（约合 3.96 亿美元）援助。

2012 年，欧盟表示，将为缅甸提供超过 1 亿美元的援助贷款，相当于过去 15 年内欧盟援助缅甸的总和。英国将在未来 4 年内向缅甸提供 1.85 亿英镑（约合 2.86 亿美元）的卫生和教育援助。澳大利亚也表示，到 2015 年澳大利亚对缅甸的援助将达到每年 1 亿美元。

（三）加强经济合作

2012 年年底，日本和缅甸签署协议联合开发缅甸迪洛瓦经济特区（Thilawa Area）[①]。日本政府计划在未来几年内为迪洛瓦经济特区的基础设施建设投入 126 亿美元。2013 年日本向缅甸新增贷款中，有 200 亿日元（约合 1.98 亿美元）将用于开发该经济特区。

韩国和缅甸于 2013 年 6 月举行“第一届韩国—缅甸经济合作共同委员会”，这也是缅甸政府首次与其他国家建立的政府间对话机制，两国签署《促进投资及保护协定》（Investment Promotion and Protection Agreement），韩国决定向缅甸传授“新村运动”[②]等农村开发项目经验；在仰光河南部建立工业园区以便韩国企业入驻；在仰光河上建立起象征韩缅友谊的大桥；帮助缅甸设立效仿韩国开发研究院的缅甸开发研究院等。

三、关于发展中缅关系的几点思考

（一）继续高度重视发展中缅双边关系

自 1950 年建立外交关系以来，中缅睦邻友好合作关系顺利发展，两国人民传

① 日方在其中占 49% 的股份，缅方占 51% 股份。

② “新村运动”是指 20 世纪 70 年代初期已故前总统朴正熙执政时政府推动的农村建设运动，主要通过在全国范围内推广勤勉工作、自力更生、团结合作的精神，进一步加快国家发展。

统“胞波”友谊深厚。中缅两国有着长达 2 100 多公里的陆地边界，缅甸是我国西南门户的天然屏障，且地处南亚和东南亚两大战略板块的连接点，是我国构筑周边安全战略依托的一个重要环节。此外，缅甸资源禀赋突出，其中，中缅油气管道项目的实施事关实现我国油气运输管道多元化。因此，无论缅甸国内局势如何演变，西方国家如何分化，都应继续从战略高度重视和发展中缅双边关系，把中缅关系作为我国睦邻友好外交政策重要组成部分。

（二）继续深化与缅甸经贸合作

随着西方国家投资逐渐进入缅甸，缅甸在投资合作伙伴上有了更多选择，中国在缅甸将遇到更多市场竞争对手。中缅经贸合作既有挑战，也有机遇。近年来，中缅双边经贸合作联系紧密，2011 年，中缅双边贸易额达 65 亿美元，同比增长 46.3%；截至 2011 年年底，中国对缅投资总额为 202.6 亿美元，在缅甸外贸和外国投资中均居首位，遥遥领先于美国、欧盟、日本等西方国家。考虑到缅甸经济基础薄弱和科技水平低下，在给予适度援助的同时，应重点加大对缅甸投资，鼓励和支持中国企业参与缅甸经济建设，在经济技术合作中，应兼顾和考虑各方利益，确保惠及双方的重大合作项目顺利实施。此外，还应开展多种形式人文交流，加强两国人民特别是青年学生友好交往。总之，深化中缅关系，不仅要靠增加政治互信，更要靠加强经贸等各领域务实合作。

（三）缅甸目前向西方“一边倒”的可能性并不大

西方国家对缅甸的拉拢与示好为中缅关系带来了一定不确定因素，但目前缅甸出现向西方“一边倒”的可能性并不大。一是，中缅传统友谊深厚，在缅甸最艰难的时期中国给予了大量援助和国际支持。二是，缅甸高层加强与中国合作的意愿依然十分强烈，且由于多年受到西方经济制裁，双方政治互信不足，缅甸对西方国家仍存有戒心。三是，西方国家尽管放松了对缅甸的限制，但其放松制裁是有条件的。缅甸国内的社会政治改革复杂艰巨，有其特殊性，改革道路和发展模式一定不会、也无法照搬西方模式。因此，在民族、边境以及社会问题上，缅甸仍需要中国在国际上给予支持。当然，缅甸目前不存在向西方“一边倒”的趋势，但我们依然要未雨绸缪，保持警觉。

（于　晓）

罗伯特·鲁宾：中美应构建更理性的对话框架*

11 月 8 日，美国前财长罗伯特·鲁宾在《华盛顿邮报》上发表文章称，中美构建良好的大国关系，尤其是经济关系，符合两国的共同利益。两国应构建更为理性的对话框架，以帮助完善彼此经济政策，实现共同繁荣。现将文章主要内容作出整理，供参考。

由于美国政府关门，奥巴马 10 月份不得不取消访问东南亚四国，但“重返亚太”战略的重要性并不因这次机遇的错失而下降。中美地缘政治问题意义重大，但相比而言经济问题与民众生活更加息息相关，且能在很大程度上影响两国民众对彼此国家的态度。

中美两国间的相互“声讨”由来已久。美国批评中国的利率、土地和包括有管理的汇率在内的一系列支持投资和出口的补贴措施，以及网络盗版等知识产权问题。中国则一直指责美国的财政赤字可能造成利率攀升，导致美国乃至全球出现金融不稳定或严重通胀。此外，美国的出口法案以及排斥中国企业投资美国基础设施建设也引起了中国的不满。当然，两国的矛盾远不止这些。

两国都声称对方的经济政策对自身造成了损害，但在对话中基本只顾自说自话，并未实现真正意义上的“对话”。因此，两国应构建更为理性的对话框架，以帮助对方改进政策，并将两国经济关系从竞争转变为具有建设意义。中美双方应意识到：只要国内政策措施能最符合本国长期经济利益，就能使双方共同获益。

对中美两国而言，最大的挑战不是对方，而是本国国内。美国拥有良好的企业文化、完善的法律、灵活的劳动力和资本市场、丰富的自然资源和有利的人口结构等长期优势，但为了发挥这些潜力，首先应解决好财政、基础设施投资、基础研发等短期问题，同时推进移民等重要经济领域的改革。美国有大量基础设施

* 本文写于 2013 年 11 月。

待建，但公共资金较为匮乏。若欢迎中国企业投资美国基础设施建设项目，则能帮助美国创造就业机会、改善长期竞争力。此外，美国面临的一个最根本的挑战是，提高立法程序效率，使各机构愿意就一些原则性问题达成妥协。

中国经济同样具有很大潜力，但也面临经济转型、改善环境、扩大社会安全网覆盖面、反腐等挑战。中国若能妥善应对这些挑战，将对经济大有裨益。中国领导人已认识到补贴阻碍了经济转型，影响了资本和劳动力的有效配置。中国政府提出通过创新提高劳动生产率，但发明者只有在其知识产权能获得有效保护、能从发明中获利的情况下才会努力创新。

因此，两国若能合理解决对方批评的事项，就符合双方的经济利益。重新构建中美关系有利于两国完善国内政策，理解彼此一荣俱荣、一损俱损的关系，消除双边关系中的干扰因素，在影响两国的所有问题上实现共同合作。

此外，除通过完善政策促进经济增长外，构建更为理性的对话框架还可为中美两国在构建新型大国关系中减少经济压力。当然，中美在经济和人权等其他问题上仍将出现摩擦，但理性的对话框架会使两国以更具建设性的方式处理分歧。

（燕晓春 龚春雪）

构建跨大西洋自贸区能促进经济增长吗？*

约翰·霍普金斯大学跨大西洋关系中心主任丹尼尔·汉密尔顿教授和马德里圣保罗大学佩德罗·施瓦茨教授联合发表文章《构建跨大西洋自贸区能促进经济增长吗?》(A Transatlantic Free Trade Area A Boost to Economic Growth?)，探讨建立新型跨大西洋贸易和投资关系的相关事宜。其中，汉密尔顿教授提出应构建21世纪的跨大西洋伙伴关系；施瓦茨教授则表示需建立一个开放的跨大西洋繁荣区(Open Atlantic Prosperity Area，下简称OAPA)。现将具体内容作出整理，供参考。

一、构建21世纪的跨大西洋伙伴关系

汉密尔顿教授提出应构建21世纪的跨大西洋伙伴关系，全面深化和扩大跨大西洋贸易和投资关系。

他表示，深化和扩大跨大西洋贸易和投资关系可以带来诸多好处，例如创造就业机会、促进创新、提高竞争力并确保长期增长和繁荣等。同时，他强调这是一个转瞬即逝的机会。为了合作成功，企业和其他利益相关者与大西洋两岸的领导人们必须团结起来，利用合作伙伴关系创造就业机会，刺激经济增长。

另一方面，构建新型跨大西洋伙伴关系的赌注也是很高的。虽然近几年新兴经济体得到了大量的关注，但美国和欧洲仍然是全球经济的中心。跨大西洋经济体内产生的销售额达到每年5万亿美元，并雇用了1 500万名工人。它是世界上最大且最富有的市场，占全球金融市场的四分之三以及全球贸易总额和GDP的一半以上。美国对欧洲的商品出口额是对中国的3倍，对印度的15倍；而欧盟销往美国的产品是其销往中国的近两倍，印度的近7倍。

---

* 本文写于2013年3月。

美国和欧盟是彼此最重要的投资伙伴，跨大西洋投资总额达到近 2.7 万亿美元。此外，美国和欧洲的公司占全球一流跨国公司的 60% 和全球私人部门 R&D 支出的 69%。美国和欧盟是解决全球性政治经济问题的合作伙伴，是以规则为基础的国际经济秩序的支持者。

北大西洋经济和金融危机迫使我们制定一个综合性的跨大西洋战略，使债务规模和赤字率恢复到可持续的水平，以满足人口结构变化所带来的预算挑战，并确保未来的财政政策有足够的空间。同时，加强货物、服务、资本和知识在美国和欧盟之间的流动，能大量促进就业和经济增长。此外，加强跨大西洋伙伴关系对于崛起中的大国，尤其是新兴经济体市场也十分重要。

汉密尔顿教授表示，现在是时候建立 21 世纪跨大西洋战略伙伴关系了。建立 21 世纪跨大西洋战略伙伴关系的议程必须包括三个相互关联的目标：

第一，必须进一步开放跨大西洋市场。一个开放的跨大西洋市场——不应该仅限于成立另一个“自由贸易协定”。鉴于跨大西洋伙伴关系的独特性和潜力，它必须是一个更加雄心勃勃的新一代协议。

第二，必须重新定位合作伙伴关系，使欧美能够更好地在多边体系中与第三国交流合作。通过加入对第三国的考虑，重新定位跨大西洋伙伴关系，强化国际经济秩序的基本规则。

第三，必须加强和扩大以规则为基础的多边体系，吸纳新成员和新领域的商业机会。美国和欧盟应利用它们的合作伙伴关系，将以规则为基础的多边体系扩展到新的领域。

目前，欧美面临的经济挑战是迫切的。跨大西洋经济体未来的健康发展不仅依赖于经济的周期性回升，也取决于大西洋两岸政策制定者更积极的、具有协调性和前瞻性的政策措施。

尽管困难重重，但其潜在回报极为可观。这将不仅为美国和欧洲的公民，也将为全球各国带来大量就业机会和经济增长。

二、建立一个开放的跨大西洋繁荣区（OAPA）

同样是探讨跨大西洋贸易和投资关系，施瓦茨教授则提出应建立一个开放的跨大西洋繁荣区（OAPA）。他表示，目前美国和欧盟均处于经济困难时刻，建立一个开放的跨大西洋繁荣区虽艰难但十分必要。

建立一个开放的跨大西洋繁荣区必须成为美国和欧盟已经实施的各种双边贸易协定之一。双边协定毫无疑问可以创造新的贸易渠道，但往往也存在贸易转移、原产地规则和反倾销例外等诸多问题。

在扩大跨大西洋贸易和投资关系时，必须着眼于创建一个新的自由贸易区。

一个开放的繁荣区必须是对所有希望加入它的国家都开放的。最简单的方法是在OAPA 协议中加入“最惠国条款”（MFN），这样，新的条约签署方就可以与之前的签署国享有同样的贸易自由。

（一）建立 OAPA 的益处

跨大西洋经济是世界上最自由的，但肯定不是绝对的自由。OAPA 将通过消除所有类型的贸易和投资壁垒，推行全面的跨大西洋贸易和投资自由化，实现欧盟和美国的经济一体化。这将带来更有效的资源配置，更加激烈的竞争和更高质量的研究开发活动。这将促进美国和欧盟的经济增长，增加人均收入，创造更多更好的就业机会。对于欧盟来说，其益处尤为明显：（1）跨大西洋贸易和投资关系的激烈竞争有利于消除欧洲市场内部的诸多障碍；（2）美国人的企业家精神有助于改变欧洲人的官僚作风。

另一方面，更有竞争力的欧盟也将刺激美国经济，甚至整个跨大西洋经济体的发展。

（二）OAPA 存在的困难

首先，政治问题是必须跨越的主要障碍。要推进这样一个雄心勃勃的计划，强大的政治信念和领导力必不可少。在达成这一协议的过程中，不可以忽略政治上的困难。即使有政治意愿，美国和欧洲行政管理系统之间的巨大差异也会为实际执行带来困难。

另一方面，监管障碍目前是跨大西洋市场缺乏整合的核心因素。美国和欧洲有不同的税务规则，在美国，人们普遍拒绝增值税。事实证明，美国和欧洲在会计规则、健康和安全法规、专利和知识产权制度等方面都存在许多矛盾。

唯一的解决方案是适用“原产地规则”，并使之在整个跨大西洋区域的国家或地区都有效。

（三）OAPA 必须是一个开放的俱乐部

建立一个开放的跨大西洋繁荣区的构想基于两大支柱：双边和多边。通过最惠国待遇（MFN）条款，OAPA 将开放给任何希望加入并愿意接受条款的第三国。开放的跨大西洋繁荣区的大门必须是对澳大利亚、新西兰、日本和南非等其他经济体开放的。

（四）建立一个欧美多边发展议程

开放的跨大西洋繁荣区可以为欧盟和美国带来更高的经济增长和更多更好的就业机会，而更高效的跨大西洋经济体能极大地促进更广泛的全球繁荣，形成贸易创造而不是贸易转移。因此，除了推动北大西洋两岸的商业发展，跨大西洋繁荣区还应致力于促进全球的经济繁荣。美国和欧盟已与欠发达国家签署各种协议，这些协议应该合并为一个联合的欧美多边发展议程（EU – US Multilateral Development Agenda）。

WTO 多哈回合谈判（WTO Doha Development Round）和联合大西洋议程（Joint Atlantic Agenda）都扩大了全球贸易，使全球的共同发展成为战略目标。但无论如何，欧美多边发展议程都会是开放的跨大西洋繁荣区的一个必要补充。

（五）路线图

欧美经济合作需要一个全面而显著的进步，而不是局部而有限的进展。正式合作伙伴协议应包括以下几个关键点：

1. 识别构建跨大西洋繁荣区的障碍。

2. 消除障碍的行动计划。该计划应包括一个具体的时间表：（1）区域具体行动、阶段、目标及完成日期；（2）区域特定的监管者和立法者之间的对话；（3）基准测试程序和反馈机制。

3. 应成立一个特设委员会，使其具备充分的权力来监督进展情况和解决冲突，但不需要常设秘书处。

4. 应制定详细的条件使 OAPA 在平等的基础上是可扩展的，适用于那些希望重新调整最惠国待遇条款的国家。

（六）政治领导

这样一个雄心勃勃的议程需要多年一致且坚定的政治行动。截至目前，欧美的积极经济议程（EU – US Positive Economic Agenda）和监管路线图（Regulatory Road Map）还没有产生足够的效果。如果没有高层次的政治领导帮助明确解决双边和多边的决策，就不会有真正的进展。

（杨志鸿　周　波）

美国智库：日本加入 TPP 将受益匪浅*

3 月 15 日，美国知名智库彼特森国际经济研究所（PIIE）资深研究员 Peter A. Petri、Michael G. Plummer 和 Fan Zhai 共同发表文章指出，日本加入跨太平洋战略经济伙伴关系（TPP）谈判是正确决定，必将为日本带来收益，同时也将惠及其他 TPP 成员国。现将其主要内容作出整理，供参考。

3 月 15 日，日本首相安倍晋三宣布，日本将寻求机会成为 TPP 成员。一旦日本加入，TPP 成员国将达到 12 个，GDP 总量将达到世界 GDP 的 38%。当然，在日本完全加入之前，还有很多工作要做：同 TPP 现有成员国进行双边谈判，模仿美国立法程序的 90 天等待期，当然还有获得日本国内的政治支持。

TPP 的扩张是 PIIE 名誉主任弗雷德·伯格斯坦提出的“竞争性自由化”理论的很好例证。最初，TPP 是仅限于文莱、智利、新西兰和新加坡之间的一个四国协议，旨在为开展高质量亚太地区合作奠定基础。随着谈判不断扩大，成员国数量持续增加，现在，日本将很可能成为第 12 个成员国。受日本加入影响，韩国、菲律宾、泰国和印度尼西亚也有望加入。从长期来看，TPP 或将为亚太经合组织全体成员国间建立自由贸易区铺平道路。

“竞争性自由化”理论不仅能解释 TPP 的发展，或还能促进亚洲十六国区域全面经济伙伴关系（RCEP）谈判及美欧跨大西洋贸易和投资伙伴协议（TTIP）谈判的进展。这三个谈判是贸易政策的新规则，标志着在小型双边协议流行 20 年后，贸易协定的逐渐整合。

事实上，日本应该加入 TPP。日本是世界第四大出口国，但其贸易政策还落后于其竞争对手。例如，韩国在 2003 年就制定了自由贸易“路线图”，并已同欧盟、美国和许多亚洲邻国签署了协议。目前同中国的谈判也在顺利进行中。

---

* 本文写于 2013 年 3 月。

贸易政策或成为日本新增长政策的中心，成为除货币宽松和财政刺激政策之外安倍首相振兴策略中的“第三支箭”。这将有助于树立投资者和消费者信心，推动生产力全面发展，特别是在日本僵化的服务业。该政策不需要过多的政府支出，并有助于强化日本同美国和东南亚的地缘政治关系。

安倍政府是在过去两年内试图加入 TPP 的第三届日本政府。其他两届最终都迫于政治压力而未能作出承诺。早在 2012 年 12 月的选举中，获胜的自民党便对此事保持开放态度，现在，在日本企业、学者、政治领导人及大多数民众的民意支持下，决定行动了。

PIIE 通过亚太贸易模型对当前的 11 国 TPP 和日本加入后的 12 国 TPP 进行了预估。数据显示，随着日本的加入，该协议到 2025 年将会实现总收益每年增长 1 490 亿美元。

其中最大的受益者将是日本，预计日本收益将增长 1 060 亿美元，约为 GDP 的2%，出口将增长12%。这些巨大收益均反映了 TPP 的重要特征，包括降低日本和其他地区的非关税及投资壁垒，给日本带来新外国投资，扩大精密制造业产品出口，以及提高服务部门生产力。

当然，其他 TPP 国家也将受益。鉴于美国还未与日本签订任何自由贸易协议，日本的加入将使美国获益 530 亿美元。其他 10 国的收益也将增加 160 亿美元，其中澳大利亚、新西兰和越南获益相对较多。相反，由于已同日本签有自由贸易区协定，墨西哥可能会受到日本加入的负面影响，其同日本和北美市场间的贸易偏好将被改变。

另外，随着日本在 TPP 市场竞争力的提高，中国由于贸易转移而遭受的损失将增长 150 亿美元。当然，这些损失相较于中国的 GDP 并不算多。尽管如此，却强化了应开辟美中合作“第三条道路”以抵消 TPP 和 RCEP 间竞争的短期负面效应的论断。

目前日本国内反对加入 TPP 的政治声音依然存在。首先，最主要的是农业游说团体对贸易自由化的反对。但经合组织（OECD）的研究却表明，当前的农业政策并不利于新农业领域的专业化，并阻碍年轻农民进入该领域。可以预见，日本将保留一些最敏感的壁垒，日本农业在 TPP 框架下将逐渐地温和衰退。当然，日本政府将会辅以惠及每个人的安排进行补偿。

其次，许多人担心日本制造业会因此出现“空洞化”。服务业占日本经济的比重越来越大。然而，贸易在这个过程中却扮演着并不重要的角色。日本人口老龄化、消费型态更改及提高制造业生产力问题更为重要。预计日本加入 TPP 将会给生产力最低下的服装业、鞋业及电子公司带来负面影响，但会给整体制造业带来积极影响。TPP 将会转变日本制造业，而非使其萎缩。

再次，一些人认为 TPP 将要求日本沿用美国模式，使得医疗体系私有化。但似乎这并不可能。TPP 或会要求高等药物在药物选择过程中更加透明，以及医疗保险市场开放竞争，但不会要求日本改变其国家医疗体系。而统一的知识产权条例将保护日本制药公司的海外业务接受越来越激烈的竞争。

最后，一些人认为日本从 RCEP 中的获益要高于 TPP。研究所的预测则恰好相反，但重点在于日本两者都可参与。“两条路线”策略将会产生最大的收益增长，约占 GDP 的 4%。这种选择或会鼓励日本在未来整合区域协议。

日本在关键时刻达成加入 TPP 谈判的决定。目前，已完成十六轮谈判，谈判重点将是 2013 年的最后阶段谈判。日本在关键条款上依然具有影响力。在日本国内，TPP 成员资格将会成为安倍政府恢复日本经济活力计划中的重要一环。

（尹晓君　董　杨）

美国智库：美欧印加强在亚太地区合作的机遇与挑战*

近日，美国知名智库布鲁金斯学会（Brookings）研究员奥唐纳（Clara Marina O'Donnell）等人共同发表文章指出，美国参与亚太地区事务需要得到印度和欧洲的支持与帮助，但美国、欧盟和印度在该地区事务上的立场并不完全相同，美国在一个日益多极化的世界中进行国际合作将面临多重挑战，但三方可通过采取适当措施，淡化分歧，在亚太地区更好地合作。现将主要内容作出整理，供参考。

一、印度和欧洲在亚太地区有着共同利益

对印度和欧盟来说，亚太地区是重要的经济合作伙伴。来自区域内发达经济体（如新加坡和日本）的投资有助于印度经济多元化及发展目标的实现；亚洲是欧洲国家重要的出口目的地，吸引力随欧洲经济危机蔓延而增大。

由于近年来世界贸易组织（WTO）框架下的贸易自由化进展缓慢，印度和欧盟都寻求在亚太地区建立广泛的自由贸易协定（FTA）。2012 年，印度与东盟国家的贸易量占印度贸易总量的 1/3。同时，跨境投资大幅增长。目前，欧盟与东亚的贸易量超过其与美国的贸易量，与亚洲的海上贸易超过全球跨洲集装箱航运的 25%。

印度和欧洲在亚太地区有着重要的经济与贸易利益，但贸易争端（尤其是与中国的贸易争端）、军事对峙以及有组织犯罪或区域边界纠纷若导致这一地区海上贸易航线中断，将会使印度和欧洲利益受损，地区的稳定与安全对于印欧获取更大的经济和贸易利益有着重要作用。因此，虽然印欧在经贸领域有共同利益，但两者在地区稳定和区域安全合作方面的共同利益更多，后者也得到了印欧更高度

* 本文写于 2013 年 7 月。

的重视。

二、美欧印合作逊于预期

印度和欧盟在亚太地区有多重利益，因而频频表现出在该地区扮演重要角色的野心：印度领导人一直将印度视为亚太地区重要地缘政治单元，甚至是亚洲和影响非洲的重要力量；而欧洲人认为自己是解决国际冲突、实现全球治理的正义力量。

近年来，印度和欧洲都积极参与亚太地区外交事务。在双边关系方面，印度已与柬埔寨、老挝、缅甸、越南和日本建立双边联系；欧盟已与中日韩建立“战略伙伴关系”。在多边关系方面，每隔两年，印度、欧盟机构和 29 个欧洲国家与 20 个亚洲国家举行亚欧会议（ASEM）；印度与欧盟都参加了东盟地区论坛（ARF）；欧盟和东盟从 20 世纪 80 年代建立联系，近年来关系不断密切。

越来越多的高级欧洲外交官访问亚洲，并对地区争端作出更明确有力的表态。但美国认为，欧亚高级别的外交接触不够多，一些亚洲国家认为欧洲并未向其提供足够的公共安全产品，因此，迄今并未允许欧盟加入东亚峰会。与此同时，印度不愿意在海军力量投送、海上巡逻、与中国的双边争端等问题上表现出更坚定立场，这使美国深感沮丧。美国认为印度应该更加积极地介入地区事务。

三、挑战

一方面，印度和欧盟都面临近在咫尺的安全问题。印度面临与巴基斯坦和中国的边界争端、克什米尔问题、东北边境省的武装叛乱、毛主义的叛乱（Maoist rebellion）等问题；欧盟与东欧长期以来冲突不断、北非和中东大部分地区的不稳定给欧盟带来威胁。

另一方面，欧洲和印度在亚太地区的野心被各自疲软的经济掣肘。过度管制、效率低下和腐败使许多亚洲国家不愿向印度投资；欧盟各国政府忙于应对主权债务危机致使其在全球问题上投入的时间和资源大大减少，在亚太地区的投入有限。

尽管美欧印在亚太地区拥有共同利益，但对如何更好地追求各自利益时有分歧：一是对中国的态度；二是对缅甸民主问题的看法；三是对待国际贸易规则的部分态度。美欧印甚至在东亚市场上将彼此视为竞争对手。有分析认为，WTO 多哈回合谈判失败的主要原因是印度和美国在农业和服务市场的自由化问题上分歧巨大。美国大力推行跨太平洋战略经济合作伙伴关系协议（TPP）引起了欧洲的担忧，欧盟积极与东亚各国谈判建立 FTA。TPP 也使印度担忧美国将在贸易壁垒、外国投资者保护、劳工权利、国有企业和知识产权保护等问题上提出不利于印度利益的标准。

美、欧、印三方间合作各自有所保留：英、法、德等欧洲大国认为欧盟应该加强与美国的合作，但欧盟认为这可能会损害欧盟的形象；印度将“战略自主”奉为其外交政策的核心，非常重视其行动的自由，不太可能与某一个国家维持深度合作甚至结盟。

四、机遇

借助多边机制进一步拓展共同利益。亚太地区局势复杂，绝大多数问题需要地区性的解决办法，美、欧、印能通过强调法律制度和航海自由的重要性，来向那些担心中国的国家提供稳定的保证。此外，美国和欧盟能向亚太地区国家提供后者急需的技术专家。

美国应该鼓励欧、印在亚太保持独立的势力。欧印应扩大当前的FTA、加强军事合作、发展持久的争端解决机制，以保持其在亚太地区的独立性。

美欧印应利用其在经济上的紧密关系，在亚太地区创建稳定的互相依赖的局面。目前，FTA发展使区域贸易趋于复杂化，如果美欧印三方同意在现存和未来的FTA中整合各自标准，就可能在亚太地区建立一个高质量的综合贸易框架。

（王　菊　胡振虎）

后 记

财政部亚太财经与发展中心北京分部（以下简称“中心”）承担着财政部关于国际和国内财经问题的研究任务。本书（上下册）收录了中心2013年部分研究成果，共八部分，91篇文章，其中，上册45篇，下册46篇。

财政部领导高度重视国际和国内重大财经问题的研究工作，要求紧紧围绕国家利益，树立大国财政理念，拓展国际视野，利用好国际国内两种资源，从战略高度、以长远眼光把握国际财经大势，深入分析和准确把握对我国经济、社会各方面可能产生的影响，扩展研究的广度和深度，增强研究的针对性和政策性。

财政部史耀斌副部长亲自领导中心的研究工作，中心周强武副主任具体组织和实施研究工作。同时，财政部国际司邹加怡司长、上海国家会计学院李扣庆院长等对研究工作提出了许多宝贵意见。

中心帅扬、陈茜、周波、胡振虎、陈立宏、宋馨、董杨、乔慧、彭慧、陈霞、王虎、于晓、李明慧、燕晓春、陈艳等同志参与了课题研究和校对整理工作。在本书的汇编过程中，中国财政经济出版社做了大量细致的工作，在此一并感谢。

编 者

2014年1月27日